纪念厦门大学建校90周年（1921-2011）

芙蓉湖畔忆"三林"

Furonghupan Yi Sanlin
linwenqing linyutang linhuixiang de
xiadashuiyue

—— 林文庆 林语堂 林惠祥的厦大岁月

林坚

厦门大学出版社
XIAMEN UNIVERSITY PRESS

国家一级出版社
全国百佳图书出版单位

序

大师乃莘莘学子永恒的精神高地

陈福郎

大凡一所名牌大学都有一批学术大师,尤其是历史悠久的大学,在长期的办学过程中若没有学术大师照耀其间,学子们就失去了赖以自豪的精神依皈。人们无论在有形的物质世界中如何拼搏,都不可能失缺精神家园的支撑,而大学时代则是他们驶向茫茫人海的出发地。大学时代是一个人一生中的黄金时期,无论人生的浪潮把他们推向何处,心中都有一座永恒的精神高地,母校的一个个学术大师就是精神高地上熠熠闪光的丰碑。

厦门大学在90年的漫长岁月中,曾出现了萨本栋、王亚南、卢嘉锡、陈景润⋯⋯等一批显赫的大师,也还有一批因种种原因未能得到畅怀书写而淡出人们视野的大师,就如本书作者所讲述的林文庆、林语堂、林惠祥在厦大的岁月,厦大的莘莘学子对他们的事迹就知之甚少。本书作者林坚是厦门大学的校友,上世纪八十年代曾在经济学院读研究生。虽然毕业多年,但对母校依然一往情深。去年春天,当他回到母校、漫步芙蓉湖畔时,脑海里浮现出“三林”的伟岸身影,萌发了将他们三人的事迹钩沉爬梳的念头并付诸写作,这实在是一件对母校颇具功德的美事。

厦门大学于1921年4月6日宣告成立,林文庆于当年6月开始任厦门大学校长直至1937年7月抗日战争爆发,是厦门大学私立时期的校长,任期长达16年。且不说万事开头难,90年前厦门演武场还是一片荒冢累累的海边不毛之地,如今成了中国最美的大学校园,

先辈开拓之功多么令人钦敬,作为校长的林文庆宵旰勤劳无疑功不可没! 更不说在林文庆执长厦大期间,设立了文、理、法、商、教育等五院 17 系,群贤毕至,教学科研焕发异彩,将厦门大学建成南中国最好的大学。林文庆是一个传奇人物,他是南洋华侨领袖陈嘉庚的挚友;是英属海峡殖民地第一位华人议员;是马来亚种植橡胶之父、一位长袖善舞的富商;是第一位获英女王奖学金前往英国爱丁堡大学深造的华人精英;是一位造诣精深、悬壶济世的著名医生;是同盟会早期会员,被中国民国临时大总统孙中山聘为私人秘书、卫生部顾问。林文庆受过西方现代科学的系统教育,但他对中国儒家文化却极为认同,听一听他和陈嘉庚所确定的校训"自强不息,止于至善"就明白一二了。可是厦门大学建校初期,也正是五四新文化运动席卷古老的神州大地的时候,五四新文化运动的主将鲁迅来到厦大,对这位尊孔崇儒的校长颇有微词。鲁迅在厦大的地位是何等至尊,校牌校徽凡是带有厦门大学印记之处都有鲁迅的字体,林文庆纵然执长厦大 16 年,由于这一原因他的光环也不得不归于消散。历史转了一圈,如今孔子儒学又大行其道,鲁迅也走下了神坛,林文庆在人们的心目中自然也被"平反"了。如今厦大人可以毫无虚饰地说,我们为有这样一位校长而自豪和骄傲!

1926 年是中国近代史上不可忘却的一年,国共合作的北伐战争高歌猛进,北洋军阀的统治也进入最黑暗的时期,这年发生的"三·一八惨案",直接导致了北京大学一大批著名教授学者相继南下厦门大学,形成了厦大群贤毕至的壮美景观。祖籍漳州的林语堂是当时著名作家、北京大学教授,是年五月他带有政治避难性质地来到厦门大学,担任厦门大学文科主任、国学院总秘书。这位三十出头的年轻教授以自己独特的魅力,吸引了一批著名的专家学者来到厦大,除了文学家鲁迅,还有国学家沈兼士、古史专家顾颉刚、语言学家罗常培、哲学家张颐、中西交通史家张星烺、考古学家陈万里、编辑家孙伏园和作家章川岛等。他们的到来,被当时媒体称为"大有北大南移之势",让厦大文科盛况非凡。在革命狂飙突进的年代,作为文化革命旗手的鲁迅把文学当作匕首与投枪,自然在青年学生中深受崇拜;而主张幽默与闲适,视文学为"性灵表现"的文化大师林语堂,虽然"两脚踏东西文化,一心评宇宙文章",但在一个相当长的时期内,在大陆始终处于边缘。在厦大,人们只知有鲁迅,多不知把鲁迅引荐到厦大的林语堂。随着厦门大学国学院在中断近80年后又重新成立,厦门大学的莘莘学子才渐渐知晓文化巨匠林语堂与厦大的关系,惊诧80多年前厦大文科曾有过的辉煌。

　　厦门大学90年教泽深长,真可谓桃李满天下,政界、商界、学界……何处精英不在?就说初创时期毕业的第一届毕业生林惠祥,就是声名显赫的中国人类学的开拓者和奠基人。人们走进美丽的厦大校园,在芙蓉湖畔可以看到一座始建于建校初期的博学楼——人类博物馆,它的主要陈列品就是林惠祥上世纪20年代末从台湾冒险搜集到的,抗日战争爆发后,为保护这些文物,他不辞辛劳将其转运至南洋,在南洋又搜集了许多文物,抗日战争胜利后,许多人带着细软回国,而林惠祥则带着一箱箱的人类学文物和图书从南洋归来捐献给母校,在他的奔走努力下,于1953年成立了厦门大学人类博物馆。林惠祥一生矢志人类学的研究与教学,著作等身,1934年出版的《文化人类学》是我国第一部文化人类学专著,1936年出版的《中国民族史》开启了当代中国民族系统分类的先声,直到他逝世的前夜,在他的书桌上还排放着关于中国东南区新石器时代文化特征的论文的抄正稿和英文提要。人类学在欧美是显学,在中国好像运命有点不济,或许是由于这一原因,林惠祥这位人类学的开拓者与奠基人似乎有点落寞,但他堪称中国知识分子的楷模。厦门大学的莘莘学子,完全有理由为有这样一位学长而骄傲,前辈先贤的光芒永远照耀着后来者。

　　组成本书三篇传记的三位传主,他们的生平、思想和成就,从一个侧面反映出行走在厦门大学的大师的崇高风范。一位是厦门大学实际上的首任校长,一位是早年在厦门大学从教过的文化大师,一位是厦门大学首届毕业生和学界泰斗,把这样三位大师放置在一起做生动而深入的记叙与阐述,这本身就是一种十分新颖的历史文化构建。作者以对母校的拳拳之心,选取这一特殊视角对一所著名高校进行文化解构,通过丰富翔实的资料、流畅洗炼的文笔,徐徐展示出大师在高校精神高地的独特风景,这不仅是一个学子对母校的一份沉甸甸的情怀,也是近年崛起的校园文化的一个重要收获。

　　本书作者林坚与我相识多年,既是校友,也是邻友和球友。应作者之邀,不揣浅陋,写了以上这些,权为序。

　　　　　　　　　　　　　　　2011年2月22日于厦大海滨东区

目　录

下篇　林惠祥：只为真知岂为名

2

引子　芙蓉湖畔

　　美丽的芙蓉湖是厦门大学的一道风景线,也是厦大学子离开母校后依然留存心中、挥之不去的记忆。

　　一个细雨霏霏的春日,我回到阔别已久的母校。当我沿着那条两旁载满棕榈的花岗岩石板路,穿过白墙红瓦的群贤楼群,走向绿意葱茏的芙蓉湖边时,映入我眼帘的是一个总面积约有 2 万多平方米的湖泊。虽然湖面不大,一眼望去,长不到 200 米,宽也不过 120 余米,显得娇小玲珑,但它却是厦大校园里弥足珍贵的"绿肺"。由于是上课时间,湖边的学生不多,三三两两匆匆走过的学子们的脸上,似乎都带着一种自信和怡然的神色。我静静地伫立在湖畔,细细观赏和品味着芙蓉湖的水光山色,我不禁深深感到,芙蓉湖的"美"是当之无愧的。

　　芙蓉湖是清秀的。它碧绿的湖水,透着一种纯净和清澈。若是天晴时站在岸边,你能把湖中的水草和绿藻,还有近岸的鱼儿都看得十分真切。衬托着这一湖碧水,芙蓉湖的水光山色显得格外秀丽:远处是郁郁葱葱的山峰,山峰下是层层叠叠的楼宇;近处是弯曲别致的湖岸,湖岸边是青翠欲滴的绿树和花草。在迷蒙的烟雨中,山峰、楼宇、湖岸、绿树和花草,还有那一弯小小的石拱桥,隐隐约约地展现出它们俏丽的身姿。面对着细雨中的芙蓉湖,面对这迷人的湖光山色,此时你心中纵有千千结,也会情不自禁地感到释然,感到豁然开朗。

　　芙蓉湖是柔情的。它湖边的一株株垂柳,婀娜多姿、妩媚动人。虽然厦大校园里以树木繁多而著称,如花开似火的凤凰树和木棉树,如傲然挺立的棕榈树和柠檬桉,如长髯如须的榕树和冠盖如伞的蒲葵……但唯有芙蓉湖边的如丝垂柳,最是柔情似水。那随风摇曳的柳枝,那轻轻撩过湖面的柳叶,那荡起阵阵涟漪的湖水,还有湖畔走过的撑着花伞、身材窈窕的女生,构成了一幅色彩迷人的风景画。晨

厦大芙蓉湖畔

昏月夕,湖边草地上、竹林边,成双成对的情侣若隐若现,婆娑的树影造就了幽深与神秘,也成全了许多年轻学子的浪漫爱情。难怪有人说芙蓉湖是厦大的情人湖,也有人说芙蓉湖之于厦大,该如康河之于康桥吧?

芙蓉湖又是端庄的。那一顷碧波,倒映着湖岸四周那一幢幢红墙绿瓦的嘉庚式楼宇,显得格外端庄、格外灵气。厦大校园里的许多建筑不仅历史悠久,而且很有特色,东西方两种不同的建筑风格自然地融为一体。那藏在凤凰木、大榕树和柠檬桉树影中的一幢幢芙蓉楼,西洋式的红砖拱门,中国宫殿式的飞檐翘脊,流光溢彩的绿色琉璃瓦,还有那悠长而宽敞的走廊,不仅透着自由与轻灵,也沉淀着厚重与传统。芙蓉湖边的建筑大多只有三、四层,唯有湖西岸新建的嘉庚楼群,四幢白墙红顶的七层楼房衬托着高耸云天的21层主楼,果然宏伟壮观,气势非凡。

这芙蓉湖的清秀、柔情与端庄,不正是芙蓉湖"美"的集中表现吗?我喜欢春风丽日里的芙蓉湖,更喜欢烟雨迷蒙中的芙蓉湖。天空中飘洒的雨丝,湖岸边轻飏的柳叶,红砖楼古朴的色彩,倒映在粼粼湖水中,产生了多变的光影效果,显得那样生动而又丰富。芙蓉湖的美是和厦大的生机共存的。一年四季,无论阴晴冷暖,芙蓉湖边总

芙蓉湖畔的嘉庚楼群

是聚集或散落着许多学生。他们或三五成群地坐在草地上闲聊，或独自斜靠在榕树枝干上看书，或在湖边闲适地漫步，或低头默默地想着心事。这些青春年少的学子们置身于芙蓉湖边，与芙蓉湖有机地融为了一体，不经意间，他们自己也成了芙蓉湖一道美丽的风景！

芙蓉湖畔春波绿，曾是飞鸿照影来。这一湖春波，映照着芙蓉湖西岸矗立着的八个圆形花岗岩石坛，上面镌刻着八个金色的大字，那是校主陈嘉庚、校长林文庆创立厦大时为学校立下的校训——"自强不息，止于至善"。上世纪 20 年代，在那国难深重、风雨如磐的年代，两位先生以极大的勇气漂洋过海，在教育落后的故乡创办了厦门大学。陈嘉庚亲自择校址、选校长，主持建筑校舍，在海外源源不断地为学校提供办学经费；林文庆筹划学校发展蓝图，高薪聘请师资，设立文、理、法、商、教育等五院十七系，前后主持校政达 16 年之久。作为长年漂泊海外的华侨富商，他们都十分明白："国家之富强，全在乎国民。国民之发展，全在乎教育"。他们创办厦大，依靠的正是这种教育救国的理念和"自强不息、止于至善"的大学精神，正是中华儿女"欲竞存于世界而免遭淘汰"的赤子之心。

这一汪碧水，也映照着芙蓉湖边矗立着的一尊花岗岩塑像，那是

鲁迅先生穿着长衫、横眉冷对艰难时世的立像。1926 年,在北洋军阀的白色恐怖中,林语堂和鲁迅先后从北京来到厦门。林语堂出任厦门大学文科主任和国学院总秘书,鲁迅担任厦门大学文科教授和国学院研究教授。由于林语堂的到来,几乎半个北京大学国学门的精英都随之迁移到了厦大。两位先生在厦大工作的时间虽然短暂,却产生了巨大的精神魅力,并留下了宝贵的学术成果。例如,鲁迅先生讲授和编写了《中国文学史》和《汉文学史纲》,写下了脍炙人口的散文《从百草园到三味书屋》,还留下了家喻户晓的《两地书》;林语堂讲授和编写了《英文发音学》、《英文作文》,写出了《西汉方音区域考》,并举办了《闽粤方言之来源》的学术讲座⋯⋯。如今,厦门大学校园里,鲁迅的影响无所不在:从鲁迅纪念馆到鲁迅广场以及厦大校门、校徽上鲁迅手书的墨迹。然而,厦门大学是鲁迅的,也是林语堂的;就像我们的生活中既需要"匕首和投枪",也需要幽默与闲适。

面对着这一湖春波、一汪碧水,面对着湖畔那八个金色大字,我的耳旁仿佛奏响起那荡气回肠的厦大校歌:"自强!自强!学海何洋洋!谁欤操钥必其藏?鹭江深且长,致吾知于无央。吁嗟乎!南方之强!⋯⋯"所谓"南方之强",就是要办南中国最好的大学;而要办南中国最好的大学,就要从培养最优秀的学生开始。1921 年,年方20 的青年学子林惠祥正是带着这种求学的梦想走进了厦门大学的课堂。五年后,他作为厦门大学的第一届毕业生正式毕业并留校担任预科教师。此后,他两度离开厦大,又两度回到厦大任教,他把自己一生中最宝贵的二十年工作时光献给了母校,献给了中国的人类学;而母校和中国人类学也造就了他,使他成为中国人类学的一代宗师!

当时光倒回 1926 年,人们不无惊奇地发现,在那个南中国骄阳似火的季节,林文庆作为厦门大学真正意义上的首位校长,林语堂作为厦门大学国学院的首位教授,林惠祥作为厦门大学首届毕业留校任教的教师,在厦门大学这座滨海学园里相聚了!虽然半年之后,林语堂就因"国学院风波"离开了厦大;一年之后,林惠祥也因赴海外留学离开了厦大;十一年之后,林文庆由于学校改为"国立",更是从此离开了他魂牵梦绕的厦大。然而,他们都由于自己在厦大留下的一

行行脚印和付出的点点滴滴心血,而当之无愧地成为了厦大校史上的杰出人物!

令人叹惜的是,在相当长的历史岁月中,由于种种人为或非人为的原因,林文庆、林语堂、林惠祥三位先生在学校历史上的地位或者被湮没,或者被遗忘和淡忘。凤凰花开了一年又一年,学生们走了一届又一届,而在这些进进出出厦大的学子中,又有多少人,只知道创办厦大的校主陈嘉庚,而不知道苦撑厦大十六年的校长林文庆;只知道新文化运动的伟大旗手鲁迅,而不知道推荐鲁迅到厦大并和他风雨同舟的"幽默大师"林语堂;只知道芙蓉湖边那座绿树掩映的厦大人类博物馆,而不知道创建这个博物馆并捐赠了许多珍贵文物的人类学家林惠祥!

新世纪到来的时候,随着意识形态纷争的淡化和更多历史资料的发掘,人们对林文庆、林语堂、林惠祥三位先生对厦大所做的贡献和所付出的艰辛努力有了更多的了解,对他们在厦门大学校史上的定位也有了更为清晰的认识。于是,林文庆纪念亭、林语堂纪念室、林惠祥铜像先后在厦大校园里建立起来了。这无疑是令人欣慰的,然而,与这些有形的、物质层面的纪念相比,如何正确认识他们走过的道路,如何深刻理解他们思想的内涵,如何坚定不移地传承他们对国家对民族的那一份挚爱,却是更为重要的。为此,作者不揣浅陋,撰写了《芙蓉湖畔忆"三林"——林文庆、林语堂、林惠祥的厦大岁月》一书,缅怀和纪念三位杰出的师长,并以此纪念母校建校 90 周年。

厦门大学走过了 90 年的风雨沧桑,不仅见证了中国现代史上的许多兴衰与荣辱,也见证了林文庆、林语堂、林惠祥等一代"风云人物"闪光的足迹,他们使厦大的历史更加厚重,也使我们在日趋功利和浮躁、耽于物质和享受的今天,能守望着"自强不息、止于至善"的精神高地,能在平凡的生活中显现出坚忍不拔、奋发有为的生命之光……

5

上篇

林文庆：
躬耕厦大十六载

一、鼓浪屿:梦琴别墅

海上花园鼓浪屿,绿树葱茏的笔架山顶,有一幢依山而筑的欧式别墅,这是厦门大学前校长林文庆的山顶别墅。文庆先生字梦琴,这幢别墅因此被称为梦琴别墅。

位于笔架山顶的梦琴别墅

9

梦琴别墅修建于上世纪 20 年代初。1921 年夏天,年过半百的林文庆博士漂洋过海,从新加坡来到中国东南海滨的厦门,出任厦门大学校长。为此他专门修建了这幢美轮美奂的别墅作为住所,门牌编为笔山路 5 号。

别墅挺立于笔架山顶,共有三层,地上二层加地下隔潮层,地下层外墙及基础均由花岗岩条石砌成。建筑依地形高低错落而建,立面造型别致,窗形、窗楣及女儿墙也各有特色,为建筑增添了不少美感。别墅的厅室和副楼按主人的需要设计,卧室、书房、琴房的空间和功能分配得十分合理,厅堂采用暖色调的拼木地板,让人感觉温馨宁静。走过中厅可直接进入内室,主房向阳,四季都很温暖。副楼非常宽敞,既可用于宴饮,也可用于开会接待。别墅前有长长的双向花岗岩蹬道直上前厅,蹬道西侧依花岗岩壁而建,设计颇为独到。前厅平台边上有一株茂密的千年古樟,掩映着前厅入口。前厅屋面是一个更为宽敞的大平台,连着后面的居室。主人晨昏月夕可随心所欲步出卧室,到平台上远眺厦门虎头山,近看鼓浪屿的旖旎风光,也可在此晨练、健身,或者聊天、散步、纳凉,环顾厦门港湾海天一色的美景!

梦琴别墅正立面

别墅周边环境优雅,前后花园的规模都很大,不同季节有各种鲜花开放,园中的小径和凉亭把别墅装扮得别有乡间情致。每当林文庆校长从厦门岛上的学校返家,步上蹬道俯视花园时,顿觉心旷神怡,一天的劳累疲乏也消失得无影无踪。他感到了一种安逸的归依感,感到当初自己独具匠心选择的这处居所,确实是一个幽雅宁静、可与鸥鸟共眠的世外桃源!

林文庆与厦门及鼓浪屿的结缘,比他到厦门担任厦大校长的时间要早许多。1908年,林文庆原配夫人黄端琼在新加坡去世后第三年,林文庆的好友殷雪村医生将自己的小妹殷碧霞介绍给了他。两人相恋仅仅几个月,40 岁的林文庆就迎娶了比自己小 15 岁的殷家小姐。祖籍江苏常州的殷碧霞从小生长在厦门,在鼓浪屿教会学校接受的教育,通晓中英文。其二哥殷雪圃正是后来享誉世界的著名钢琴家殷承宗的父亲。殷碧霞和鼓浪屿娘家的关系十分密切,她和林文庆在新加坡结婚后,两人仍时常一起回厦门探亲访友。1911 年林文庆编撰的那本《普通卫生讲义》,就是他探亲访友期间目睹厦门卫生环境之恶劣而完成的作品;1912 年殷碧霞也是在鼓浪屿教会医院分娩生下儿子林炳汉的。这说明在 1921 年之前,他们一家就时常来往和居住在鼓浪屿。

　　20 世纪初叶的厦门鼓浪屿,由于其得天独厚的优美环境和作为公共租界的良好秩序,受到海内外许多华侨和富商的青睐,他们纷纷到岛上来购置土地、修建别墅。林氏夫妻从 1909 年起,也着手在鼓浪屿购地,准备日后兴建别墅。

　　当时鼓浪屿东南部一带的开发已相当完善,而位于北部(岩仔脚和内厝澳之间)的山地还有较大的发展空间。笔架山东南麓一带的山地虽然岩石和坟墓较多,却早为黄四美堂所开发耕种,并为其家庭成员所拥有。1909 年林氏夫妻从黄家手中购得第一块宅基地,此后为了扩大地盘,他们又分别在 1911 年、1913 年和 1922 年从黄四美堂和另一富商许春草手中购买相邻的地块。就这样,在长达 13 年的时间里,林家购置了后来梦琴别墅 5000 多平方米的宽阔场地。①

　　未曾想到的是,为了购置土地,林文庆和许春草这两位知名人士还打了一场不大不小的官司。事情的起因是林氏夫妻收购的土地中,有一块地为黄家成员一地二卖,即先后卖给了林许两家。毫不知情的许家动工兴建别墅,林家发现后状告许家侵占土地,工部局便派人阻止了许家的工程,由此引发了一场持续半年的诉讼,最终会审公堂判定许春草胜诉。不久,两家在殷雪圃斡旋之下达成和解,许家同意将土地连同未完成的小楼一起转让给林家,后者于 1913 年获得了

11

―――――――――

　　① 参见陈煜:《厦大首任校长的中国梦》,《厦门日报》2006 年 10 月 3 日《乡土》版。

合法土地权。①

由于种种原因，许家未完成的小楼没有继续修建。直到1922年，林文庆出任厦大校长之后，才把这幢别墅最后修建完成，并将其发展成后来的规模。1929年殷碧霞出面将全部土地在当时的思明县政府和英国驻厦门领事馆注册，并于1930年领取了道契。保留下来的林宅地图显示，华侨富商黄仲涵、许春草以及许涧、郑柏年等人都是林文庆的左邻右舍。从林家收购土地的过程可以看出，林文庆在担任厦大校长前就与厦门许多名人过往甚密，包括李泰、王振旅等知名人士都曾是他的中人。

今天乘渡轮到鼓浪屿的游客，不是直奔郑成功当年操练水兵的日光岩，就是到海边游览涛声拍岸的菽庄花园，而很少有人会向北去造访笔山路5号这幢孤寂的别墅。更很少有人知道，这幢山顶别墅与一个享誉东南亚的著名华侨，与厦门大学这所全国著名大学的前校长有着如此密切的关系。

梦琴别墅侧立面

林文庆执掌厦门大学可以说颇具传奇。到厦大之前，林文庆就

① 参见陈煜：《厦大首任校长的中国梦》，《厦门日报》2006年10月3日《乡土》版。

是新加坡的著名华侨、富商和名医，也是新加坡立法会议员和知名的社会活动家。他是孙中山先生的密友和新加坡同盟会会员，辛亥革命后担任过临时政府内务部的卫生司司长及孙中山先生的私人医生和秘书。同时，他也是陈嘉庚先生的好友。早在1910年，由于种植胶树的缘故，林文庆和陈嘉庚就有了密切的交往。

橡胶树原本只是生长在南美洲巴西的一种野生植物，又称"巴拉胶树"，生性坚韧、活泼而又娇嫩，对生长环境、地气、物候、水土的要求颇高。其用途被到巴西考察的英国植物学家发现后，引起了浓厚的兴趣，但两次移植均未成功。巴西政府将其视为国宝，严禁橡胶种子和树苗运出境外。1876年，英国人威克姆赴巴西亚马孙河流域探险，他以研究热带植物为名从原始森林里采集了数万枚橡胶树种子，密藏于船舱底部神秘地偷运出境。在伦敦皇家植物园试种成活后又将幼苗移种到锡兰、印度、马来亚及新加坡等地，供人观赏。

1887年，当林文庆从新加坡植物园主任、英国人李德立那里得知种植橡胶的好处后，他立即决定试种橡胶，并邀请马六甲富商陈齐贤与其合作。他们合资成立了一家树胶公司，在新加坡试种了几十英亩胶树，三年后果然成绩斐然，这使他们信心大增。在林文庆鼓动下，陈齐贤回到马六甲又投资20多万元开辟了一个广达3000英亩的橡胶园。这在当时是颇为冒险的投资，但是十年后，陈齐贤仅卖出其中的2000英亩胶园给英国人创办的"马六甲橡胶有限公司"，就获利200万元，比当初的投资增殖了10倍。这在新加坡以至整个东南亚引起了很大的轰动。种植橡胶像点金术一样成了许多人的发财梦想，但是不少人却苦于买不到种子和不懂得种植技术而难以涉足。

此时，陈嘉庚在新加坡还是一个经营黄梨和米业的普通华商。在费了一番周折之后，他在一次禁止鸦片的宣讲会上找到了林文庆。林文庆对这位同乡"替父还债"的品行早有耳闻，好感加乡情，使他马上带着陈嘉庚去见陈齐贤。由陈齐贤负责提供优质橡胶树种，林文庆则负责给予技术指导。一年后，陈嘉庚种植的橡胶园获得了数十万元的可观利润，为其日后在实业界的发展打下了坚实的基础。此后，陈嘉庚的事业蒸蒸日上，他与林文庆的情谊也日益加深。

陈嘉庚生于1874年10月，比林文庆小5岁。他在贫穷落后、民

生涧蔽的家乡集美度过了自己的青少年时期,读的是私塾。17 岁离开家乡到南洋谋生。他的父亲在新加坡开一家规模不大的米店,陈嘉庚就在那里服务了 13 年,直到米店收盘,他才自己独立经营黄梨罐头厂。由于经营务实,诚实守信,加之勇于开拓,他很快就在业界崭露头角。到 1911 年,他已经从黄梨厂、米店和橡胶园获得了丰厚的利润。1914 年爆发的第一次世界大战给他的事业提供了迅速发展的机会,由于橡胶价格不断上涨,海运业也因战争变为稀缺,经营橡胶业与海运业的陈嘉庚赚了个"盆满钵满"。

1910 年春天,在孙中山革命思想的影响下,陈嘉庚参加了同盟会。辛亥革命后他被新加坡闽侨推举为福建保安会会长,并积极募款支持福建光复和孙中山在国内的革命活动。1912 年他回乡创办了集美小学校,以兴办教育作为改进社会的尝试。从 1917 年起,他又陆续回乡创办了集美师范学校、集美中学和集美水产学校。1919 年他还在新加坡与林义顺联合倡办了南洋华侨中学。

此时,正是第一次世界大战结束不久,陈嘉庚由于各项事业在战时顺利拓展,已经成为拥有四百万元资产的大实业家了。他把实业发展的重点转移到橡胶业,除米店营业继续保存外,把所有的罐头厂都出让了。1919 年 5 月,在胞弟陈敬贤南来新加坡接管实业之后,陈嘉庚启程回国。行前,他把在新加坡的 7000 英亩橡胶园和 150 万平方尺的房产地皮捐作集美学校永久基金。

陈嘉庚回国之日,正是五四运动席卷全国之时。陈嘉庚从五四爱国运动中看到了国家发展的希望,他决心以愚公移山的气概在家乡创办一所新型的大学。在筹办厦门大学的《通告》中,他阐明了自己办学的动机和目的:"专制之积弊未除,共和之建设未备,国民之教育未通,地方之实业未兴,此四者欲望其各臻完善,非有高等教育专门知识,不足以躐等而达。……鄙人久客南洋,志怀祖国,希图报效,已非一日,不揣冒昧,拟倡办大学校,并附设高等师范于厦门。"①

7 月 13 日,在召集筹办厦门大学发起人会议上,他慷慨陈词:"今日国势危如累卵,所赖以维持者,惟此方兴之教育与未死之民心

---

① 厦门大学校史编委会:《厦大校史资料》,厦门大学出版社(1987),第 16 页。

耳。……民心不死,国脉尚存,以四万万之民族,决无甘居人下之理,今日不达,尚有子孙,如精卫之填海,愚公之移山,终有贯彻目的之一日。"①

他当场认捐厦门大学开办费一百万元、常年费三百万元(分十二年付款),以为表率。这所大学不仅是当时福建省自己办的第一所大学,也是海外华侨在国内创办的第一所大学。

1920年1月厦大刚开始筹建时,陈嘉庚曾聘请汪精卫出任厦大校长。当时汪精卫受孙中山委派南下福建,劝说正在漳州的粤军将领陈炯明率师返粤征讨桂系军阀。陈嘉庚便邀请这位早年在新加坡就相识的老朋友到集美参观,并向他介绍了筹办厦门大学的宏伟计划。汪精卫听完赞不绝口,对厦大表现出浓厚的兴趣,陈嘉庚便乘势邀请他担任厦大校长。但事后不久,由于粤军返粤讨伐桂系军阀取得了成功,已回广州军政府担任要职的汪精卫,便以"政务繁忙、未暇兼顾"为由,向陈嘉庚提出请求辞去厦大校长职务。

15

厦大群贤楼前的陈嘉庚铜像

① 厦门大学校史编委会:《厦大校史资料》,厦门大学出版社(1987),第17~18页。

不久,在黄炎培先生的支持下,陈嘉庚组建了厦大筹备委员会,聘蔡元培、黄炎培、汪精卫、邓萃英、李登辉、郭秉文、胡敦复、余日章、黄琬、叶渊等 10 人为筹备员。当年 10 月,筹委会在上海召开第一次会议,确定了《厦门大学大纲》,并推举时任北京教育部参事兼代理次长的邓萃英为厦大校长。[1] 邓萃英随后聘郑贞文为教务主任、何公敢为总务主任,[2] 派他们先行到厦门开展筹备工作。

1921 年 3 月,厦大在厦门及南洋各地招收了 112 名新生。4 月 6 日,暂借集美学校即温楼正式开学。初创的厦门大学设师范和商学二科,本科四年,预科二年。

邓萃英当时刚刚由教育部调任北京高等师范学校校长,身兼北京、厦门两职,一南一北,确实难以兼顾。开学不久,邓萃英就匆忙准备赶回北京,将校务交给郑贞文、何公敢办理。陈嘉庚对此颇有意见,月底有学生匿名写信责备邓萃英:"无才学且欲做挂名校长,若不自动辞退,诸生联名攻击"。① 于是,邓萃英便向陈嘉庚提出辞职。

此时,厦大开学不到一个月,有近百名来自厦门、福州及省外的新生正在集美就学。陈嘉庚捐资 400 万元创办的福建省最高学府——厦门大学,却在开张之初没有校长,这传将出去岂不贻笑大方? 就在这种情况下,陈嘉庚想起了缘于橡胶结识、彼此惺惺相惜的林文庆,并急电邀请林文庆出任厦门大学校长。

接到陈嘉庚的急电邀请时,林文庆不觉有几分诧异、几分好笑和几分惊喜:诧异的是嘉庚老弟办的厦门大学,竟然要请他去当校长? 好笑的是,这位老弟当初请美国的退伍将军来当经理,现在又请到自己头上来了? 惊喜的是,如果自己能像园丁一样,在大学校园里培育英才,似乎也是一件颇有意义和让人高兴的事情。当了大学校长,不正好可以实现自己"弘扬华夏文明"的抱负吗?

然而,就在这个时候,他也收到了刚刚在广州就任中华民国"非常大总统"的孙中山的电召,要他回国襄赞外交。他心里不觉有些矛盾,虽然中山先生是他非常敬重的朋友,但这回他的热情明显已不如上次。上次中山先生当"临时大总统",这次又当"非常大总统",但都

① 陈嘉庚:《南侨回忆录》,新加坡南洋印刷社(1946),第 15 页。

没有军队，也没有地盘，总是受人挟制，结果恐怕也难以逆料。他觉得，也许回国去当大学校长更实际一些。

夫人殷碧霞一听陈嘉庚要聘请林文庆去当厦大校长，刚开始有些不悦，心想陈嘉庚种植橡胶发家还多亏了丈夫帮忙，现在却反过来要聘丈夫当校长？以丈夫在新加坡的经济实力和社会影响，还犯不着要回厦门去受聘他人？况且新加坡也还有不少资产需要丈夫去打理。后来，在林文庆的耐心开导之下，殷碧霞才转忧为喜，表示赞成。其实，她对回厦门生活，内心是十分愿意的，况且此时她母亲正住在鼓浪屿养病，她也很想能有机会回去好好照顾母亲！

于是，林文庆发电报给孙中山说明有关情况，得到了孙中山的理解与支持。同时，他也给陈嘉庚回电，告诉陈嘉庚：自己处理完手中事务，一个月后到任。陈嘉庚接到电报后十分高兴，觉得林文庆如同"及时雨"，解了自己的燃眉之急。

在陈嘉庚心中，厦大校长应当是一个既有科学水平和管理才干、又有社会声望的知名人士，林文庆无疑是他理想中的厦大校长。虽然林文庆没有办过大学，对高等教育缺少经验，但在当时新加坡华侨中，能出这样一个人，是很了不起的。在殖民地的新加坡，对留学生和医生都十分崇拜，对留学英国又是医生的人就更加崇拜，林文庆恰恰两者兼备。陈嘉庚在英国殖民地从商，对英文十分重视；而林文庆留学英国，英文十分熟稔。陈嘉庚虽然不懂英文，也不会说国语（即普通话），只会讲闽南话，但却可以和国语不灵光而会说闽南话的林文庆沟通。此外，邓萃英辞职事件和集美学校三年四易校长，也给了陈嘉庚一个启示，必须找一个可靠的人来当校长，而且不能轻易更换。

只是由于林文庆人在新加坡，又是自己视如"兄长"的人，陈嘉庚不敢贸然相邀，但此次情急之下，也顾不了这许多了。陈嘉庚和林文庆都没有料到，他们由此开始的"合作"延续了整整16年，林文庆的人生道路也随之发生了重大的转折。

正是在这种"风云际会"之下，年已53岁的林文庆携带全家老小，漂洋过海，来到了厦门，出任陈嘉庚一手创办的厦门大学的校长。他像一个意气风发的年轻人，决心要把厦大办成"我国东南之科研中

心",要创造"最新最完善之文化",要让"本校之学生虽足不出国门,而其所受之教育,能与世界各大学相颉颃"。

林文庆执掌厦大后,在鼓浪屿海滨这幢幽雅的别墅里住了大约15年。他在这里按照陈嘉庚的蓝图,运筹厦门大学的建设和发展,接待师生,处理校务;在这里酝酿制定厦门大学的"校训"、"校旨",绘制校徽,以传统文化治校;在这里不惜重金聘请全国知名教授、学者来厦大任教,为他们接风洗尘,也为他们惜别践行;他还在这里处理两次十分棘手的学潮,虽心力交瘁,而依然不屈地前行。

紧张的工作之余,林文庆特意从欧洲买来一架钢琴,置于别墅二楼。一有闲暇,他和太太都会欣然弹奏,调节放飞自己的心情。这台钢琴伴随了他们十余年,直到1937年回新加坡时,才寄放在夫人殷碧霞的二哥殷学圃家,后来成为殷碧霞的侄儿殷承宗的练习用琴。殷承宗正是用这架钢琴不断提高自己的琴艺,从而走进了上海音乐学院,走上了国际钢琴奖的领奖台。

林文庆还在这里写作、编辑英文期刊《民族周刊》,接诊鼓浪屿的中外患者,或者宴饮酬答宾朋。直到1937年厦门大学改为"国立",国民政府教育部委派萨本栋校长前来接任,他才依依不舍地离开这个耗去他一生中最多精力的地方!

林文庆的大儿子、中国生命科学的奠基人林可胜后来回忆说,父亲任厦门大学校长的十余年里,大多时间都住在鼓浪屿笔山路5号的公馆里。父亲说,每日清晨,站在廊上远眺日光岩,岩下是浓绿的树荫、娇艳的花影,听身后喧哗的潮声,便有爱我祖国壮美山河的幽情。父亲居住在那里时,曾把屈原的伟大诗篇《离骚》译成英文,出版后受到国际学术界的重视,英国剑桥大学汉学权威查尔士教授誉之为"20世纪初叶的英译佳作",印度大诗人泰戈尔也热情作序推荐。但父亲却不以为然,他觉得那只是自己的余兴之作,他的倾力之作是厦门大学。①

1957年元月,林文庆去世前留下遗嘱,将这幢他住了十余年的

---

① 参见赖妙宽:《天堂没有路标》,第5章"林可胜及鼓浪屿往事",鹭江出版社(2006)。

山顶别墅捐赠给厦门大学。这幢别墅占地 1018 平方米，庭园面积 4316 平方米，捐赠手续在 1989 年全部办妥。如今，梦琴别墅里虽然已寻不到当年的丰姿华彩和那高朋满座、纵论古今的场景，但经过厦大的重新装修和精心管理，一定能更具风韵、更加辉煌！

注：

[1]邓萃英（1885—1972），字芝园，福建闽侯人（今福州市晋安区台江镇竹屿村人）。早年毕业于全闽师范学堂。1910 年毕业于日本东京高等师范学校，在日留学期间与林觉民等人过从甚密，并一起加人中国同盟会，曾担任东京同盟会福建支部长。回国后曾任福建省视学、福州师范学校校长、北京高等师范学校教授兼数理部教务主任。1918 年赴美国哥伦比亚大学师范学院研究教育学。回国后任教育部参事、代理次长；1920 年 12 月至 1921 年 10 月出任北京高等师范学校校长，期间兼任厦门大学校长（1920.10—1921.05）；之后担任河南大学校长、河南省政府委员兼教育厅长等职；他还参与创办了北京志成中学、弘达中学、春明女子中学。后旅居台湾，仍从事教育工作。曾任国民党中央评议委员、"总统府"国策顾问等职。1972 年在台北病逝。

[2]郑贞文（1891—1969），福建长乐人。12 岁考取秀才，15 岁赴日本留学。1909 年在日本加入中国同盟会。1911 年任福建教育部专门科科长和三牧堂高等学堂教务长。1915 年再赴日，人东北帝国大学攻读理论化学，并与同学编撰《综合英汉大辞典》，由商务印书馆出版。1918 年毕业，获理学士学位。回国后任商务印书馆编译所编辑、理化部主任。1920 年 10 月应邀参与厦大筹备工作，任教务长。1921 年 8 月离开厦大，仍回商务印书馆编译所工作。1932 年 6 月，任国民政府编译馆专任编审兼自然科学部主任、译名审查委员会主任。1932 年底回家乡任福建省教育厅长，前后 10 年多，致力于发展家乡的教育事业。建国后任福建省政协委员、省文史馆馆员和对台广播组编审，并主编《小鸣》杂志。1969 年 11 月 24 日在福州逝世，享年 78 岁。

[3]何公敢（1889—1977），原名何崧龄，福清龙田人。1902 年年仅 14 岁即赴日本留学，并参加了同盟会。辛亥革命时回福州参与组织"敢死队"，参加光复福州的于山之战。胜利后被任命为军政府"盐务使"，年方 23 岁。不久再次赴日留学，成为河上肇的得意门生之一。1921 年回国，参与筹办厦门大学，任总务长兼经济学教授。1921 年 6 月离开厦大赴上海任商务印书馆编辑主任，编辑《英汉字典》，翻译了《财政学》，出版了专著《公债》。1932 年任福建省财政厅厅长，曾兼任福建学院院长、福建体育学校董事长。1934 年"闽变"失败后流亡日

本、香港。1948年在上海创办《展望》及主编《孤军》杂志。建国后曾于1955—
1957年任福建省司法厅厅长。历任省人大代表、政协委员、全国政协委员、民盟
福建省委副主委等。反右期间受冲击,被错划为右派。1977年病逝于福州,
1979年获平反昭雪。

二、从海澄到狮城

在东南亚,有一种浅紫红色的美丽兰花,通称为胡姬花(又称"卓锦·万代兰")。它的花朵清丽端庄,生命力特别顽强,象征着新加坡人的坚韧、谦和气质和刻苦耐劳、勇敢奋斗的精神。因此,它被选为新加坡的国花。它的四个花瓣,象征着生活在新加坡的四大民族和四大语系(英语、华语、马来语和泰米尔语)的平等。

从东南亚漂洋过海来到厦门的林文庆,正是在新加坡这个民族大熔炉中成长起来的第三代华人。林文庆原籍福建海澄,1869 年 10 月 18 日(清同治八年九月十四日)出生于新加坡一个华侨家庭。父亲林天尧当时是鸦片种植园的助理管理人员。林文庆 9 岁丧母,17 岁丧父,是由祖父母抚养长大的。

林文庆的祖辈当年为何从福建海澄来到新加坡?而在被称为狮城的新加坡,林文庆走过了怎样的一条人生道路,使他成为一个华侨富商和著名社会活动家;又是怎样的一种家国情怀,使他在年过半百之后出任厦门大学校长,而在厦大校史上留下闪光的足迹?

2011 年元旦,怀着对林文庆的景仰之情和好奇之心,我走进了林文庆的祖籍地——漳州海澄。

海澄地处九龙江下游江海之滨,古称"月港",属漳州府管辖,明代中后期曾是我国对外贸易的著名港口和闽南地区的一大集镇,素有"小苏杭"之美誉。"市镇繁华甲一方,港口千帆竞相发"便是海澄当年商贸繁华的生动写照。

海澄县治设立于明朝嘉靖年间。嘉靖皇帝登基之际,大明帝国已处于内忧外患之中:北有蒙古新兴政权屡次犯边、东有日本武士浪人不断侵扰、内有青词首辅严嵩独断专行。而嘉靖皇帝在这样的内外危机之中,仍然沉湎于长生不老之术,并创下了二十几年不上朝的纪录。嘉靖登基第二年,便下旨实施海禁,但民间海外贸易还是以

位于九龙江出海口的漳州海澄

"走私"形式蓬勃发展着，地处福建漳州的九龙江口沿岸成为当时"走私贸易"的主要出海口。嘉靖在位的最后一年（1567年），他似乎醒悟了这种贸易的好处，于是析龙溪、漳浦两县之地设置海澄县，使得这一地区成为明朝唯一允许对外贸易的商港。隆庆元年，海禁正式开放，海澄"县既以舶殷，舶亦以县繁"，市场十分繁荣，繁盛时期通商达47个国家与地区，"贸易额巨，饷税额大"，成为明朝"天子之南库"。

海禁开放之后，这些地处九龙江入海处的码头便被统称为"月港"，因其港道"外通海潮，内接山涧，其形似月，故名"。据《海澄县志》记载："月港自昔号巨镇，店肆蜂房栉苈，商贾云集，洋艘停泊，商人勤贸，航海贸易诸蕃"，再加上"农贾杂半，走洋如适市，朝夕皆海供，酬酢皆夷产"。在某种程度上，月港已经取代泉州刺桐港，成为海上丝绸之路的新起点。

此时的海澄县，管辖范围包括今天龙海市大部分乡镇和厦门海沧区。林文庆的祖籍地——鳌冠村，当时便属于海澄县三都（今厦门海沧）。三都呈半岛形状，东、北两面临海，南面是九龙江，只有西面背靠文浦山，与灌口深青隔海相望。明朝郑和下西洋后，开辟了沿海到南洋的航线，一些三都人陆续到南洋去探索经商之路。明末清初，三都人开始有组织的外出到台湾、东南亚等地,家中的房子大都空着,也没有人管理。在风雨长期侵蚀下,原先为防海盗而建的土围子也重新归于黄土,石城墙则大部分都坍塌了。

明清朝代更迭的时候,郑成功与清军在闽南沿海对峙拉锯,战火殃及月港。顺治十八年,为扼制郑氏,朝廷在沿海实行"迁界",海澄沿海三十里地带被划为"弃土",海澄弃地八万零四百多亩,内迁之民饥寒颠沛,死者不可胜数。"迁界"二十年加上康熙十七年清军攻占海澄的大战,使海澄月港的元气尽失,繁华闹市化为荒芜废墟。复界后,尽管招集逃亡,抚绥难民,松弛海禁,并采取一系列调整税赋的措施,但还没等昔日繁荣商埠充分恢复元气,鸦片战争又开始了。

鸦片战争虽未波及海澄,但不得不开放厦门、福州等五口作为通商口岸,月港的地位受到严重威胁。随后咸丰年间的小刀会和同治年间的太平军,都在海澄与清军多次交战,县城几次易手,数遭战争蹂躏的海澄月港遂逐渐被后来崛起的厦门港所取代。本来不大的辖地面积和大幅萎缩的经济总量,让海澄单独成县都受到挑战。上世纪 60 年代初,龙溪与海澄县被合并,成为龙溪地区管辖的龙海县(今漳州龙海市),海澄县治被取消,改称海澄镇。

海澄和月港的繁华虽然早已成为过眼云烟,但从今天海澄镇保存下来的几座古建筑,包括建于隆庆元年、规模不大但有着完整格局的海澄文庙和始建于明万历八年、具有军事用途的六角柱形四层建筑——宴海楼,以及保存完好的城隍庙(武庙)、萃贤坊,仍然可以约略感受到它当年的浮华身影和文风鼎盛的情景。

1839 年,鸦片战争爆发前一年,眼看战乱频仍、海澄和月港已逐渐走向没落,林文庆的祖父林玛彭和许多心怀梦想的淘金者一样,漂洋过海下南洋,来到了千里之遥的马来半岛。在槟榔屿落脚之后,林玛彭娶当地混血女子——娘惹为妻,婚后生下独子林天尧(即林文庆的父亲)。再后来,林玛彭携妻带子移居新加坡,在著名的章芳琳公司担任酒税承包行经理,在当时也算得上是小康人家了。

林天尧成人后,也在章芳琳公司工作,担任鸦片税承包行的助理。他同样也娶了一位来自马六甲的娘惹为妻,婚后这对夫妇共生育了 9 个孩子,林文庆排行第三,上有两个哥哥,下有两个弟弟和四

个妹妹。不幸的是,林文庆年仅9岁时,母亲便因病去世了。不久,林天尧续弦娶了妻妹为妻,后妻又为他生育了三个女儿。这样,林天尧家便有了5男7女,俨然是当地华族的一个大家庭了。令人意想不到的是,林文庆17岁时,父亲林天尧因一次意外事故感染了"破伤风",由于当时抗生素尚未面世,医生面对"破伤风"竟束手无策,林天尧不久便撒手人寰了。这次不幸事故给年少的林文庆以极大的刺激,在某种意义上,也可以说是促使他后来选择学医的一个重要原因。

19世纪70年代林家居住的直落亚逸街

林文庆父亲去世后,家庭骤然失去了主要经济支柱,家中的经济每况愈下。年迈的祖父不得不继续坚持工作,年轻的继母也不得不把年幼的女儿送往马六甲亲友家中寄养。有道是"穷人的孩子早当家",目睹这一切的林文庆开始变得成熟了起来。他更加发奋、刻苦地读书,以求有一天能"出人头地"。

林文庆幼年时曾入福建会馆附设的书院读过几天四书五经,后来考入一所官办的英文学校读书,接受了一些最基本的英文教育和数理知识。1879年,林文庆以优异的成绩升入政府办的模范学校——莱佛士书院学习。莱佛士书院是1823年由新加坡的开拓者及首任总督莱佛士爵士创办的,不仅历史十分悠久,而且是当时新加坡教学设施最为完善、教学质量最高的一所学校。在莱佛士书院的学习成了林文庆人生旅途中的一个转折点,他有幸遇到的胡列特校长,不仅亲自指导他的学业,为他面临的失学危险四处奔波说情,而且以自己大英绅士的品格影响了林文庆的思想品德和为人处世的态度,使林文庆终生受益匪浅。

19 世纪 70 年代林文庆就读的莱佛士书院

　　1887 年，因学习成绩优异，19 岁的林文庆获得了英女皇奖学金，成为新加坡荣获英女皇奖学金的第一人，并顺利进入英国爱丁堡大学医学院学习。

　　位于苏格兰北部海滨的爱丁堡是苏格兰首府，也是欧洲的一座历史文化名城。创建于 1583 年、已有 300 年历史的爱丁堡大学则是英国最古老的大学之一。林文庆就读的爱丁堡大学医学院虽然创办时间只有 60 多年，却已是全英历史最为悠久、规模最为宏大的医学院，在国际医学界声誉卓著。许多享誉世界的生物学家、医学家甚至作家都曾在这里学习、工作过，如著名生物学家、《进化论》的作者达尔文曾于 1825—1828 年在这里学习，著名侦探作家、《福尔摩斯探案集》的作者柯南道尔曾在这里取得医学博士学位，而被称为"英国病理学之父"的莫尔等一大批知名教授此时都在这里执教和从事医学研究。能在这样一所蜚声国际的著名学府接受医学教育，无疑为林文庆后来的精湛医术和高尚的人格修养奠定了良好的基础。

　　1892 年 8 月，在经过五年的寒窗苦读和艰辛的实习之后，林文庆完成了在爱丁堡大学医学院的全部学业，获得医学内科荣誉学士和外科硕士学位。鉴于他在每学年考试中成绩均名列榜首，学院还专门授予他 Atholl Medal 金质奖章，使他成为远东地区获颁此奖的第一个毕业生。

　　大学毕业后，为留英继续从事医学研究，林文庆曾一度担任爱丁堡大学皇家医学会图书馆管理员，不久，他就收到剑桥大学病理学系

25

主任罗伊教授的邀请,前往剑桥担任病理学讲师及开展医学研究。然而,就在此时,新加坡家中却传来了林文庆祖父林玛彭不幸去世的消息,一家大小度日如年,都希望他能早日返回新加坡,重振林家"雄风"。深受传统文化熏陶的林文庆出于对家庭和家族的责任感,不得不放弃了到剑桥发展的机会,下决心离开英国返回生他养他的故土新加坡。

　　1893年春天,林文庆回到了新加坡,成为从西方学医载誉归来的第一个华裔子弟。鉴于当时新加坡社会的现实状况和自己的处境,林文庆回国后没有选择进入政府办的公立医院,而选择自己开业行医,"庶得以悬壶济世"。为了磨练自己,他脚踏实地从小做起,首先选择自己住家附近的一家店屋作为开诊所的地方。只用了短短不到一年时间,林文庆便以其精湛医术赢得了良好信誉并积累了一些资金。于是,他又和大学同学罗伯逊医生合作,在繁华的莱佛士坊开设了一家名为"九思堂"的西药房。

林文庆开设西药房的莱佛士坊

　　由于林文庆的医术高明,辨证施治,很快就成为了新加坡的著名医生。他以狗肉为药,为中国驻新加坡总领事黄遵宪治愈肺病的故事常常为人们所津津乐道。据当时报载:黄遵宪总领事由于患肺结核久治不愈,原本准备回国休养治病,后得知林文庆从海外学成归来，便登门向他求治。在林文庆的诊断、指导下，黄遵宪大吃补肺气的狗肉，很快就恢复了健康。为此，黄遵宪以领事之尊，亲自到九思堂向林文庆致谢，并向他赠送了一块"功追元化"的牌匾，赞扬他"从三万里外学成而归，上追二千年前绝业，洞见症结，手到春回"。1894年3月14日，新加坡当地出版的《叻报》还专门对此作了报道。

林文庆的精湛医术和良好声誉很快引起了海峡殖民地政府的关注，使他得以参与了1896年举行的全新加坡健康调查，第一次科学揭示了当时新加坡高死亡率的原因。林文庆也由此得到殖民地政府的肯定和重视，并被任命为政府兼职医官，负责调查新加坡的无牌照医生问题，以及办理为染上传染病而去世的妓女签发死亡证书等事宜。从此，他不再只是一个私人医生，而承担起了作为政府医官的社会责任，为提高新加坡的整体医疗水平和救助患有严重疾病的穷人作出了不懈的努力。

这期间，林文庆在行医之余热心参与地方公益事业，在展现出自己医学才华的同时，也很快在政治上崭露头角。1895年8月，年仅27岁的林文庆留学回国只有两年，便被推选为海峡殖民地"立法会"的非官方议员，任期三年。作为立法会中唯一的华裔议员，他代表新加坡、槟榔屿和马六甲三个州府的华人，成为远离政治核心的华人社会与政府之间的一道沟通桥梁。在立法会中，林文庆积极为华族社群代言，既敢于坚持自己的正确主张，又不屈从于殖民地政府的压力，也不为一般民众迷信落伍的思想所影响。无论是在市政厅的讲坛上，还是在社会各界的公开集会中，他都经常作演讲报告，对社会上的种种问题和弊端提出批评和建议。他关注的课题几乎涉及社会民生的方方面面，从反对吸食鸦片到减轻军费负担，从批评政府在华人道德教育方面的失职行为到替华人争取在市区建设私人坟场的权利，从修改破产法案中的监禁条款到针对土生华人"放逐法令"的修正案，林文庆都竭尽所能地为自己的同胞争取权益、争取福利，从而深受华族社会的拥戴。从1895年到1903年，他先后三次连选连任立法会议员；此后，在中断了13年之后，他又于1915年至1921年两次连选连任立法会议员。

在这五届立法会议员任期内，林文庆始终不负众望，"以他通情

老练,明察秋毫,深谙多种语言的有利条件,以他广识民情,对公众事务所具有的远见卓识"①,为增进华族社会与政府间的沟通了解和下情上达,为政府的政令畅通和得到民间舆论的理解、支持,为改善当地的社会卫生环境、交通设施条件和人们的身体健康状况,作出了重大的贡献。

由于林文庆的贡献,1897 年他年仅 29 岁便获得了"太平局绅"的头衔;1900 年 8 月他发起成立了"海峡英籍华人公会"并先后两次担任公会会长;他还先后担任过新加坡市政局委员、华人参事局顾问等职,成为当地华人社会的"翘楚"。1918 年,为表彰他对华人社会和政府尽职尽责的努力和贡献,英皇专门授予了他"不列颠帝国勋章"。1919 年,香港大学也授予他名誉法学博士学位。

在认真从事行医工作和广泛参与各种社会活动的同时,林文庆还热情地研究和传播中国传统文化。1896 年他发起创立了以"峇峇"(土生华人)为主的"华人好学会";1897 年又与新加坡著名律师宋旺相合作创办了《海峡华人杂志》,以唤起华人对政治、时事、学术及科学的兴趣,一度还开设了中国古典文学讲座。1898 年新加坡唯一的举人邱菽园创办鼓吹维新思想的《天南新报》时,林文庆出任英文总校,并与他共同组织以华人移民为主的"华人好学会支会",参与了著名的"星洲上书"。1899 年林文庆接手经营本已停刊的《星报》,易名为《日新报》,并邀请其岳父、著名维新志士黄乃裳出任主笔,使反对革新的保守报纸转变成宣扬孔教、主张变革维新的报纸。

与此同时,林文庆对新加坡华人社会和华人教育的改革也十分热心。早在辛亥革命之前,他就排除众议劝说一些好友剪掉辫子。1898 年他发起"剪辫子"运动,在华侨社会中曾引起激烈的争论。思想保守者担心剪掉辫子将被视为造反,即使自己不回国,但国内的亲属难免会受连累,所以表示强烈反对,甚至加以讽刺挖苦;而林文庆和他的好友如宋旺相、陈武烈等,则极力鼓吹和坚持要剪掉辫子。

林文庆极力提倡的女子教育,在当时更是开风气之先。1899

① 宋旺相著、叶书德译:《新加坡华人百年史》,新加坡中华总商会,第 431 页。

年，他和宋旺相、邱菽园等人发起创办了新加坡第一所女子学校——新加坡华人女子学校。林文庆作为创办人之一，率先捐献了建校舍的土地，他的夫人黄端琼也亲自到女校任教。黄端琼是中国民主革命先驱黄乃裳的长女，受过良好的中英文教育，又曾游历、考察过英、美等国，见多识广。1896年她与林文庆结为伉俪后，积极支持并参与丈夫的社会改革事业。为了在华侨中推广普通话，林文庆首先在自己家里开办华语（普通话）学习班。后来，由于学生多了起来，他便借用"威基利俱乐部"上课。1906年，林文庆在访问巴达维亚（今雅加达）中华会馆时，也积极劝说华侨采用华语（普通话）作为共同语言，并负责在当地5所学校开办了5个华语培训班。为此，中华会馆特授予他金牌奖，以表彰他推广华语的成绩。1911年，林文庆还协助创办了中华女子学校，并成功地说服华侨富商潘春阳捐出一块土地作为校舍，这也是新加坡第一所以华语作为主要教学用语的女校。

　　林文庆在中学、大学读书时接受的虽然是英语教育，但他对汉语也有较深的造诣，并熟谙闽、粤方言。他还精通马来语、泰米尔语、日语等，被誉为"语言天才"，这对他行医、经商及开展各种社会活动，无疑都是很有帮助的。

　　林文庆的兴趣广泛，不仅涉足多方面的社会活动和商业活动，而且多有建树。在新马经济开拓史上，橡胶的大规模种植和银行保险业的崛起，便是与林文庆的名字紧密联系在一起的。早在1896年，他便与陈齐贤合作成立了"联华树胶有限公司"，试种从南美洲引进的胶树，开办了马来亚第一家树胶种植园，并获得了巨大的成功，从此也拉开了橡胶在东南亚大规模种植的历史，为东南亚地区增加了一大财源，林文庆因此被"树胶大王"陈嘉庚称为"马来亚树胶之父"。

　　其后十余年中，林文庆参与投资、经营过的树胶公司和橡胶园包括三巴旺树胶公司、新加坡联合树胶公司、武林树胶园、洛阳树胶园、云南树胶园等，为东南亚橡胶业的发展做出了重大贡献。

　　在金融保险业方面，林文庆是马来亚华族社会中最早涉足银行业和保险业的先驱之一。早在1912年9月，林文庆就与华人富商李俊源、林秉祥合作，共同出资100万元成立了"华人商业银行"，并担任董事会副主席；1917年7月，他又与林秉祥、林秉懋兄弟等华商出

新加坡早期的橡胶种植园

资 300 万元合作成立了"和丰银行";1919 年春天,林文庆与丘国瓦、林义顺、殷雪村等华商开始筹组"华侨银行",后来爪哇糖王黄仲涵、著名商人黄奕住等也纷纷加入,"华侨银行"注册资本扩充到 2000 万元(先收 525 万元),林文庆担任了第一届董事会主席。翌年,他又与一批商界朋友集资创办"华侨保险有限公司",为民众提供人寿保险和普通财产保险;此后,他还参股了联东保险公司,成为这一重要商业领域的开拓者之一。林文庆在商业领域的重大影响力和出色的组织才能,使他不仅成为 1906 年成立的新加坡中华总商会的创始人之一和副会长,而且成为深受历届会长尊重的智慧人物。

令人难以思议的是,这位新加坡的著名社会活动家和富商,竟然是孙中山激进民主革命的积极支持者。林文庆与孙中山虽然相识较早,但在 1900 年之前两人似乎并没有密切的关系。当时孙中山已是一个激进的民主革命者,而林文庆则一直醉心于改良,他始终认为温和渐进的改良方式才是社会变革的最佳途径,并高度赞扬英国和日本通过改良而不是流血冲突实现由专制政治向立宪政治的转变。1900 年 7 月,孙中山的日本友人宫崎寅藏到达新加坡,商谈孙中山与康有为的合作问题,没想到却被当作刺杀康有为的刺客而被当地政府拘捕。孙中山特地由西贡赶到新加坡营救,在林文庆的帮助和积极斡旋之下,宫崎寅藏很快就得已获释出境,孙中山与林文庆也由此建立了深厚的友谊。

在孙中山的影响下,林文庆对康有为的保皇事业不再抱有幻想,对革命的态度则有了一定的转变。鉴于义和团运动后,资本主义列强搬出德皇威廉二世所捏造的所谓"黄祸"论作为侵略中国的口实,林文庆在《新加坡自由报》发表文章,针锋相对地提出"白祸"论,并以资本主义列国强加给中国的一系列不平等条约所造成的灾难,说明"白祸"比"黄祸"更为可怕。他援引英国人托玛斯·杰克逊的名言——"条约只有平等,才能持久"——指出,只有当外来者(指教会与洋行)终止享有特权时,中国人对他们的仇恨才会随之过去,从而也才不会再有排外的暴动。

1906年2月,孙中山来到新加坡组织同盟会新加坡分会,他与林文庆进行了整整三个晚上的倾心交谈,并成功说服林文庆加入了同盟会。此后,林文庆作为新加坡同盟会的早期会员,不仅和夫人黄端琼一起参与了革命党人的对外宣传和行动,甚至他的诊所也成了革命党人聚会的秘密场所。

不过此时,作为海外华商和华人名医的林文庆与当政的清政府之间也保持着密切的关系。1911年初他受肃亲王之命,出任清廷内务府医务顾问和北京西医院总监。同年3月,他代表大清帝国前往欧洲,参加在巴黎、罗马召开的国际医学会议,并出席在德国德累斯顿举行的"万国卫生博览会"。此次林文庆欧游历时9个月,除参加各种国际会议外,他对欧洲几个主要国家的政治与社会状况也进行了较为详尽的考察,大大开阔了自己的政治视野。

1912年初,孙中山先生到南京出任中华民国临时政府大总统时,特电召林文庆回国担任临时政府内务部卫生司司长,并兼任自己的私人秘书和医生。当年临时政府发出的致世界各国军政首脑的重要电讯,大多便出自林文庆之手。直到两个月后,孙中山辞去临时大总统职务,林文庆才辞去所兼各职返回新加坡,继续他的行医经商生涯。

在林文庆与孙中山的交往中,两人似乎逐渐形成了某种默契:林文庆虽然并不很赞成流血革命,但对孙中山的革命活动仍尽力地给予支持,尤其是当孙中山需要他时,总是责无旁贷地出现在他的身旁。而孙中山对林文庆教育救国的改良主张,也给予了极大的尊重。

正因此,1921年5月,当孙中山在广州宣誓就任中华民国非常大总统之后,他马上想到了林文庆,并发电请其回国襄助外交事务。也就在此时,正为厦大校长人选发愁的陈嘉庚也给林文庆发来了电报,邀请他出任厦门大学校长。在孙中山善解人意的支持下,林文庆作出了回国担任厦大校长的决定,使自己的人生道路发生了一次重大转折,并在厦大校史乃至中国大学发展史上留下了浓墨重彩的一页。①

32

①　本节内容参见严春宝:《一生真伪有谁知:大学校长林文庆》,第一至八章,福建教育出版社(2010)。

三、呕心沥血芙蓉园

1921 年 6 月中旬,当林文庆兴冲冲地带领家人登上由新加坡开往厦门的邮轮时,他绝没有想到,等待他的将是一条怎样的荆棘之路,他将要运筹帷幄的又将是一个怎样的"战场"?

6 月底,邮轮抵达厦门。林文庆将一家老小稍作安顿后,便于 7 月 4 日正式到校上任。此时,摆在他面前的,是一个百事待兴的校园。虽然在邓萃英离职后,有刘树杞代理校长,但"种种之组织均未完全就绪,大纲之修改、各种规则之制定、学校政策之采择、各学部及各学科之设立,均须通盘筹划"。[①] 更为棘手的是,"邓离校时,教职员强半辞职",只有几名留美博士尚留守岗位。

到任当晚,林文庆便召开了学生座谈会,鼓励学生士气,恢复师生对未来的信心,并提出要把厦大"办成一生的非死的、真的非伪的、实的非虚的之大学"。[②] 随后他逐步展开了调整现有教职员工作、增聘新的师资、修改教学大纲、更换课表、准备新学年招生事宜等一系列工作,不仅使正为自身前途和学校前景担忧的师生们吃了一颗定心丸,而且使学校的各项交接顺利进行,从而为学校未来的发展奠定了良好的开端。

当年秋季,厦大在上海和厦门两地同时招收预科学生。结果录取新生 61 人(其中预科生 44 人,特别生 10 人,旁听生 7 人),秋季开学到校者 56 人,加上旧生返校者 80 人,在校生人数达到 136 名。与此同时,他对学校的教学组织进行了调整,将原来学校设商学、师范二部,师范部下再分文、理二科的结构,改为设商学、教育学、文学、理

---

① 厦门大学校史编委会:《厦大校史资料》,厦门大学出版社(1987),第224 页。

② 《厦门大学新校长林文庆到任》,上海《申报》1921 年 7 月 11 日。

学四部,以期与国内外大学接轨。

秋季新学期开学后,林文庆亲自主持了对学生的英语口试,结果发现学生的英语水平普遍较低,甚至连一些最简单的问题,如你从哪里来、叫什么名字都答不上来。因此只好让这些学生读满两年预科,然后再升入大学就读。鉴于新生大多来自本省,厦大还特地函告省内各公私中学,敦促这些学校从速改善英语教学,以免贻误学生。

学校运行逐步走上正轨后,陈嘉庚便放心地将学校的全部校务包括行政、人事等各项工作都交由林文庆处理,自己则全力督促校舍的施工建设。半年后,厦大位于厦门岛内的第一批校舍终于落成,全校师生便从集美的临时校址迁回岛内演武场新校址上课,整个大学的校园开始逐步成型,学校的办学速度也明显开始加快了起来。

1922年3月,陈嘉庚的胞弟陈敬贤因病回国内休养,陈嘉庚不得不赶赴新加坡主持商务。此后,厦大校务实际上便由林文庆负全责。陈嘉庚原本以为"此去不过数月",未曾料想,他这一去,十多年都没有回国,回到这所他费尽心血创办起来的大学。好在他选中的林文庆校长竭心尽力,在风风雨雨中帮他撑起了大学的支柱。

1922年7月,厦大在厦门、福州、广州、上海、北京及海外的新加坡、马尼拉等七个城市同时展开了新生招考活动,最后录取了152名新生。这是厦大招收的第一届正式生,生源几乎涵盖了大半个中国,甚至还有两名来自海外的学生。其中包括2名女生,是为厦大的第一批女生。学科建设方面,又增设了工学、新闻两学部。到1923年春季开学时,学校在校生人数已达到268人,其中本科生119人,预科生149人。与招生的扩展相适应,林文庆增聘了一些新教员,其中多为曾在欧美留学的教授,使厦大的师资队伍更加充实了起来。

为了使学校的办学指导思想更加明确,林文庆为厦门大学确立了具有深远意义的校训——"止于至善"。在他看来,一个好的大学校训,不仅要体现出一种良好的社会价值观,更应为大学生提供一个为之奋斗终身的人生目标。因此,他以《四书.大学》的首句"大学之道,在明明德,在亲民,在止于至善"为依据,选定其中的"止于至善"来代替原来的"自强不息"作为新的校训。他认为,自强不息体现的只是一种积极的人生态度,而止于至善则表明了一个人毕生为之奋

斗的高远目标。

为了更好地体现厦大办学的高远目标，林文庆还亲自绘制了厦大的校徽，并将校训"止于至善"四个字镌刻在校徽的内圆圈，以凸显其作为大学核心价值观的灵魂作用。校徽的外圆圈则配有"厦门大学"的中文与古拉丁文，表现其中西合璧的办学理念。校徽内圆圈中的三颗星分别代表中国传统文化中的三才——"天地人"，三颗星中的城墙、城门标记则寓意厦门大学将立足厦门、放眼世界，实行开放办学。

随后，林文庆又进一步制定了《厦门大学校旨》，将办学目的、特点和追求等予以制度化，以保障学校的持续平稳发展。《校旨》首先明确规定："本大学之主要目的，在博集东西各国之学术及其精神，以研究一切现象之底蕴与功用；同时并阐发中国固有学艺之美质，使之融会贯通，成为一种最新最完善之文化。"[①]在林文庆看来，厦门大学不仅要"博集东西各国之学术及其精神"，而且要"阐发中国固有学艺之美质"，并使两者融会贯通起来，创造出一种"最新最完善之文化"。应当说，这既是厦门大学办学的目的，也是林文庆在已过"知天命之年"不远万里来到厦大的目的。

35

从林文庆拟定的《校旨》和他在 1922 年所作的《校长报告》中，可以看出他为刚刚创立的厦门大学勾画的一幅恢宏远大的发展蓝图：

一、在教学方面：林文庆提出要"养成专门人才，使之与世界各国大学学生受同等之教育"，"使本校之学生，虽足不出国外，而其所受之教育能与世界各国之大学相颉颃"，充分显示了这位留洋归来的中国大学校长的气魄和自信。

二、在教师队伍上：林文庆要求"极力罗致各种专门人才，尽毕生之力以从事于科学之教授及研究"，并准备对本校理科学生成绩优良者提供奖学金，将来毕业后留学外国，"以为养成将来本校教授之材"。反映了他所具有的人才储备观念和学校所应具备的相应机制。

三、在教材建设上：鉴于当时国内教育较为落后、各门学科所用之教科书及参考书不得不暂用西文书籍的现状，林文庆大胆提出"拟

---

① 《厦大校史资料》，厦门大学出版社(1987)，第 40 页。

用国文编撰各种教科书及参考书,使我青年子弟将来得以本国文字直接研究高深学问,不必专仰给于西国书籍","将重要之科学知识,变成中文,以期养成我国国民之科学精神"。同时,他也要求"各门学科之教授,极力提倡用国语及国文,以期本国之语言文字逐渐发达,于世界语言学中占一永久重要之位置"。

四、在科研方面:林文庆主张大学应"注重各科学研究之工作,以期养成真正研究之精神,使各种学术,均能达到最高深之地步",并要求厦大在"此数年中,拟以全副精神注重于科学院之建筑及设备",使"实验室之设施,力求完备",以期"将来厦门大学或称为我国南方之科学中心点"。

五、在外语教学上:林文庆虽然大力提倡用国语及国文,但并未因此忽视外语教学的重要性,主张在"国文之外,尤注重英文,使有志深造之士,得研究世界各国学术之途径"。厦大不仅开设了英文课程,而且开设了法文、日文、德文课程,并准备"将来增设荷兰文、西班牙文、马来文等科,以便英荷法美等属之华侨子弟,得随意选习"。

六、在体育卫生方面:作为一位医生出身的大学校长,林文庆自然深知体育锻炼和保持卫生清洁的重要性。为了强健学生的体质并"引起其对于体育运动之兴味",他要求厦大学生"每日须习早操十五分钟,每星期并须习课外运动二小时,最少需选习游戏运动一种"。为了避免疫病流行,学校对学生实行严格的体格检查制度,"凡负有传染病之学生,均不能入校"。

七、在学生管理上:林文庆大力主张和"提倡学生自治之组织,以期养成高尚之人格,发扬美满之民族精神,于学校内造成一种模范社会,以为将来服务之预备。""故本校许学生自行组织学生会,掌理学生一切自治事宜",以增加学生的基本生活经验,锻炼和提升他们将来适应社会的能力。

八、在学校管理上:为了使厦大真正成为"南方之强",林文庆从一开始就主张从严治校,学校对学生的品行和考试制度均作出了严格的要求,"本校考试甚为认真,学期考试舞弊者,必受退学处分"。在招生方面,学校招考也极为严格,宁可学生人数少,也绝不降低要求随意扩大招生。为此,林文庆甚至断然拒绝了集美学校校长叶渊

提出的让集美学校毕业生能够免试直接升入厦门大学学习的建议。①

　　总之，林文庆希望通过厦门大学的建设，"一方面研究学术，以求科学之发展，一方面阐扬文化，以促社会之改进，使我国得与世界各强国居同等之地位。"②这表明，他作为一位大学校长，始终没有忽略大学对于国家、社会所负的责任，始终把努力提高中国当时落后的科技水平当做自己的重要任务。

　　为了实现自己在《厦门大学民国十年度报告书》中提出的办学宏伟蓝图，林文庆一方面积极增设学科，努力扩大招生；另一方面多方延聘师资，广泛招揽人才，尤其是拥有欧美留学经历的人才，包括欧美籍教授。他认为，这些人才眼界、视野都比较开阔，无论从事教学还是科研都比较胜任，对提升学校素质和扩大学校影响也大有裨益。于是，来自美国的动物学教授莱德、来自瑞士的语言学教授戴密微、来自德国的哲学兼德文副教授艾锷风等，此时都被他延聘到厦大。后来这几位教授也都在自己的专业领域作出了重要贡献，如莱德在厦门仅半年，就发现了数十种海洋生物，包括几近灭绝的文昌鱼；戴密微和艾锷风则合著了《刺桐双塔：中国晚近佛教雕刻研究》一书，成为日后"泉州学"研究的奠基之作。

37

　　在大力引进人才、强化师资队伍的同时，林文庆对一些被实践证明不合理的制度或不合适的教职员大胆进行了调整。例如学校创立初期只设师范和商科，为鼓励学生报读师范，陈嘉庚决定对师范生予以特别优待，不但免交全部学费和食宿费用，每月还有额外的四元补贴，商科学生则需缴纳学费、膳食费、住宿费等各种费用。由于两者悬殊太大，引起了商科学生的不满。林文庆到校后不久，就着手将这种按学科确定收费与否的做法，改为各学科一视同仁收费、视学生成绩优劣及家境贫裕发放奖学金的做法，同时保留了师范生较高的奖学金比例，体现了奖优罚劣和向师范生适当倾斜的原则，起到了积极

----

　　①　《林文庆校长报告》，《厦大校史资料》，厦门大学出版社(1987)，第225～227页。

　　②　同上书，第41页。

的作用。又如陈嘉庚在南渡新加坡之前,曾经委任其同宗兄弟陈延廷为学校建筑部主任,并寄予厚望。陈延廷初期也的确为厦大群贤楼群和生物学院、化学学院等大楼的建设付出了很大努力,没想到后来他为了建造私宅,竟然在工程预算及采购建材过程中,采取虚报、吃回扣等方式,营私舞弊、中饱私囊。为确保学校建设的顺利进行和资金的安全,林文庆不得不于1924年10月改组了建筑部,由留英工程师田源添担任建筑部主任,而让陈延廷去工程部工作。为此,林文庆特地写信给陈嘉庚,说明了有关情况及对陈延廷的处理。陈嘉庚回函说"权操校长,校中事概由林君裁处",①对林文庆表示了极大的信任与支持。

在林文庆及教职员们的共同努力下,厦大开办数年间就凭借其在生物学研究领域的一系列影响深远的学术成果,在全国大学中初露头角,被公推为具有理科特长的大学,从而奠定了它在全国大学中的地位。

就在林文庆准备施展拳脚、使厦门大学的发展再上一个新台阶的时候,学校却爆发了一次震惊海内外的学潮,使厦大初创取得的成绩差点化为乌有。1924年夏季之后,过半学生出走上海另立大夏大学,教师辞职者也不乏其人,这使得学校元气大伤。

2004年秋季,厦大正常开学。为了扩大生源,同时证明厦大并非实行"三闽南主义"的大学,厦大特意在上海各大报刊登招生广告,招收江浙学生。著名画家叶浅予当时还是杭州盐务中学的学生,年仅17岁,竟然也瞒着家人,和女友王文英及其他三个同乡一起,懵懵懂懂地搭火车、乘海轮到厦门报考。虽然已经错过入学考试的时间,但经学校一位浙江籍教师介绍,林文庆还是同5位学生见了面。林文庆说,前不久闹风潮时许多江浙籍教师学生离开了厦大,你们远道而来投奔厦大,我表示欢迎,允许你们补考。若能及格,就留下;若不及格,可以参加补习班,明年再考。补考结果只有一位姓金的同学被录取,叶浅予等4人进了补习班。"混到寒假,四人结伴搭了一条带客的货轮回到上海,转回杭州。"后来,叶浅予通过自学和拜师,成为

---

① 陈碧笙、陈毅明:《陈嘉庚年谱》,福建人民出版社(1986),第45页。

中国著名画家和中央美术学院国画系主任，著名舞蹈家戴爱莲和著名影星王人美先后成为他的妻子。①

厦大学潮后两年，尽管学校进行了两次较大规模的招生，但学生数仍未能恢复到学潮前的水平。好在此时，陈嘉庚在南洋的实业蓬勃发展，其商业分支机构几乎遍及全球，公司雇员达到两万多人，实有资产总额更达到 1200 万元之巨。有这样的经济实力做后盾，陈嘉庚和林文庆决定采取积极的策略，使厦大能够更加大踏步发展。

1925 年 12 月下旬，林文庆南渡新加坡，与陈嘉庚面商学校发展大计，并向社会各界广泛宣传、介绍厦大的办学情况，受到新加坡社会各界的热烈欢迎，陈嘉庚对林文庆也备加称赞。翌年 3 月，林文庆返回厦门后，在全校师生大会上报告了"在南洋之经过情形及本校前途发展之希望，谓陈校董竭力维持，五年间计划可积极进行"，②并着手开始落实推进厦大发展的计划。

鉴于厦大地处东南一角、地方相对偏僻落后、知名教授多不愿前来、已在学校任教的老师也不太安心的情况，为了吸引并留住优秀师资，学校于 1926 年 6 月颁布了《厦门大学优待教职员规则》，对长期在厦大服务的教职员规定了种种优待措施，包括为生病的教职员提供抚恤金，为年长者发放养老金以及其子女可以免交学费入学等等。与此同时，学校还采取不惜重金礼聘教授的做法，规定教授最高月薪可达 400 元（比复旦大学高出一倍），一时吸引了不少知名学者、教授前来任教或从事专门研究。

没想到好景不长，由于种种主客观方面的复杂原因，一场新的风波突如其来，令林文庆措手不及，穷于应付。第二次学潮过后，文科的诸多知名学者、教授离开了厦大，令学校的元气进一步受损。好在理科的多数教授在林文庆的积极挽留下，继续留在学校，使理科得以较好地维持与发展。

尽管遭遇种种困难，林文庆仍毫不气馁，积极采取各种措施来补充师资。1927 年寒假他到新加坡与陈嘉庚面商校务时，进一步提出

① 叶浅予：《细叙沧桑话流年》，"忆少年"，中国社会科学出版社（2006）。
② 洪永宏：《厦门大学校史》第一卷，厦门大学出版社（1990），第 66 页。

鼓励教授长期在厦大任教的措施,即对在厦大任教 7 年以上的教授给予休假一年的优待,休假期间可以领全薪,以资鼓励。与此同时,他对加强学校的管理工作和推进校园建设也作出了许多努力。学校于 1927 年修订了各项规章制度,并辅之以相应的奖罚措施,使之更加适应厦大自身的特点。在校园建设方面,学校于 1926 年建成了规模宏大的生物院大楼和化学院大楼。大楼建成后,林文庆的校长室就一直设在生物院三楼,以贴近教师。除了继续增建校舍、添置先进教学设备外,学校还专门为教授们建造了十座别墅式楼房,以改善教授们的居住环境,使他们能更专心于教学科研工作。

20 世纪 30 年代的厦门大学化学院

学校图书馆也大量购置图书,增加藏书量,据统计,到 1928 年,厦大图书馆已拥有各类中文书籍 34000 余册、外文图书 16000 余册,新设计的、藏书量可达 20 余万册的图书馆也开始筹备兴建。① 除此之外,许多与教学、生活相关的设施,如气象台、电灯厂、自来水厂、煤气厂、动植物馆以及医院、浴室等也都逐步修建和完善,为师生们创造了良好的学习、生活环境。到访的外国友人对此赞叹不已,对林文庆的学识经验及热心毅力也夸奖有加。

为了使私立厦门大学能早日获得国家教育部备案,得到合法资格并纳入国家教育体制,林文庆付出了极大的努力。从 1926 年起,

---

① 严春宝:《一生真伪有谁知:大学校长林文庆》,福建教育出版社(2010),第 162~163 页。

厦大就开始向北京教育部请求立案,但却没能成功。南京国民政府成立之后,厦大又通过福建省教育厅转呈立案申请。鉴于厦大"办理完善,成绩斐然",省教育厅欣然同意厦大的立案申请,并"转呈中央教育行政委员会核示在案"。随后,国民政府大学院委派艾伟、丁巽甫博士两位专家到厦大进行调查核实。鉴于厦大"基金充裕,成绩甚佳,各种设备,亦极完善",国民政府大学院院长蔡元培于 1928 年 3 月 26 日发出第二三一号"训令",准予私立厦门大学立案。自此,厦门大学正式获得了中央政府的认可,成为中国大学发展史上第一所获得政府批准立案的私立大学。其后,国内其他私立大学包括金陵、复旦、燕京、南开等也纷纷仿效厦大的做法,向中央政府提出立案申请,从而推动了中国私立大学的健康发展。

　　就在厦门大学各方面的发展蒸蒸日上、赢得世人日渐瞩目的时候,新的更大的考验来临了! 伴随着 1929 年的世界经济大危机,整个西方世界以及东南亚各国的经济都受到很大的冲击,陈嘉庚在南洋的实业也受到了严重影响,开始逐渐走下坡路,由一向盈利转变为巨额亏损,学校的办学经费因此不得不一减再减,厦大进入了它创立以来最严峻的困难时期。

　　这一切,对于主持厦大校务的林文庆来说,不亚于一场噩梦。他不仅需要精打细算节约"每一个铜板",而且需要经常筹划如何募捐,以补充学校办学经费的差额。自此,他除了在学校主持日常校务外,不得不把相当一部分时间和精力用于四处筹募资金。"一年中他几乎半年在校内,半年在校外。半年在校外,就是要在五个中心去接洽联络,这五个中心是南京、上海、福州、广州和南洋。"①正是由于林文庆的四处奔波努力、募捐筹款,才使得厦大在岌岌可危的情况下,仍可维持教学和科研的正常进行,甚至还取得了一定的发展。

　　1929 年,林文庆年过 60,他萌生了退意。他在厦大已经坚持了 8 年之久,使一个初创不久的大学,"不数年群贤毕至,蒸蒸日上,蔚

---

　　① 黄宗实:《作为爱国教育家的林文庆》,厦大校友总会编《厦大校友通讯》第六期(1987)。

成闽南惟一的最高学府"。① 如今,他该功成身退、让贤给新人了。于是,他以"年岁渐老经历渐衰"为由,向陈嘉庚请辞,陈嘉庚不仅不同意,而且对他说:"你不能去,你须为厦门大学奋斗到死,我也愿为厦门大学奋斗到死。② 此后,林文庆留了下来,为了厦门大学,他又苦苦支撑了第二个8年。这后8年虽然没有了前8年的学潮和人事纠纷,但日益紧张的办学经费,却压得他喘不过气来,四处奔波为学校筹募办学经费几乎成了他最重要的工作。

1930年4月初,他亲赴南京,向国民政府请求免除陈嘉庚公司货品的进口关税,以便能将省下的税收用于补贴厦门大学和集美学校。在南京期间,林文庆广泛拜访当时的政府要人,以尽可能地获取他们对厦大的同情和支持。此行免税事宜虽然没有成功,但在宋子文、蔡元培等诸多政府要人的支持下,政府最终批准每年给予陈嘉庚教育事业六万元津贴,厦大得到了其中的三分之二,即四万元,解了厦大的燃眉之急。③

为了减轻办学经费的压力,林文庆还积极寻求一些具有官方或半官方背景的基金会组织的帮助,并取得了可喜成效。如中华教育文化基金会自1931年6月起,给予厦大为期三年、每年三万元的补助。三年期满后,该会在1934年和1935年又分别给予了二万元和三万元的补助。中英庚款董事会鉴于厦大在中国东南部高等教育中的重要作用,也分三年每年给予厦大三万元的购书费用补助。除了向中央政府积极申请补助之外,林文庆也向福建省政府请求援助。1933年1月,他与姜琦、詹汝佳等人前往福州,拜会省主席蒋光鼐及曾任厦大教务长、时任省教育厅厅长的郑贞文,请求省政府补助厦大办学经费,得到了蒋、郑等人的大力支持。省政府随后决定,从1933

① 林文庆:《厦大十周年纪念的意义》,载《厦大十周年纪念刊》。
② 李元谨:《林文庆走向厦门大学:一个新加坡海峡华人的寻根之路》,载新加坡《南洋学报》第五十二卷(1998年8月)。
③ 严春宝:《一生真伪有谁知:大学校长林文庆》,福建教育出版社(2010),第239页。

年 7 月起，每月补助厦大 5 千元。①

　　为了请求中央政府拨款补助，1934 年 4 月底，林文庆和教育学院院长孙贵定一起赴南京。通过时任行政院长汪精卫及孙科等旧相识的关系，他先后走访了时任财政部长宋子文、教育部长王世杰、实业部长孔祥熙等人，请求政府给予厦大财政资助，并大获成功。当年 8 月，在行政院第 172 次院务会议上审核通过的"资助私立专科以上学校补助费方案"中，厦门大学获得了政府每年 9 万元的资助，这也是当时政府对全国私立大学补贴当中的最高数额。②

　　1934 年 12 月，林文庆和法律系主任傅文楷、附高教务主任曾郭棠等人前往新马地区为厦大筹募经费，不仅收获颇丰，而且反响很好。虽然此时南洋各地经济不景气，但由于林文庆在新马地区拥有良好的声誉，因此筹款活动进展顺利。募捐团每到一地，都受到当地华侨和侨领的热烈欢迎，而林文庆和募捐团其他成员也丝毫不敢懈怠，他们"每天都是在五时左右起卧，九点多钟出发工作，一直到晚上一二点钟才得睡觉。"③这位 66 岁高龄的老人，这位当年誉满新马地区的华族立法议员，为了厦大的生存而对慈善者们说："我求你，请你帮助厦门大学，为祖国培养建设的人才！"此次南洋之行，林文庆带领的募捐团总共筹到了 33 万元的巨款，令大家喜出望外；而且通过这次募捐，也把厦门大学的校誉传遍了南洋社会，大大加深了厦大与南洋的关系。此外，南详募捐的成功，也使厦大的师生们对林文庆在南洋的社会影响以及他为厦大作出的牺牲有了更多的认识。

　　随着南洋所募捐款的陆续到位，学校的经费来源渠道发生了根本性变化。以厦大 1935 年 8 月—1936 年 7 月学年度的收支为例：该年度厦门大学的全部支出为 36 万余元，其中实到南洋捐款为122390 元，在厦大全年经费总额中的比重已占到了三分之一，，相当于教育部补助费（81406 元）和福建省政府补助费（41601 元）的总和，

43

---

　　①　严春宝：《一生真伪有谁知：大学校长林文庆》，福建教育出版社(2010)，第 240 页。

　　②　同上书，第 239 页。

　　③　曾郭棠：《随林校长南渡所得的感想》，《厦大周刊》第 363 期。

成为该年度厦大最主要的一项经费来源。①

在林文庆和全体教职员的共同努力下,私立厦门大学一直勉力支撑到 1937 年。这一年 5 月,林文庆受陈嘉庚委托赴南京拜见国民政府教育部长王世杰,经多次请示协商,最终将厦门大学由"私立"改为"国立",为自己为之奋斗了 16 年的厦门大学画上了一个还算完美的休止符,同时,也为厦门大学的重生开辟了新的前景。②

厦门大学改为国立后,陈嘉庚在回忆录中说了这么一段话,颇能道出自己内心的感慨:"每念竭力兴学,期尽国民天职,不图经济竭蹶,为善不终,贻累政府,抱歉无似。回忆古语云:'善始者不必善终',亦聊以自解耳"。③ 陈嘉庚经营的企业虽然失败了,但他"倾家兴学"的美名永存。正如黄炎培所说:"发了财的人,而肯全拿出来的,只有陈先生。"

一年后,国民政府教育部按照行政院"捐资兴学褒奖条例",下达了《关于表彰厦门大学创办人陈嘉庚、陈敬贤、林文庆的训令》:

> 国立厦门大学前由陈嘉庚、陈敬贤、林文庆捐资创建,林文庆并亲任校长十余年,同心协力,惨淡经营,固能成就多材,规模大备。乃至抗战军兴,暴敌恣意摧残我们教育文化机关,该校竟为炸毁。政府于迅筹恢复之余,轸念陈嘉庚等艰辛创业,愿力宏毅,嘉惠士林,足资矜式,特予明令褒扬,以彰殊绩,而励来兹。④

---

① 洪永宏:《厦门大学校史》第一卷,厦门大学出版社(1990),第 121~122 页。

② 本节内容参见严春宝:《一生真伪有谁知:大学校长林文庆》第十章,福建教育出版社(2010)。

③ 陈嘉庚:《厦大献于政府》,《南侨回忆录》第 19 页。

④ 《厦大校史资料》,厦门大学出版社(1987),第 17~18 页。

四、鹭海学潮

上世纪 20 年代的中国，正处于一个急剧的社会转型期。一方面，新与旧、现代与传统两种价值观相互交织而又矛盾冲突，各种社会思潮迭起，对民主、科学的追求和对人权、个性的呼唤空前高涨；另一方面，国内军阀割据混战、水旱灾害频仍、民众生活维艰，而国门外日寇更是虎视眈眈。可以说，整个社会呈现出一种空前的复杂性和矛盾性，无论是对国家还是百姓来说，都是一个不折不扣的"多事之秋"。

刚刚诞生不久的厦门大学，处于这样一个社会转型期，各种矛盾与冲突自然在所难免。作为管理者的校方与作为被管理者的教师、学生及员工之间的关系，以及彼此的理念和思维方式、行为方式，实际上也正处在一种"磨合"之中。磨合得好，则是双方之幸、学校之幸；而磨合得不好，则是双方之不幸和学校之不幸了。

1924 年春夏之际发生在鹭海之滨、震惊全国学界的厦大学潮，自然是这种关系磨合得不好的结果。学潮从 5 月底开始到 6 月初结束，虽然只有短短一周多时间，但其卷入层面之多、波及范围之广、影响程度之深却是空前的。这场突如其来的学潮不仅给校长林文庆带来了诸多困惑与烦恼，而且对刚刚创办不久的厦门大学也产生了极大的影响。

根据当年上海《教育周刊》发表的"私立厦门大学学潮记"及各种不同版本的说法，事件的起因其实并不复杂。但由于认识上的差异导致处置方式大相径庭，使得矛盾不但没有缓解，而且日趋激化，最后演变成流血事件，并导致全校一半以上学生出走，给学校及教师、学生都造成了种种有形或无形的损失。

此时，距林文庆校长执掌厦大校政不到三年。他十分不解：为什么自己辛辛苦苦来中国办学，欲实现素来提倡孔子教育之主张，却被

报纸批评为"思想保守",甚至一些学生要联名函请校长退位？他更不解，自己身为校长，对部分教职员不满意（疑似"指使学生"）而予以辞退，竟会在学生中引起如此之大的反响？如果不说清理由就得收回成命？

林文庆在集会上告诉学生：辞退四名教职员自有他的理由，但是不可以宣布。学生如果不满意学校，尽可以转校，学校即使解散，也不会顺从学生的意思。学生却不依不饶地问：不能宣布的理由是什么？三位主任和一位教师（指注册主任傅式说、商科主任王毓祥、教育科主任欧元怀及英文系主任林天兰）都堪称师表，为什么没有理由就把他们辞退？面对这些咄咄逼人的学生，林文庆毫不客气地告诉他们，在厦大绝对没有"德谟克拉西"（民主）可言。当学生指责他还是十六世纪的脑袋时，他便愤而退席表示抗议。①

教职员们也派代表向他询问辞退四名教职员的理由，林文庆还是回答不能宣布。第二天他写了一封英文信给教职员代表，表示自己是按照聘约行事的，并经过了详慎考虑然后才做的决定。教职员们看了信，更是一头雾水，数位教职员因此提出辞职，包括理科代理主任余泽兰、物理系主任吕夫芳、工科主任李世琼、教育心理系主任周学章，以及职员吴毓腾、林希谦等。

这些教职员及学生认为，学校没有正当理由当然不能随意辞退教职员，否则怎么保障教职员的基本权益？而且教职员和学生对学校的办学指导思想和学校负责人，也有表达批评的权利。林文庆则坚持认为，学校辞退教师不需要宣布理由，双方"中途不同意"即可辞退。

双方针尖对麦芒，互不让步，事态愈演愈烈。学生方面开会表决，决定于 5 月 29 日全体罢课以表示抗议，并致电陈嘉庚和有关媒体，电报言辞激烈，指责林文庆"无故辞退学识兼优之主任四人。学生等忍无可忍，不得已自即日起全体罢课"，②并请求"各界主持正理，予以援助。"而林文庆也致电陈嘉庚，说明有关情况："辞去三教

46

---

① 《私立厦门大学风潮记》，上海《教育杂志》第十六卷第七号（1924）。

② 上海《民国日报》1924 年 5 月 31 日。

员，故本日学生罢课。大学规矩必不许侵越，祈勿介！"①

　　远在新加坡的陈嘉庚连续接到学生、教师和校长分别发来的电报，既感到不安，更感到生气。不安的是学校的正常秩序能否维持？生气的是这些学生，为什么不好好读书，而要闹罢课？如果都依了学生，这学还怎么办？他火速给校长回电："赞成先生宗旨，切盼毅力主持，以维校纲而戒将来。至荷至幸！"②同时，他覆电厦大学生："两电均悉。然余信任林校长，无殊集美学校校长，前车可鉴，请诸君明白。"③对校长林文庆表示了完全的信任和支持。

　　没想到，6月1日上午，学生与支持校方意见的几位闽南籍教职员（包括周辨明、黄开宗、林幽、薛永黍等）发生争执时，建筑部主任陈延廷得到报告，便招集正在建筑工地施工的工人前来"救援"，结果演变成流血事件。学生团主席罗士清、纠察干事孙作瑾、宣传主任雷荣璞遭到捆绑、殴打，以至重伤，罗士清甚至呕血、不省人事，随后三人被关禁在建筑部。④

　　学生急忙向当地驻军及警厅和地检厅报告，驻军出面制止了事态恶化。警厅和地检厅派人前来调查后，带走了有关肇事人员（包括周辨明、陈延廷、林幽、黄开宗和张祖荫等人），并进行了讯问，有的当即释放，有的第二天才予以释放。

　　学生们于当天下午六点举行了"厦门大学学生流血请愿"游行活动，在全市散发传单，要求惩治行凶肇事者；并致电全国报馆，请求媒体主持公道。

　　6月2日，学生们举行各界招待会，希望得到援助。此后，厦门总商会及教育界有关人士出面参与调停，但当事各方认识很不一致：校董陈敬贤说此次风潮必须找出真正是非，才能够下判断，如果社会能主持公道，他愿意支持，隐约指责参与风潮的学生和教职员。学生方面则提出六点条件，要求"校长辞职、开除肇事教职员与学生、挽留

47

① 《厦门大学风潮之原因》，新加坡《南洋商报》1924年6月4日。
② 《厦门大学风潮之原因》，新加坡《南洋商报》1924年6月4日。
③ 《厦大学潮续志》，上海《申报》1924年6月5日。
④ 《私立厦门大学风潮记》，上海《教育杂志》第十六卷第七号(1924)。

四位主任和参与此次学潮的教师、学生,召集建校前的筹备委员组织董事会,聘请新校长,以及保证全体职员与学生的生命安全",并限定校董会在规定日承认。而校长林文庆则认为,根据聘书中"各方如中途不同意,得于三月前预告之"的条款,无须宣布解除教师职位的理由。他还强调说,我只对陈嘉庚负责,只有陈嘉庚可以质问解除教职员职位的理由,其他人没有这个权力。如果我不称职,也只有陈嘉庚可以解除我的职位。①

学生态度强硬,林文庆也毫不妥协,事件自然无法调停。最后,校方决定采取强硬手段,通知全校提前放暑假,并规定学生须在五天之内离校,学校将停止供应膳食、茶水和用电。学生们闻讯后更加不满,但由于学校已请求警方到校维持秩序,学生们无可奈何,只好做离校准备。6月8日上午,学生们举行了离校宣誓,共有二百多人在誓词上签名,确定一起离开厦大,到其他大学去读书。② 厦大学生一周多的罢课行动,到此宣告结束。

厦大学潮在全国教育界、新闻界引起了极大的震动。上至教育部、全国学联,下至许多公立、私立大学,以及地方的教育会和许多新闻机构都被惊动了。社会舆论多数倾向于同情学生一方,南洋华文报刊更是纷纷发表文章,支持罢课学生,指责校方"专制"。

大多数媒体认为酿成学潮的主要责任在校方,并对学校的办学思想、管理水平和处理学潮的方式提出了诸多质疑。

厦门《民钟报》的评论说:"这一次厦大学潮再起,究竟是怎么回事?我们因为是旁边的人,不能即刻下断语,判定谁是谁非。但就过去的事实,和当局的谈话与行为而论,我以为学校当局不应采取这种手段来对付教授。

(甲)林文庆博士是尊孔的,试问对于傅、欧、王、林诸君,不申述理由而解约,是否孔门尊师重士之道?"③

马来亚《益群报》的评论说:"林文庆有没有办教育经验,姑且不

---

① 《私立厦门大学风潮记》,上海《教育杂志》第十六卷第七号(1924)。

② 《私立厦门大学风潮记》,上海《教育杂志》第十六卷第七号(1924)。

③ 《厦大学潮评议》,厦门《民钟报》1924年5月30日。

问。但他突然辞退欧、王、傅、林四个主任，而不肯宣布理由，以致激起学生全体罢课，已经是不善办理了。后来，又用压迫手段，以数百工人，殴打柔弱的学生，这更显示他的残暴。年来万恶军阀官僚，常使军警摧残学生，本已引起全国学界痛心切齿，屡次声讨致罪了。那知每况愈下，今日摧残学生之事，竟发生在学界本身，尤其是发生在大名鼎鼎的校长林文庆医生！"①

新加坡《叻报》的评论说：

厦大风潮，学生与学校，双方已处于不并立的地位，在这种状态之中，而欲求调停似乎是不可能罢！但是为闽南文化计，为闽南教育计，我们当然不赞成各走极端，弄到两败俱伤。

递料厦大学潮的将来，一定是学生败于现在及物质，而学校则必继之而失败于将来与精神，所谓学生失败于顷刻，而学校失败于无穷之未来。我们固然不忍数百青年废时失学，但是同时更不愿置闽南最高学府之厦大于绝途，而使其万劫不复。因此我不主张社会出来作一个大公无私的和事佬，而愿社会保持其公正之批评，冷静之头脑，作一个大公无私的仲裁人。

林文庆校长对厦大学生说，我的理由不能对你们说。但林文庆校长不向学生说，却不能不向第三者的仲裁人社会说。因为被告永远不到庭申辩，法庭有缺席判决的前例，恐怕社会也只能根据学生片面的话，而予以不利的裁判于学校了。

我觉得林文庆校长为学校计，为自身计，应取下列态度：所持以辞退四主任之理由，此次学潮经过之真相，公开宣布。然后请社会对林校长所宣布，而加以评判。校长理足则留校长，而解散学生；校长理不足，则校长去，以全学校。②

与此同时，也有媒体刊登文章，主张学生与校方应该互相体谅，以消除对立。新加坡《总汇新报》6月18日刊登《厦大罢课风潮之平

---

① 《再论厦大风潮与林文庆》，吉隆坡《益群报》1924年6月23日。
② 《我对于解决厦大风潮的主张》，新加坡《叻报》1924年6月20日。

议》一文,提出:"在学生方面,该当体谅办学者之苦衷,盖这个大学,原来非容易成立的,故对于校董之劝告,宜加以体谅心。而在校董方面,亦该当体察求学者之苦衷,盖这般学生,原来非好为鼓噪的,故对于学生之陈述,亦宜加以体察留心。如是,则必两得其平,虽以若大之风潮,自无难消灭于俄倾矣。"①

　　身为厦大创办人的陈嘉庚则始终认为,这次风潮是由教员鼓动学生而产生,责任在于教员与学生。当年 6 月 25 日他在《南洋商报》刊登了《敬告关心厦大诸君》的文章(在新加坡华侨中学的演说稿),对这次事件进行了分析:

　　　　厦大因辞数位教员,致生学生风潮,若质实言之,乃教员之风潮,而非学生之风潮也。盖教员以互生意见,阻碍进行,被林校长辞退,自知少数力薄,且不合出首,故唆使激烈学生数人,藉名学生会,散布传单,运动报馆,或投函,或访事,捏造是非,评论攻击,以遂其奸谋。更因欲推倒多数不同意之教员,既乏理由,亦非易事,故移攻校长,以为校长若倒,则彼所不满意诸教员亦必随之而去矣。

　　　　自来要推倒校长,必有失职名称,不合理由,方可以欺骗社会,愚罔董事,但未若此次之学生因辞教员,而强暴干涉,目的不达,则欲推倒校长者,如此则进退教员之权,可全操之学生矣。试问世界中有此事乎?若学生果能一致,董事等亦可破格承认,无如激烈派实占少数,其反对者,中立者,与绝不知其理由者,居大多数,决不得因少数之私,以增其气焰嚣张败类之陋习也。

　　　　闽南教员召集教员会议,有周君痛斥学生之无状。出会后,诸过激学生数十人,大兴问罪师,围禁数教员,要其详陈无状事实,声言用武。于是建筑部主任陈君延庭忍无可忍,即召工匠数十人救护教员,驱散学生,有不从者,遂生冲突,拘三人于建筑部,以待警察之来者,此所谓殴打学生之原因也。

　　　　至林校长无故而受诸报馆之毁谤,实属有冤莫白。鄙人若

　　①　《厦大罢课风潮之平议》,新加坡《总汇新报》1924 年 6 月 18 日。

不据实宣布于中外,谁能为之吐其气耶?且鄙人"辟诬"广告,其目的在乎维持厦大之安全。第一安慰无故被诬之林校长,第二挽留良善之教员,第三爱护良好之学生,俾厦大虽遭风潮,而进行无阻,此为鄙人之唯一宗旨,而非欲效笔战陋习之报纸与夫沽名嫉妒之唆夫以争无益之人知,故任其终年大吹特吹,大骂特骂,久视作无辩驳之价值。鄙人既不畏人骂,亦不好人誉,唯有抱定主旨,实行吾素,百折不挠,以尽国民分子之天职,而早置毁誉于度外矣。鄙人非不能更动校长也,如集美开办未及三年,四易校长,厦大甫仅一年,即更校长。但凡事要有是非,否则虽一学生尚不可取,况主持全校重要尊严之校长乎?

自前年集美两次风潮,鄙人受报馆之毁骂,屈指难数。然世间事,有欲害之,而反适成之。鄙人因维持善人而受骂,则校长之感激愈深,毅力愈固,志同道合,与厦大同休咎,如林校长者,更不忍舍我而去矣,岂不幸哉!岂不幸哉!

前年鄙人在厦时,曾遇吾侨一富商,在其乡村办小学,兼办一师范科,格外优待学生,学校膳宿均免费。然仅数月,每以伙食闹事,叹息谓鄙人曰:"吾人谓获金钱为难,迨兹观之,用金钱比获金钱更难矣!"鄙人则告以过渡时代,旧道德几于丧尽,新道德尚未造就,难免无此困难,唯要苦心毅力忍耐耳![①]

由厦大学潮引起,海外媒体还展开了对新闻媒体监督权的讨论。6月17日,新加坡《新国民日报》和《叻报》刊登了一篇联合启事。启事说:"学校为社会文化之泉源,与国家之荣枯,有绝大之关系。厦大虽属陈君出资自创,然既不能离社会而存在,则报馆自有监督之责任。今既发生中国四十年教育史上所独见之校长令工人殴打学生之风潮,则吾两报自不能以其系陈嘉庚所创设,由'学贯中西'、'具资雄厚'之林文庆所主持,而即俯首贴耳,缄口不敢赞一词,而蹈

---

① 陈嘉庚:《敬告关心厦大诸君》,新加坡《南洋商报》1924年6月25日。

陈君'辟诬'文中所谓'如天良何'、'如人格何'之咎戾也。"①

6月18日,《新国民日报》主笔张叔耐发表署名文章。文章说:

> 夫光明正大,为报馆应持之态度,陈君既知此矣,岂不知报馆更负有监督社会之天职耶?使有强凌弱,众暴寡,肆行强权压迫之手段者,报馆自当为之声援,使弱者寡者所不能争胜于强权者,得公理上最后之评判。无论何种社会间,有发现此等情形者,报馆迫于天理良心之使命,势不能袖手不顾,报馆之所谓神圣不可侵犯者在此,所谓正大光明者亦在此。

> 若谓以厦大为陈君所办,林文庆君为陈君所聘,而各报馆即应为之掩饰,虽至学生残肢折股,负伤流血,而不应为之发表,则吾人未之敢闻。试观国内国外各报馆,对此亦无不尽量发挥,亦可见是非之公,有万无可掩饰者。

> 抑吾人更欲问陈君,"校长用苦工打学生至重伤",是否应当之事?若谓应当也固无论矣。如其否也,则为之校主者,心亦何忍。抑陈君之聘林文庆为校长也,希望其作育人才乎?抑仰托其制造残废乎?夫校长执一校之全权,典守者不得辞其咎,律以春秋书赵盾弑君之例,学生身体上之危险,不责之林君而责谁?吾敢复问陈君,所谓破坏林文庆名誉者何在?

> 打学生为五四以来新开之风气,军阀打学生,窃闻之矣;军警打学生,亦尝闻之矣;校长打学生,且令五百余苦工打学生,斯无论何人不得不引为大憾。窃谓此风一开,教育前途,何堪设想?②

面对新闻媒体的群起而攻之,身为大学校长的林文庆真是"百口莫辩"。他只能感叹,做人难,做一个私立大学校长更难,做一个维护

---

① 《敬告社会并质问陈嘉庚——为厦大风潮电讯译文事》,新加坡《新国民日报》、《叻报》1924年6月17日。

② 《为厦大风潮事所不解于陈君嘉庚者》,新加坡《新国民日报》1924年6月18日。

52

传统文化的私立大学校长更是难上加难。

80多年后，当我们重新审视上世纪20年代发生在厦大的第一次学潮时，对整个事件应有一个更加客观和全面的认识。应当说，处于漩涡中心的林文庆校长对整个事件确实负有重大的责任，但这个责任，不仅是林文庆个人的，也是那个时代的；既是初生的厦大的，也是中国私立大学的！

首先，从林文庆校长个人的情况看：林文庆自幼接受的是英文教育，后来又长期生活在海外，一方面颇具绅士风度，兴趣广泛，格调高雅；另一方面，思想又比较单纯，习惯照章办事，行为处事比较认真，也比较固执。虽然参股过多家公司但没有直接管理过企业，虽然长期担任立法会议员但没有担任过地方官员，相对来说缺少行政管理的历练，也缺少政治手腕和应变思维；对国内教育界的情形，尤其是校内种种复杂的人际关系，似乎了解不深。因此，在处理涉及教职员去留等复杂问题时便难免考虑不周，处置不当。

例如，校长处分教职员，无论是辞退或开除都是一件十分慎重的事，不仅关系教职员个人切身经济利益，而且关系个人声誉与前途，自然需要有理由、有证据。即使触犯校规，也应根据轻重依校规处理。而林文庆只是出于怀疑便宣布解聘四位行政、教学骨干，既未说明理由，也未提出证据，这当然要引起教职员和学生的不满。而当事情开始发生变化时，他又没能尽快采取补救措施解决，反而说"厦大没有'德谟克拉西'可言"。殴打学生事件发生后，他仍丝毫不肯让步，而下令提前放假，同时停止校内的用电、膳食、茶水供应，这种做法虽然逼走了学生，但让人觉得手段笨拙，因而被媒体讥讽说"五四运动期间，军阀就曾经搞过这种拙劣伎俩，以对付学生"。这些无疑都是林文庆在学潮中的"失策"之处。

其次，从刚刚创办的厦大情况看：厦大初创不久，许多教育、教学和管理方面的东西都还处在磨合中，各种人事、人际关系也需要一定时间的磨合、调整，才能走上正轨。在一所大学中，教职员队伍来自五湖四海，由于地域、观念、学历背景乃至文化、政治等种种因素的差别，存在不同的理念、行为、亲疏乃至各种有形无形的"圈子"也很难

避免。厦大地处闽南,教师中存在所谓"闽南系"与"外江系"(指非闽南的外地人)之分、"留美"与"留日"的差异,乃至文理科之间、不同管理部门之间的权利之争,也并不奇怪。校方只要制度严明,分工明确,职责清晰,奖优罚劣,自能一碗水端平。

可是,作为校长的林文庆对校内存在的各种有形无形的"圈子"似乎了解不多,对教务主任与总务主任之间的"暗斗",对少部分闽南籍教员"眼光浅薄"甚至"顾影自怜,乃出卑劣之手段"排挤学识优长的"外江系"教师等等情况,也没能事先掌握,从而防范于未然。在学潮初起时,未能从全校大局出发,作出适当的妥协让步,而是固执己见,最后导致事态失控,酿成流血事件。

客观地说,对造成流血事件负有直接责任的主要是建筑部主任陈延廷。林文庆对整个流血事件的发生并不知情,后来一些媒体说是"校长下令叫工人殴打学生",确实与事实不符。实际上,在流血事件发生后,据林文庆身边的人说,"林神态极为懊丧。询以对此事件作何感想? 林谓然叹曰:此事所以闹得如此之糟,错在我,误在陈延廷。今者剑已出鞘,如何能收云云。"[①]

再次,从中国私立大学的发展状况看,上世纪 20 年代的中国私立大学,刚刚处于萌芽阶段,学校的组织机构不健全、管理制度不完善,董事会形同虚设或校长频繁更换等等,都是常见的事,厦大自然也不例外。而厦大的特殊性又在于,出资者(股东)只有一人,且远在海外,校内大小事务均由校长全权处理。学校没有设副校长,只设大学秘书,以教授为主体的评议会也没有建立,导致决策系于校长一人之身。校长决断正确则皆大欢喜,一旦校长有误,便缺少相应的纠错机制;在学校出现紧急、异常情况时,更难以灵活应变。

在整个学潮过程中,陈嘉庚始终力挺林文庆。在他看来,林文庆既熟悉、又可靠,而且颇有名望,是自己心目中最佳的校长人选。但是,他忽略了林文庆缺少行政管理经验和对国内教育界情况缺少了解这一环。因此,当风潮一起再起时,他都坚决站在林文庆一边,对

---

① 《厦门大学激潮中之所闻》,转引自新加坡《新国民日报》1924 年 6 月 25 日。

林文庆的种种固执没有及时予以劝解，而认为是维护厦大利益的举动；另一方面，又把学生的抗议当成夺权看待，认为"如此则进退教员之权，可全操之学生矣"，①而忽略了大多数学生的动机确实是为了"改造学校，使学校办得更好"。

最后，从学潮所处的时代看，上世纪20年代的中国，广大知识分子刚刚经历了五四新文化运动的洗礼，无论是教师还是学生，民主意识、平等意识和人权意识都十分高涨，尤其是青年学生，思想、行为更为激进，罢课、学潮都是常有的事。正如学潮中一媒体所言："似此莫须有之冤狱，彼血气方刚，知识开通之学生，焉得不毅然反抗，求公理之伸张乎？"②

而新文化运动后的新闻媒体，公众意识、监督意识也普遍增强，抨击军阀、官僚尚且是家常便饭，更何况是富商、学者。对此，学校一方乃至校长林文庆，显然缺乏深刻的理解。陈嘉庚虽然在海外办过报，对军阀、官僚和"社会不公"也常予以抨击、批评，但是当学潮愈演愈烈，南洋华文报刊"纷纷发表文章，支持罢课学生"、抨击校长和批评自己时，他不仅难以接受这一事实，而且与当地几家主流媒体打起了"笔仗"，使得整个学潮变得更加复杂。

正是由于上述种种因素的交互作用，使得发生于鹭海之滨的这场学潮由校内而校外，由厦门一地而至全国乃至海外，影响越来越大。学潮之后，一整批教师和半数以上学生脱离学校，更是对厦大这所创办不久的学校的声誉及其整体的发展，带来了难以估量的影响。

显然，这是一场两败俱伤的争执，一个令"亲者痛、仇者快"的事件。自然，它也是一个值得办学者认真反思和吸取教训的事件。

55

---

① 陈嘉庚：《敬告关心厦大诸君》，新加坡《南洋商报》1924年6月25日。
② 《厦大风潮之因果及解决办法》，吉隆坡《益群报》1924年6月6日。

五、厦大与大夏

厦门大学开办三年,风潮突起,结果流失了一批教员和一半以上学生,这在中国私立大学发展史上无疑是十分罕见的。令人意想不到的是,由于这一事件却促使了另一所新的私立大学的产生,似乎有点歪打正着,使"坏事"变成了好事。

1924 年 6 月 15 日,厦门大学离校学生代表 14 人抵达上海,暂寓法界大安旅店,随即组织厦大离校学生团总部,发行《血泪》半周刊,宣布风潮真相。19 日、22 日学生团分别招待报界和社会各界,并先后派遣代表访谒沪上名流,请求援助,贯彻改革宗旨。

当时社会人士多数认为,"厦门大学为私立学校,改革一层颇不易为;不如努力谋善后方法,自筹大学,以竟读书目的",国民党元老吴稚晖还亲至学生团总部指示种种计划。于是,学生团 23 日写信给厦大离校教授欧元怀、王毓祥等 9 人,请求他们在沪筹办一所新的大学,以解决数百学生的失学问题。

7 月 7 日,厦大离职教职员余泽兰、欧元怀等 9 人和离校学生代表 14 人共同发布通告,决定"本良心之主张,作根本之要图,在沪上发起大夏大学"。同时成立了大夏大学筹备处,由每个学生于 7 月 10 日前预缴学费 50 元。随后,这些教员与学生代表开始多方奔走,筹措办学经费。尤其是欧元怀教授积极在闽筹款,其莆田同乡陈树霖慨捐 5000 元作为该大学开办费,使筹办工作得以顺利进行。①

此时,曾在广州担任过孙中山"大元帅府"参议和军政府交通部长的王伯群,正因"南北议和"未成而留居上海。当他从厦大离校学生代表何应炳(民国军政要人何应钦之弟,也是他的姻亲)那里得知

___

① 《大夏大学成立经过及其现况》,上海《教育杂志》第十七卷第二号(1925 年 7 月)

有关情况后,也慨捐 2000 元大洋用以解决来沪师生的食宿经费。①

8月1日欧元怀到沪,筹备处连续召开会议,并确定由欧元怀、王毓祥、傅式说担任筹备处执行干事。2日即登报添招文理商教四科一二年级插班生和预科一二年级生。一方面配置教具、租借宿舍;另一方面聘请教员,组织校董会。校舍由宜昌路 115 号迁至小沙渡路 201 号,并租定劳勃生路致和里新建楼房为教职员及学生宿舍,邻近旷地则作为运动场。虽然课堂和宿舍都很简陋,但大家却信心十足,毫无怨言,使各项筹备工作有条不紊地开展了起来。

1924 年 9 月 20 日,大夏大学在上海槟榔路潘家花园举行第一次开学典礼。9 月 22 日正式上课。当时,教员有 30 余人,学生有 229 人,多为原厦大离校学生。离开厦大后,他们终于有了自己新的学习场所,从而避免了失学的痛苦和离校造成的损失。这也可以说是此次学潮不幸中之万幸吧!

大夏建校之后,因校长问题一时未决,便由欧元怀、王毓祥、傅式说三人组成校务行政委员会处理一切校务。11 月 22 日,校董汪精卫由粤抵沪后,随即与在沪董事召开了校董会。推举曾担任南京临时政府实业部次长和国会参议员的校董马君武为首任校长,[1] 王伯群为主席董事;[2] 学校名称正式定为"大夏大学",含有由厦门大学演变而来及"光大华夏"之意。

在今天华东师范大学中山北路校区和闵行校区内,各有一条"大夏路",它就是因大夏大学与华东师范大学之间的历史渊源而得名的。而大夏大学的创建和发展,与厦门大学的第一次学潮,与欧元怀等 9 位厦大离校教授及全体厦大离校学生又是分不开的。

作为一所综合性私立大学,大夏大学要在大学林立的上海滩上站住脚,不仅需要付出艰辛的努力,而且需要办出自己的特色。建校初期,学校就制定了"自强不息"的校训,要求"教师苦教,学生苦读,职工苦干",并以"三苦精神"以及"师生合作"、"读书救国"作为砥砺全体师生的座右铭。马君武出任校长后,一方面积极筹款购置图书

---

① 张德龙主编:《大夏大学简史》,《大夏大学建校 70 周年纪念》,大夏大学校委会(1994)。

第一任董事长
第二任校长王伯群先生 · 第一任校长马君武先生

副校长王毓祥先生 · 董事长孙镜先生 · 校长欧元怀先生

仪器,并成立了募集基金委员会;另一方面健全组织管理机构,聘请张梦九、余泽兰、欧元怀、王毓祥、鲁继曾为文、理、教、商、预各科主任,傅式说为商务处主任,使校内事务各有专责之人。

为提倡学术研究及鼓舞学生苦学精神,学校特设周演讲会,每周日上午均有名人应邀到校演讲。马君武校长也于每周二晚上开学术演讲会,并捐献私人藏书给学校图书馆,以为学生参考。在他的带动下,许多教师也纷纷捐赠书籍和奖学费于学校。

大夏创办之初,以租来的弄堂房作为教室,显然不是长久之计。但当时,只能是一边开学上课,一边筹设新址。学校创办第二年,由于学生人数激增至七百余人,教师增至六十余人,学校便在胶州路301号租了二亩多空地建造校舍。马君武校长以自己在吴淞的私人房地产作为抵押,向银行借得二万两银子作为建筑费用;另外,该土地的产权人也拿出二万两银子借给学校,以后由学校按月向该产权人支付利息,并约定在用地上建成的房子十年后无偿交给产权人。1925年5月中旬新校舍开始动工,到9月新校舍就落成了,学校随即全部迁入新校舍。新校舍为一座方形三层大楼,有礼堂、图书馆、实验室、办公室和教室 14 间,男生寝室 52 间。校舍旁有空地约 20 亩,学校租为操场。

1927 年初,由于马君武校长应邀回家乡广西筹建广西大学,不能同时兼顾,于是辞去大夏大学校长职务。经校董会决定,由王伯群担任大夏大学校长,欧元怀为大夏大学副校长,实际主持校务。①

王伯群曾长期追随孙中山从事革命活动,虽然不以学术见长,但具有丰富的行政管理经验和广泛的社会人脉关系,他的妹妹王文湘是国民党军政首脑何应钦的夫人;大弟王文华担任过黔军总司令和贵州省省长,二弟王文彦也是黄埔一期的学生。由他担任大夏大学校长,对于学校的建设、发展无疑有许多有利因素。

随着学校声誉的提高,大夏大学的学生人数迅速增加。到 1928 年秋季学期时学生人数已达千人以上,前几年在上海胶州路建筑的校舍已无法承载。根据形势的变化和学校发展前景,学校新班子开始着手筹划建设永久性校园。1929 年,经校董会研究,决定在沪西梵皇渡中山北路另建新校舍,预计建设费需 40 万银元,这在当时是一个相当庞大的数目。

为了筹集学校的建设资金,此时已出任南京国民政府委员兼交通部长的校长王伯群,慨然拿出自己的个人财产(白银 67000 多两,折银元超过 10 万)资助学校建设。前校长马君武及欧元怀、王毓祥等人也于 1929 年夏天率领一些华侨同学组成募捐团,赴马来西亚、新加坡等地为学校募集建设经费。此后,学校又以在中山路购置的 200 多亩土地作为抵押,加上杜月笙、张竹平等几位董事的担保,向银行团借贷了 30 万银元作为建筑费。1930 年初,中山北路校舍(今华东师范大学中山北路校址)开始动工,同年 9 月一期建筑完工。新建校舍包括可供 2000 余人同时上课的教学大楼"群贤堂",可供 700 余人住宿的三栋学生宿舍"群策斋"、"群力斋"(男生宿舍)和"群英

---

① 欧元怀(1893~1978),字愧安,福建莆田人。1915 年赴美留学,先后在美国西南大学文理学院和哥伦比亚大学攻读教育心理学和教育行政学,1919 年获得硕士学位。1922 年学成归国,任厦门大学教授、教育科主任兼总务主任,时年 30 岁。

斋"（女生宿舍），此外还有教职员宿舍 12 幢以及学生浴室、饭厅等。

大夏大学随即迁入新校址，并将胶州路校舍交给大夏附中使用。后来，在新校址上又继续兴建了大礼堂、图书馆、体育馆、理科实验室、医疗室、教职员宿舍以及各类运动场，至 1932 年所有工程基本完工，校舍总面积达 18000 多平方米。学校西南部的空置土地则辟为大夏新村，作为教职员自建住宅之用（抗日战争前已建成 30 余幢）。而"面粉大王"荣宗敬捐赠的那条蜿蜒秀丽的校河（丽娃栗姐河）更是为校园增添了一处美景。在上海 40 多所私立大学中，大夏大学由此以建筑宏伟、风景优美而著称。

群贤堂（1930 年建成，今华东师大文科楼）

1932 年，由于国民党内"派系倾轧"等因素，王伯群辞去南京政府交通部长兼交通大学校长等职务，专任国民政府委员和中央执行委员，从此他有更多的时间用于教育事业，并下决心一定要把大夏大学办好。

此时校内分设文、理、教、商、法 5 个学院及师范专科。欧元怀身为常务副校长，肩负着主持校务的重担。他不仅全身心地投入学校各项工作，而且仍兼课授学，每周都为学生讲授教育心理学等课程。由于办学卓有成绩，上海市工部局华人教育处专门聘请他担任教育委员，母校美国西南大学也特地授予他荣誉博士学位，以肯定他对中国私立大学教育的贡献。

1937 年上海"八一三"事变后，王伯群、欧元怀动员全校师生内迁。最初，大夏大学与同为私立大学的复旦大学合并成立复旦大夏联合大学，由钱永铭（复旦）、王伯群（大夏）担任联合大学校长，分设两分校，第一联大设在庐山，以原复旦师生为主，由复旦副校长吴南轩负责，大夏大学的吴泽霖任教务长；第二联大设在贵阳，以原大夏师生为主，由大夏副校长欧元怀负责，复旦大学的章益任教务长。学生则按自愿原则，自择一校就读。不久，日军进犯江西，复旦再迁重庆北碚，而大夏则历尽艰险迁到了贵阳，由于交通、经费及人事等原因，两校之间的联合随之解体。

61

大夏当时之所以迁到贵阳，一因贵阳交通闭塞、文化比较落后，抗战前夕还没有一所大学；二因王伯群、何应钦都是贵州人，有爱乡观念，又对家乡情况熟悉，容易得到当地各界人士支持。在贵阳重开的大夏大学，仍设五个学院。除原有各系外，新增了新闻学系、生物学系、建筑工程学系、商学系和国际贸易学系。学校最初假当地讲武堂上课，嗣后打算兴建校舍。1939 年学校得到贵州省政府拨给的贵阳花溪公地，加上当地人士捐赠的土地，共 1000 亩左右。1940 年 8 月，新校舍开工建筑，但因经费不足，次年春季只完成校舍 3 栋，计有教室 12 间，宿舍 28 间。

1940 年，大夏副校长欧元怀出任贵州省政府委员兼贵州省教育厅长，他尤为关心这个边远省份的少数民族教育，热心增设学校，使少数民族子女能在当地上学。当年 8 月，陈嘉庚先生率领南洋回国

慰问团来到贵阳,欧元怀十分高兴,热情地邀请其开会,并以教育厅长的身份接待了他。嘉庚先生心中对当年学潮的芥蒂虽仍未完全消除,而"不得已接受之",但双方交谈之后,仍增进了许多了解。同年8月1日,大夏大学首任校长、时任广西大学校长、国民参政会参政员的马君武在桂林不幸病逝,同在大后方的大夏师生表达了深切的悼念。

1942年下半年,在经历了学校"改名"风波后,大夏校董会在领导班子上作了调整:由孙科担任学校董事长;王伯群以校董兼校长身份抓学校工作。到1944年秋,大夏在贵阳的学生数达到1450人。

1944年冬,日军进犯黔南,大夏大学被迫三迁赤水。王伯群校长因迁校劳累而积劳成疾,于同年12月逝世于重庆。孙科董事长随即在重庆召开校董会,推选欧元怀为校长,王毓祥为副校长。1945年初,欧元怀辞去教育厅长职务,返回母校接任校长,主持迁校事宜。1945年3月,大夏师生和学校公物到达赤水,赤水地方人士与教育界同仁热情赞助,立即让出文昌宫大庙给大夏作校本部,贵州省立赤水中学、私立博文中学、县立女子中学也分别借给大夏一部分校舍,首先安置好教室、图书馆、职工宿舍、办公室和厨房、饭厅、学生宿舍,在短短一个月内便正式上课。1945年春,大夏迁到赤水后入学的学生减少为863人,但到同年秋季,大夏学生又迅速增加到1232人。

大夏内迁之后,留在上海的吴浩然和1938年由贵阳派回上海的鲁继曾、邵家麟等教师,在静安寺路(今南京西路)借得重华新村房舍,设立了大夏大学上海分校,使无法转往内地的一些学生得以继续学业。

1945年8月15日,日本宣布无条件投降,大夏师生欢欣鼓舞,与赤水民众一起举行提灯火炬游行,欢庆胜利的到来。至1946年春,大夏大学学生已达到1797人。

抗战胜利后,从沿海内迁的各高校纷纷回迁。根据教育部的统一安排,欧元怀校长亲自主持操办了学校的回迁事宜。1946年夏季,大夏师生由赤水启程,返回阔别8年的上海。到上海后,即与上海分校师生汇合,在大夏原址复课。

由于抗战初期上海大夏大学中山北路校舍有不少毁于战火,除

群贤堂、群策斋等尚保存较完好外,其余房舍均需加以修缮、整理或重建。大夏复员后,很快在上海梵皇渡大兴土木,到10月份,校舍焕然一新,校具整齐悦目,礼堂与饭厅两用的"思群堂"以及在群力斋废址上建造的"新力斋"也全部落成。10月28日,大夏师生就在新礼堂举行秋季开学典礼,师生济济一堂,互致祝贺,共同表达了办好大夏大学的决心。12月20日,学校专门邀请已故校长王伯群的夫人、大夏毕业生保志宁来到"思群堂",为"思群堂纪念碑"揭幕,全校师生向在抗战中病故陪都的前校长王伯群表达了深切的敬意和纪念。

大夏大学思群堂

63

至1948年,大夏大学再次兴盛了起来,在校学生增至3700多人。此时,大夏大学已建立了五个学院、十五个系以及三个专修科,包括文学院(有国文系、英文系、历史社会系)、理学院(有数理系、化学系、土木工程系)、教育学院(有教育系、教育心理系、社会教育系)、商学院(有银行系、会计系、工商管理系)、法学院(有政治系、经济系、法律系)以及师范专修科(国学组、英文组、史地组、数理组)、体育专修科、盐务专修科。

1948年,厌恶内战、向往光明的欧元怀校长作为国民党立法委员参加了邵力子等人组成的和平代表团。后来他又与留在上海、南京、杭州的53名立法委员共同发表声明,宣布脱离国民党,受到中国共产党的欢迎。

　　1949 年上海解放前夕,大夏大学董事长孙科及一些政界校董去了台湾或国外,校董会名存实亡。大夏大学也有部分教员及学生南下香港,在香港复校,定名光夏书院(1956 年 6 月,光夏、平正、华侨、广侨及文化五所书院合并成立"联合书院"。1963 年联合书院加盟香港中文大学)。不久,上海解放。欧元怀校长、王毓祥副校长出面重新组成校董会,推举王志莘(原任校董,上海新华银行总经理)为董事长。1949 年下半年,大夏大学又有四百多学生参加南下服务团、西南服务团,到祖国的东南、西南和东北等地,参加新中国的建设。

　　1951 年夏,华东教育部决定以大夏、光华两所私立大学为基础,成立华东师范大学。在并校过程中,大夏的中文系、英文系、历史社会系、数理系、化学系、教育系、教育心理系、社会教育系并入华东师大(此外,土木工程系并入同济大学;政治系、法律系、经济系、会计系、银行系、工商管理系大部分并入复旦大学,小部分并入上海财经学院)。大夏附中也和光华附中合并成立华东师大附中。华东师范大学的校址就在大夏大学位于中山北路的原校址(大夏留下的校舍总建筑面积达 17606 平方米),华东师大附中的校址则设在光华大学原址。

　　从此,经过 27 年坎坷历程的大夏大学,走上了新的里程。不仅教师队伍扩大了,薪资提高了,而且师生们生活安定了,校舍、设备增添了。大夏的学风在华东师大也得到了更加丰富的发展和弘扬,学校比过去办得更加兴旺发达。过去大夏最高年份学生不过 3700 人,占地不过 300 亩;如今华东师大的学生数已达到近 5 万人,占地达 3100 亩。华东师大既是国家最早确定的首批 16 所重点院校之一,也是国家"985 工程"重点建设院校,目前有近 20 个全日制学院,含 45 个系 63 个本科专业。看到今天华东师大成为海内外闻名的高校,人们不能不更加怀念作为华东师大前身的大夏大学的创业者们。

　　大学的生命和精神,总是蕴涵着先辈灵魂的开创之功。厦大的陈嘉庚、林文庆、萨本栋,大夏的马君武、王伯群、欧元怀等人,筚路蓝缕,前赴后继,用自己的生命和信仰铸就了厦大之魂和大夏之魂。

虽然厦门大学和从厦大脱胎而来的大夏大学，其创办者身份不同（一是华侨富商创办，一是官僚士绅创办），办学时间不一（私立厦大办学 16 年，私立大夏办学 27 年），改制原因也有所不同（厦大因经费支拙而改为国立，大夏因院系调整而改为公办）。但是，作为民国时期的两所著名私立大学，它们在几十年短暂而艰辛的发展里程中，又存在着许多的相同或相似之处：

例如，两所大学都很重视教学质量，并采取种种措施聘请优秀师资。

厦门大学为了提高教学质量，一是严把入学关，鲁迅在《两地书》中曾说："此地不但交通不便，招考极严。"①二是严把考试关，在厦大《教务处报告》中就有这样的记载："十一年六月，有学生某三人，因考试舞弊，致受退学处分。"②三是维持较高的师生比。1926 年秋季开学时，全校学生 330 人，而教师达 75 人，平均一个教师只教 4.4 个学生，师生比高，自然有利于提高教学质量。

厦大改为国立后，虽然抗战已经开始，但萨本栋校长一直把提高教学质量摆在首位，不因战乱而降低对学生的严格要求。他说："宁可放弃量的发展，以谋求质的改进。"为此，学校采取了种种措施，包括增聘教授、副教授，优化教学队伍；教授们集中全力授课，基础课程绝大部分也由教授、副教授承担；增设专业课程，活跃研究空气，积极开展学生课外活动；督促学生按质按量完成作业，严格考试考查制度等。在萨校长的苦心经营和师生们的刻苦努力下，烽火岁月里的厦大学生，学业水准迅速跃居全国大学前列。在 1940 和 1941 连续两届全国专科以上学校学业竞赛中，厦大均名列第一。

大夏作为私立大学，学生入学时虽然和一般私立大学一样录取较宽，以便取得更多的学费；但新生入校后，要求极严，坚持达不到成绩标准不准毕业的原则。据统计，大夏历年入学新生，入学时假如为 100 人，毕业时几乎只剩下一半。大夏创办 27 年，录取新生 12000

65

---

① 鲁迅、景宋：《两地书》（四二），《鲁迅全集》第 11 卷，人民文学出版社（2005）。

② 《厦大民国十年度报告书》之《教务处报告》。

名左右,实际毕业的仅 5770 人。

而在聘任师资方面,厦大地处东南海隅,为了能像全国经济文化中心一样聚集一批名流学者,不惜采取重金礼聘名教授的策略。1926 年,为了实施学校第二个五年发展计划,厦大规定教授月薪最高可达 400 元,讲师 200 元,助教 150 元,而当时私立复旦大学专任教授的月薪最高仅 200 元。于是许多知名教授纷纷加入厦大,包括鲁迅、林语堂、沈兼士、张星琅、顾颉刚、张颐、史国禄以及秉志、姜立夫、胡刚复等。

大夏在师资聘任上采取的则是"以情感人"的策略。学校在上海办学时,文学家郭沫若、田汉、邵力子,教育学家、史学家李石岑、朱经农、何炳松、程湘帆,物理学家周昌寿、夏元瑮,数学家沈璿、何濂等均先后担任过大夏教授。这些著名学者和教授抱着乐育英才的信念来到大夏,薪金虽少,但由于受到尊重、信任、礼遇,热情很高,从各方面支持学校,教学也很认真。如朱经农教授是私立光华大学创办人兼教务长,为了支持大夏,不辞辛劳,不领教薪,抽出时间,风雨无阻地来大夏上课。

又如,两所大学都很重视大学文化理念的传承以及对教师、学生的品德教育。

厦大创办之初,就提出了"自强不息,止于至善"的校训。林文庆校长总结说:"每个大学,可算是一个有生命的有机体,各有各的特殊精神,本大学是以嘉庚先生的精神为精神,当然是基础稳固,生机正长,其原动力在于'博爱',其进行目标为使吾人竭力行善,因之校训是'止于至善'。"①这一校训在潜移默化中成为一代代厦大学子的人生指南。

大夏大学在创办时也提出了三个口号,一是"自强不息",二是"师生合作",三是教师苦教、职工苦干、学生苦学的"三苦精神"。在抗日战争爆发、学校西迁到贵阳后,大夏师生正是在这三个口号的激励下,度过了八年抗战的艰苦岁月。

在品德教育方面,林文庆校长明确指出:"我们在大学研究学问,

---

① 林文庆:《厦门大学十周年纪念的意义》,载《厦门大学十周年纪念刊》。

培养人格，是为了将来替社会国家服务，而不是为个人达到享乐目的的工具。"①他希望学生们"有了最高的思想和学问之后，还要具有自知，自信，和自助的精神"，在个人修养方面，第一要注意吾国固有的道德，如忠孝仁爱都有相当的价值，其价值并不因时代的变迁而磨灭；第二要有自立的勇气，就是自己努力奋斗而不依赖于他人；第三要坚忍不拔，无论做什么事都要有始有终地做下去，抱定百折不挠的决心；第四要明礼，所谓礼就是君子之道。②

　　而大夏大学在品德教育方面也十分重视言传身教。第一任校长马君武从到大夏之日起，无论是负责行政，还是给学生授课，没有拿过学校的任何薪资和补贴；相反，为了学校建设新校舍，他还把自己的房产拿出来作抵押，为学校筹得了宝贵的建设资金。第二任校长王伯群每遇学校资金周转不灵，他便拿出自己的钱无偿让学校周转，这样的事几乎每学期都要发生，而他从无怨言。

　　在抗战时期大夏大学迁到贵州赤水的开学典礼上，欧元怀校长以从前孟母为了教育孟子择邻而处，不惜三迁其家为例，鼓舞和激励全校师生，他说："而今大夏大学在抗日的紧要关头，也进行了三迁。历尽艰辛，受尽折磨。希望同学们孜孜不倦地学习，将来成为国家的栋梁、民族的救星、抗日的英雄、科学的博士，为大夏争气，为民族争光。我们安心在赤水读书吧！我们不再迁校了。如果再迁，便是复原上海了。"③

　　再如，两所大学在抗战中都经历了内迁的艰难岁月和学校改名的风波，两位校长也都因积劳成疾而英年早逝。

　　抗战时期，为躲避日军铁蹄的蹂躏，厦门大学毅然举校内迁长汀，在险峻的闽西山区度过了八年艰苦岁月，成为中国粤汉线以东唯一的国立大学。那时日军飞机经常前来骚扰，每当空袭警报响起，萨本栋校长总是亲自指挥大家疏散，直到敌机临空，他才最后一个进防

67

----

① 林文庆《大学生活的理想》，见《厦大周刊》第319期。

② 林文庆《大学生活的理想》，见《厦大周刊》第319期。

③ 王守文：《王伯群捐资兴办大夏大学始末》，《抗战时期内迁西南的高等院校》，贵州人民出版社(1987)。

空洞。物价飞涨,生活困难,学校便自己制作豆腐。长汀没有电灯,萨本栋就拆了自己的旧轿车,把发动机加以改造,解决了学校的照明用电。为了增加学生的营养,他提倡吃糙米饭,甚至还亲自为家庭经济困难的学生介绍在校外的兼职工作。尽管当时学校经费捉襟见肘,尽管时时要面对日军飞机轰炸的威胁,但学校"为了安顿逐年增加的学生,保证他们有较好的学习和生活环境",仍向政府申拨了57亩荒地,数年间陆续兴建各类教室、阅览室、实验室、学生宿舍以及球场、膳厅等体育生活设施和教职员宿舍,并扩建了厦大医院,与原来孔庙周围的三大院落,以及嘉庚堂、万寿宫、仓颉庙等校舍连成一片,几乎占据了半个长汀城,使千余名师生得以安心学习和工作。

1940年3月,陈嘉庚率华侨回国慰问团抵达重庆,得知福建省政府在申请创办福建大学未被批准后,又向教育部申请把厦门大学改为福建大学。在拜会行政院长孔祥熙和教育部长陈立夫时,两人均向他通报了此事。陈嘉庚认为这样一来,暂迁长汀的厦门大学战后势必迁到省会福州,顿时气得说不出话来。随后在参加国民参政会的茶话会时,他就此事提出公开质问:其一,新加坡当局接办华侨创办的陈笃生医院,尚不肯埋没创办人名誉,我国素称礼义之邦,反欲如是摧残,诚所不解!其二,厦门大学是我国研究海洋生物的重要基地,为世界所公认,为何要任意改名?甚者准备放弃?其三,厦门是华侨唯一出入门户,如无故将厦门大学改名,难免使华侨产生疑问心理,影响筹赈和侨汇收入。陈立夫被质问得无言以对。厦大学生和海内外校友在得知消息后,也纷纷表示反对,并致电行政院长、教育部长及福建省政府主席表达反对意见,同时请求陈嘉庚就近向教育部力争。后来陈立夫亲访陈嘉庚,表示此事从此作罢,绝不再提。

受命于危难之中的萨本栋校长,在极度困境中把厦大办得有声有色,办学规模不断扩展,教学质量节节提升,抗战结束时厦大在校生人数是1938年初迁长汀的5倍多,成为一座文、理、工、法、商五院兼备的综合性高等学府。而他自己却日益憔悴,至1943年冬,他终于胃病、风湿病一起发作,以致卧床不起。1944年他不得不离职赴美,一边讲学一边养病。1949年1月31日,年仅48岁的萨本栋校长便与世长辞了。

　　而大夏大学在抗战中从上海迁徙了数千公里，包括历史学家翦伯赞在内的许多著名教授随大夏历尽艰辛来到了贵州。学校没有校舍，只好以贵阳讲武堂旧址为校址。战时物资奇缺，米珠薪桂，给学生们带来的困难更是难以形容。不少学生因家乡沦陷，家庭经济应接不上，有的甚至来源断绝，即使免收其学费生活也很困难，有的白天读书，夜晚去当家庭教师以糊口；有的去战区服务团登记，领取救济金。

　　维持至 1942 年，学校经费入不敷出，难于支撑。学校为长远打算，曾试请保留校名改为国立。没想到行政院却决定将大夏大学与贵州农工学院合并，改名国立贵州大学。消息传出立即激起大夏师生、校董、校友们的愤慨，舆论哗然。特别是在校学生，抗议最为强烈。王伯群召集全校学生讲话，他说："大夏是我一手扶植成长起来的，在 18 年的岁月里，我当了 15 年校长，对大夏耗尽心血，但我一无所求。对大夏的爱护，我不落人后。大夏的成败荣辱，与我分不开，我可以向大家保证，我能把学校完整地迁回上海去。……教育的自由和学术的自由，如人身自由一样，是受法律保护的，是不容许他人或集团侵犯的。我们有团结一致的全体师生员工和分布各地的广大校友，还有全国各公、私立大学和舆论的支持，任何力量、任何困难都动摇不了我们的学校。"①王伯群的讲话，受到全体学生热烈拥护，同时也鼓舞了大家维护学校尊严的斗志和信心。接着，王伯群与教授代表、校友代表一起赴重庆向教育部长陈立夫提出质询。其他私立大学闻讯，也对大夏拒改校名表示支持。后经何应钦向行政院提请复议，才收回成命，大夏得以继续保存原校名及维持其私立性质。

　　1944 年 11 月，日军进犯杜善、都匀，贵阳危机，大夏不得不三迁赤水。大夏六百师生和七百箱图书从贵阳出发到赤水，取道茅台，逆流而上，为了避免敌机轰炸，一路走走停停，走了整整三个月，才于 1945 年春抵达赤水，一路艰辛可想而知。抵达赤水后，在全县各界人士支持下，学校在短短一个月内便正式上课。而就在日军进犯、贵

6 9

_____

　　①　王守文：《王伯群捐资兴办大夏大学始末》，《抗战时期内迁西南的高等院校》，贵州人民出版社(1987)。

阳危急之际,眼见 20 年惨淡经营之大夏又将遭到浩劫、毁于炮火,已身患胃病的王伯群校长忧心如焚,与欧元怀等筹商护救措施,决定由欧元怀副校长辞去教育厅长职务,统率大夏内迁赤水。当时交通运输极为困难,学校图书、仪器、档案等难于运走而又必须运走,师生的旅途安全也必须照顾;加上经费短绌,王伯群因焦虑病情加重,被急送重庆陆军医院医治,经数次输血抢救无效,于 1944 年 12 月 20 日逝世,年仅 60 岁。

此外,两所大学都聘请了一批国内知名人士担任校董,其中,汪精卫、孙科、孔祥熙在两校都担任过董事或名誉董事;而蔡元培、宋子文、王世杰担任过厦大筹备员或名誉董事;吴稚晖、邵力子、居正、叶楚伧、何应钦、黄绍竑、王正廷、虞洽卿、杜月笙担任过大夏校董。

两校都耗费巨资建设了美丽的校园。厦大开学仅仅一个月,就在当年郑成功练兵的演武场上为新校舍奠基。一年后,呈"一"字排开的五幢建筑,包括群贤楼、集美楼、同安楼、映雪楼和囊萤楼全部落成,建筑面积达 9576 平方米,建筑样式古今、中西合璧,楼梯石板悬挑,清水雕砌图案,显得十分秀丽、清新,别具一格。此后,学校又建设了宏伟壮观的生物馆、化学馆和其他配套设施,成为当时私立大学中屈指可数的"美丽校园"之一。而大夏大学在上个世纪 30 年代初也在上海建设了永久性校园。包括可供 2000 余人同时上课的教学大楼"群贤堂",可供 700 余人住宿的学生宿舍"群策斋"、"群力斋"和"群英斋",还有大礼堂、图书馆、体育馆、理科实验室、学生餐厅、医疗室、浴室、教职员宿舍以及各类运动场,校舍建筑总面积达 18000 多平方米。在中国私立大学中,大夏大学校园同样以建筑宏伟、环境幽美而著称。

两校也都为国家培养了大量的人才。厦门大学私立时期的毕业生虽然不多,但却从中诞生了大批的知名学者、教授和科学家,包括伍献文、曾呈奎、卢嘉锡、蔡启瑞、柯召等五位中科院院士,以及历史学家叶国华、傅家麟,生物学家金德祥、方宗熙,人类学家林惠祥,佛学家虞愚,外交家黄望青等。改为国立之后,数理系 1946 届毕业生总共只有 4 人,却诞生了两位中科院院士,即曾融生与谢希德。

而大夏大学建校 27 年,共培养学生近 2 万名(其中毕业生 5000

多人),涌现了一大批杰出的专家学者,包括胡和生、陈子元、李瑞麟、刘思职等四位中科院院士,以及文艺理论家周扬(即周启应)、叶公琦、陈赓仪、著名作家姚雪垠、经济学家郭大力(即郭秀效)、翻译家戈宝权、儿童文学家陈伯吹、古典文学评论家王元化、青铜器专家马承源以及中共早期农民运动领袖熊映楚等都是大夏培养的。

尤其令人称奇的是,在当年厦大学潮中,有四位厦门大学离校学生后来就读于大夏大学。在错综复杂的国内革命战争年代,他们分别投身于国共两大阵营,成为共产党的"高干"和国民党的"高官",上演了一出现实版的"大浪淘沙"。

成为共产党"高干"的是雷经天与吴亮平,在中共党史中,他们两人都是颇富传奇色彩的人物。

雷经天原名雷荣璞,广西南宁人,1904年出生。1923年夏入厦门大学预科,在厦大学潮中他是被打的三位学生之一。1924年学潮后离校转入上海大夏大学理科就读。1925年5月,雷经天经著名共产党人恽代英介绍加入中国共产党。后来参加了"五卅"运动、北伐战争、南昌起义和广州起义,先后担任黄埔军校政治部宣传科长和叶挺独立师党代表。"四一二"反革命政变后,他回到广西重建广西党组织,年仅25岁就担任中共广西省委代理书记。1929年12月,他与邓小平、张云逸、韦拔群等共同领导了著名的百色起义,并担任右江特委书记和右江苏维埃政府主席,成为右江革命根据地的创建人之一。1934年随中央红军长征到达陕北后,他于1939年被选为陕甘宁边区高等法院院长,亲自主审了轰动边区的老红军黄克功逼婚、枪杀陕北公学女学生刘茜的案件。解放战争时期他先后担任中共晋察冀中央局秘书长、华东野战军东江纵队、两广纵队政委,并参加了济南战役、淮海战役,为新中国的诞生立下了汗马功劳。建国后曾担任广西省政府副主席、最高人民法院中南分院院长、华东政法学院院长兼党委书记、上海社会科学院院长。1959年8月11日在上海病逝,年仅56岁。

吴亮平原名吴良斌,浙江奉化人,1905年出生。1923年跳级考入厦门大学商科。1924年学潮后离校转入上海大夏大学经济系就读。1925年吴亮平赴莫斯科中山大学学习并加入了中国共产党。

他不仅与张闻天合作翻译了《共产党宣言》、《法兰西内战》,而且独立翻译了《社会主义从空想到科学的发展》、《国家与革命》等马列著作。从莫斯科回国后,他到上海参加中央文委工作,并以教师身份为掩护,翻译了 27 万字的恩格斯巨著《反杜林论》,由上海江南书店出版。当年毛泽东率领红军在福建战斗时,从战利品中发现了吴亮平翻译的《反杜林论》,就一直带在身边认真学习研究。后来吴亮平进入中央苏区与毛泽东相识后,毛泽东高兴地称赞他"功盖群儒",并曾多次请吴亮平到住处讨论《反杜林论》的主要理论问题。1934 年 10 月吴亮平随中央红军长征,先后任红一军团地方工作部部长、红三军团政治部宣传部长和中央纵队秘书长。红军长征到达陕北后,他先后担任中共中央局宣传部长、中央宣传部副部长等职务,并在抗大、中央党校、马列学院和陕北公学讲授马列主义课程。同时他将《反杜林论》进行了一次较为全面的校译,由三联书店出版。美国记者斯诺访问延安时与毛泽东的多次谈话,都是由吴亮平担任现场翻译的。斯诺在后来出版的《红星照耀中国》(即《西行漫记》)中,曾多次提到他。建国后吴亮平先后担任化工部副部长、中央党校顾问、全国政协第五届常委、中顾委委员等职务。1986 年吴亮平在北京逝世,享年 82 岁。

成为国民党高官的则是倪文亚与何应炳。两人都很高寿,其中倪文亚活到了 104 岁,成为名副其实的世纪老人,见证了国共两党的恩恩怨怨。

倪文亚是浙江乐清人,1903 年出生。1921 年进入厦大学习。1922 年 3 月,为反对帝国主义文化侵略,厦大学生率先在福建成立"非宗教同志会",倪文亚被推举为主席。在厦大第一次学潮中,他是离校学生代表团的 14 位代表之一。学潮后转入大夏大学教育科。大学毕业后赴美国哥伦比亚大学师范学院学习,1928 年获文学硕士学位。回国后先后在上海大夏大学和暨南大学任教授、系主任。他于 1924 年加入国民党,后来在中央陆军军官学校担任过教官。1933 年他在上海与贺衷寒等创办《前途》月刊,并与肖作霖等策划成立复兴社外围组织"中国文化学会"上海分会。抗战初期任中央军校第六分校政治部主任、军委会政治部设计委员等职。后来追随蒋经国,先

后任三青团中央团部训练处处长、组织处处长、编审室主任及三青团中央常务干事,并当选为国民党候补中央执委。1947 年 9 月党团合并,任国民党中央青年部部长。1949 年赴台后历任国民党中央青年部长、台湾省党部主委、中央党部第一组主任、台"立法院"副院长、代理院长等职。自 1972 年起,他先后担任台"立法院"院长长达 16 年。1987 年 7 月 7 日,倪文亚在台"立法院"开会时击槌宣布通过台湾地区解严案。自 1962 年起,倪文亚连续 7 届(第 6～12 届)担任国民党中央常务委员。蒋经国去世后成为国民党"八大佬"之一。2006 年 6 月 3 日在台北辞世,享年 104 岁。其续弦郭婉容、继女刘忆如均为台湾著名财经官员,母女先后担任台当局经建会主委。

何应炳是贵州兴义人,字纵炎,出生于 1901 年。1921 年入厦大,是厦大创办初期少数几个来自西部的学生之一。在厦大第一次学潮中,他也是 14 名离校学生代表之一。大夏大学创办过程中,由于他与王伯群的姻亲关系,对推动办学起了重大作用。大学毕业后他长期在邮政系统工作,一生服务中国邮政 38 年,并先后担任国民政府邮政储汇局局长、邮政总局副局长、代局长等职。1949 年去台湾后担任台当局邮政总局局长。1986 年 6 月 6 日在台北去世,享年 86 岁。其二哥何应钦曾担任黄埔军校总教官和国民政府军政部长、参谋总长、行政院长,二嫂王文湘是大夏大学创办人王伯群的妹妹。抗战时期大夏大学内迁贵州时何应炳曾兼任贵阳大夏中学董事长。

总之,在当时的中国私立大学中,无论是任课的教授还是培养的学生,也无论是校园环境还是教学设备,厦门大学和大夏大学都堪称一流。也因此厦门大学在抗战中被称为"加尔各答以东最著名的大学",大夏则被誉为"东方的哥伦比亚大学",两所大学都对我国文化教育事业的发展做出了应有的贡献。

在大夏大学创办过程中,处处可以看到厦大在精神和物质方面的印记。厦大离校教授欧元怀、王毓祥等人在那么短的时间里就创办起一所新的私立大学,虽然有当时紧急安置离校学生的因素,但与欧元怀、王毓祥等人在厦大这所私立大学环境里所受的熏陶,与陈嘉庚先生倾资办学的勇气、毅力给予他们的激励也是分不开的。大夏创办之初,沿用了厦大的校训"自强不息";厦大有群贤楼,大夏则有

群贤堂,并且进一步扩展为"群策斋、群力斋、群英斋"。

1930年4月,厦门大学校长林文庆到大夏大学参观访问,受到当年厦门大学的离职教授及离校学生的欢迎,欧元怀、王毓祥、傅式说等亲出接待,离校学生倪文亚、刘思职、王韬石代表同学作陪。访问期间双方交谈甚欢,1924年学潮中的嫌隙自此解消。① 此时,林文庆校长的心头,是否掠过了一丝的歉意和愧疚,为自己当初对欧元怀等人的误解而心生悔意呢?人们已不得而知。但是,以欧元怀后来创办大夏大学的作为和他在抗战中的表现,显然与当初对他所作的"不良教员"、"居心最毒"的评判有莫大的出入。1952年院系调整后,欧元怀担任华东师范大学教育系教授兼副总务长,还被选为民革中央委员和上海市政协委员。十年动乱期间欧元怀惨遭迫害,被非法拘禁达五年之久,身心备受折磨,直到粉碎"四人帮"后才重见天日。1978年1月7日,欧元怀不幸病逝,终年86岁,骨灰安葬于上海龙华革命公墓。想当年,厦大流失了一位教育科主任,中国教育界却多了一位知名的大学校长!后人当如何评说呢?

今天,当你走进鹭海之滨美丽的厦大校园,或走进丽娃河畔美丽的华东师范大学,你是否知道,在这两所大学的发展里程中,经历过这样曲折的人事变迁,蕴含着如此丰富的历史与文化内涵呢?

注:

[1]马君武(1880—1940),广西人,出生于1881年7月。1901年夏赴日本京都帝国大学读化学。1905年加入同盟会,是同盟会章程的八位起草者之一。当年底回国后,任上海公学总教习。1907年赴德国柏林工业大学学冶金。武昌起义爆发后回国,作为广西代表参与起草《临时政府组织大纲》和《中华民国临时约法》,并任南京临时政府实业部次长。1912年出任国会议员。1913年二次革命失败,他再度赴德国,入柏林大学学习,是中国留学生中第一个在国外获得工学博士者。1916年回国后参加孙中山发起的护法运动,任广州军政府交通部长。1921年孙中山就任非常大总统,马君武任总统府秘书长;不久又出任广西省省长。马君武精通英、日、德、法等国文字,曾编译《德华字典》,是达尔文《物种原始》的第一个中文翻译者。

---

① 洪永宏:《厦门大学校史》第一卷,厦门大学出版社(1990),第50页。

[2]王伯群(1885—1944)，原名文选，贵州兴义人。1906年赴日本留学，先后在宏文学院、东京中央大学政治经济系、中央研究院学习，并与章太炎等一起加入同盟会。1912年回国后，积极宣传孙中山革命思想，1914年在北京参与制定《中华民国约法》。1915年在反对袁世凯阴谋复辟帝制中，只身冒险到云南、贵州策动两省起义，为迫使袁氏取消帝制、恢复共和立了一功。1920年跟随孙中山回粤恢复军政府，任大总统府参议兼军政府交通部长，并曾受命担任贵州省长。1924年孙中山倡议南北议和，王伯群随同孙中山北上，作为护法军政府代表奔走各方。不幸孙中山逝世，他便留居上海，继续从事国民革命活动。

六、林文庆与鲁迅

　　林文庆与鲁迅是中国文化史上两位流光溢彩的人物,也是厦门大学早期校史中缠绕不开的两个历史人物。他们的关系既十分简单,又十分复杂。说简单,是因为他们两人只在厦门大学一起共事了四个多月,一位是校长,一位是教授,两人的直接接触并不多,似乎也没有发生过什么激烈冲突;说复杂,是因为鲁迅从厦大的离职,引发了厦大第二次学潮,对厦大产生了极大的影响;而鲁迅在书信、文稿中对林文庆的寥寥评语,更是在相当长时期里影响甚至左右了人们对林文庆的认知和评价。

　　1926 年 9 月 4 日,当鲁迅来到厦门大学任教时,林文庆已经在这所大学担任了五年的大学校长。在此之前,1925 年下半年,对中国传统文化情有独钟的林文庆就已着手筹划成立国学研究院,并于 12 月成立了一个筹备总委员会,他自己亲自担任主任,并拟定了《厦门大学国学研究院组织大纲》。后来由于缺乏领军人物及自己南渡新加坡,筹备工作不得不暂告中断。1926 年 5 月,林语堂因逃避军阀迫害躲进了协和医院著名大夫、好友林可胜家中,而林可胜正是厦大校长林文庆的大儿子。经林可胜推荐,正苦于没有人才的林文庆大喜过望,立即聘林语堂为厦门大学文科主任兼外文系教授。同年 6 月林语堂回到厦门,在他的大力举荐下,正处于白色恐怖中的北京文化界一批名师,包括鲁迅、沈兼士、顾颉刚、张颐、张星琅、陈万里、孙伏园等纷纷南迁厦门,到厦大任教或从事研究工作……

　　经过一番紧锣密鼓的准备之后,1926 年 10 月 10 日,厦大举行了隆重的国学研究院成立大会。林文庆亲自兼任国学研究院院长,

并声称"对于国学，提倡不遗余力"。① 没想到，国学院成立之后，却引发了包括人、财、物等在内的一系列矛盾。

以林文庆与鲁迅的关系而言，两人虽然没有发生过直接冲突，但从鲁迅在《两地书》中对林文庆有限的几次评论中看以看出，他对这位"尊孔的校长"印象好不到哪里去。

第一次是 9 月 28 日，鲁迅告诉许广平："玉堂对于国学院，不可谓不热心，但由我看来，希望不多，第一是没有人才，第二是校长有些契肘（我觉得这样）"。②

第二次是 10 月 4 日，鲁迅说："校长是尊孔的，对于我和兼士，倒还没有什么，但因为花了这许多钱，汲汲要有成效，如以好草喂牛，要挤些牛乳一般。"③

鲁迅对林文庆的第一个印象是尊孔。确实，林文庆是孔子的忠实信徒，凡事以孔夫子信条为准，他用《大学》中的"止于至善"四个字作为厦大的校训，以培养学生"人人为仁人君子"。学校经常组织尊孔、祭孔活动，孔子的生日被列为学校的重要节日，全校师生放假一天，"以示恭祝"。这在新文化运动方兴未艾、"五四"风潮刚过去的国内，无疑有些与时代格格不入，而林文庆却做得一本正经、乐趣横生。这在鲁迅看来，未免有些滑稽。在鲁迅印象中，林文庆还是一个很有南洋商人气息的人物，花钱请人做事，立刻要见到成绩。在鲁迅看来，这种关系有如养牛。自然，这样的印象不会是好的。

第三次是 10 月 16 日，鲁迅发现，林文庆不但尊孔，而且对其所尊的对象甚为糊涂，他说："这里的校长是尊孔的，上星期日他们请我到周会演说，我仍说我的'少读中国书'主义，并且说学生应该做'好事之徒'。他忽而大以为然，说陈嘉庚也正是'好事之徒'，所以肯兴

---

　　①　《国学研究院成立大会纪盛》，《厦大校史资料》第一辑，厦门大学出版社（1987）

　　②　鲁迅、景宋：《两地书》（四六），《鲁迅全集》第 11 卷，人民文学出版社（2005）。

　　③　鲁迅、景宋：《两地书》（五〇）。

学,而不悟和他的尊孔冲突,这里就是如此糊里糊涂。"①

鲁迅的这篇演说稿,后来刊登在 1926 年 10 月 23 日《厦大周刊》,刊出时谈论"少读中国书"部份已被删除。经此删除演说稿事件后,鲁迅不再在周会作任何演说,他说:"近来对于厦大,什么都不过问了,但他们还要常来找我演说,则与当局者的意见一定相反,真是无聊。"②

第四次是在 11 月 25 日,鲁迅写道:"近日因为校长要减少国学院预算,玉堂颇愤慨,要辞去主任,我因劝其离开此地,他极以为然。今天和校长开谈话会,我即提出强硬之抗议,以去留为孤注,不料校长竟取消前议了"。③ 这是鲁迅与林文庆之间最直接的一次"冲突"了,虽然由于鲁迅的当面抗议,校长取消了"前议",但鲁迅的不满之情已溢于言表。

12 月 12 日,鲁迅第五次提到校长:"又恭听校长辈之胡说至十一时。"④语气已相当的不客气。

1 月 15 日,鲁迅离开厦门前一天,给林文庆写了一个短函:⑤

文庆先生足下:

前蒙惠书,并嘱刘楚青先生辱临挽留,闻命惭荷,如何可言。而屡叨盛践,尤感雅意,然自知薄劣,无君子风,本分不安,速去为是。幸今者征轮在望,顷即成行。肃此告辞,临颖跦息。聘书两通并还。

周树人 启
一月十五日

① 鲁迅、景宋:《两地书》(五六)。
② 同上书:(九三)。
③ 同上书:(八一)。
④ 同上书:(九三)。
⑤ 这是一封佚信,原载 1927 年 2 月 17 日香港《华侨日报》,收入郑树森等编:《早期香港新文学资料选》,香港天地图书有限公司(1998),第 54 页。

　　由于是辞行信,鲁迅用词十分客气,语气也十分谦和。实际上,为了挽留鲁迅,林文庆确实苦口婆心地做了许多工作。

　　11 月 25 日,林文庆邀请鲁迅共进午餐,试图挽留鲁迅不要离开厦大,无奈鲁迅去意甚坚,林文庆无功而返。

　　新年刚过,1 月 3 日,在鲁迅已递呈辞职信之后,林文庆特地委托刘树杞到鲁迅寓所挽留并致送聘书;第二天,他又亲往鲁迅住处,试图再做挽留的工作。

　　在鲁迅去意已决的情况下,林文庆分别在自己鼓浪屿家中和鼓浪屿最豪华的大东旅馆,为鲁迅举行了两次宴会践行。

　　《鲁迅日记》中先后 5 次提到林文庆,大多都与这些挽留、践行有关。如第一次 11 月 25 日"午林梦琴邀午餐";第二次 1927 年 1 月 4 日"上午林文庆来";第三次 1 月 9 日"午林梦琴践行,至鼓浪屿午餐,同席十余人";第四次 1 月 13 日"午林梦琴践行于大东旅馆,同席约四十人";第五次 1 月 15 日"上午寄林梦琴信再还聘书",日记的记载都极为简单,语气也十分客气。①

　　尽管林文庆为了挽留鲁迅做了不少工作,但是以厦大当时尊孔的氛围,鲁迅又如何留得下呢?

　　作为校长的林文庆,虽然受过英文教育,出洋留过学,但是思想却十分"传统"。他在新加坡时就曾经与邱菽园等人策划过尊孔运动,要在新加坡建立孔庙学堂而未成。对于中华文化,他不仅十分钦服,而且认为按照孔孟之道去做,是能解决社会问题的。他在厦大的一些演讲中多次谈到:

　　　　学新科学不要忘记旧文化,这是救中国的不二法门。国内各大学应负责提倡,使全国之人明白。②

　　　　如何使民众各尽其责? 如何使民众团体准备牺牲一切,誓

79

---

　　① 《鲁迅日记》,《鲁迅全集》第 15 卷,第 646 页;第 16 卷第 1～3 页,人民文学出版社(2005)。

　　② 《本校五周年林校长之演说辞》,《厦大周刊》第 145 期(1926 年 4 月 10 日)。

死拥护国家利益？我们只要设法恢复我们固有文化与爱国主义；真实理解天地间的真理；和诚心信仰我们的主旨，便够了。如果没有这些信仰力来鼓舞我们的工作，那么，国家决不会统一的。①

　　政府提倡新生活运动，和保存旧有文化与旧道德，就是要每个人日常的衣食住行的生活，合于礼义廉耻的道德行为。②

　　然而，林文庆的理想与刚刚经过五四运动和"打倒孔家店"思潮洗礼的时代却显得有些错位。在新文化运动的旗手鲁迅看来，国家危难，民生日凋，对着热血青年大谈旧文化旧道德，劝人成为"士君子"，而且用英语大谈孔孟之道，这确实很不对路。"道不同不相为谋"，于是，鲁迅的离去便成了必然。

　　当鲁迅准备离开厦大时，学生们认为是学校排挤了鲁迅，于是发起了"改良学校运动"。此时，林语堂极力想挽留鲁迅，但鲁迅还是决定要走了，因为他更关心的是现实的中国，而非历史的中国。1927年1月8日，鲁迅在即将离开厦门前一周，在厦门中山中学作了《革命可以在后方，但不要忘了前线》的演讲。他对同学们说："你们很平静地生活在这里，这是后方，没有炮火。但是，你们在这后方，也可以从事革命工作。你们应该把从中山先生书里得来的道理，把从其他进步书里得来的知识，当作革命武器，向着一切旧习惯、一切旧思想、一切人吃人的旧制度，猛烈开火！你们尤其不可忘记：革命是在前线。要效法孙中山先生，因为他常常站在革命的前线，走在革命的最前头。

　　革命发展很快，北洋军阀注定要灭亡的，这是确实的。但是你们不要高兴的太早。你们在平静的后方还有应该向它开火的无形的敌

---

　　①　林文庆：《敬告全国同胞用固有民族精神应付国难》，《厦门大学十二周年纪念专号》（1933 年 4 月）。

　　②　《林校长开学式训词》，《厦大周刊》第 15 卷第二期（1935 年 9 月 30 日）。

人,你们在必要的时候也可以到前线去消灭那些有形的敌人。"①

鲁迅的辞职及准备离开厦门,直接引爆了厦大第二次学潮。学潮的导火索发生于 1927 年 1 月 4 日下午,"厦门大学学生开送别大会,全体学生都出席"。鲁迅的离去,给学生们以极大的震撼和刺激。由于学生们认为鲁迅辞职的原因与大学秘书其理科主任刘树杞有关,于是,挽留鲁迅的运动直接转化成了驱逐刘树杞的运动。1 月 6 日,厦大校园内出现传单,题为"刘树杞不去,厦大无望"。当晚,学生展开签名活动,征求同意驱逐刘树杞的意见。在 300 多位学生中,共有 170 多人同意签了名。过后,学生将签名呈交给学生会总委员会,总委员会决定于 7 日召开全体学生大会。

1 月 7 日,学生大会一致通过驱逐刘树杞的决定,并成立了驱刘委员会,要求校长辞退刘树杞,否则将举行罢课。当天,林文庆召开行政委员会会议进行商讨,并让许雨阶等教授与驱刘委员会委员谈话,希望学生稍作让步,但是学生以大会已经表决为由拒绝让步。②

1 月 8 日,林文庆召集六名教授及驱刘委员会委员到办公室会谈。他于同日发出通告:"顷接刘楚卿博士来函,据云:辞去各职,即日离校。鄙人及各科主任,正极力挽留。"学生们对此表示不满,驱刘委员会委员立刻前往质问林文庆。林文庆说,由于一部分理科教授和学生要随刘树杞的辞职而离开,因此校方正动员各科主任挽留刘树杞。原来,当天有人以"厦门大学理科同学会"名义,在厦门报刊登载一则启事:"本校此次风潮,鄙会绝未与闻。凡有存意攻击理科,破坏本会一切举动,鄙会同人绝对否认。惟恐社会人士莫名真相,特登报声明。"③同日下午六点,林文庆发给驱刘委员会一封通知书:"顷接来函具悉。查刘树杞博士,去志甚坚,无法挽留。④

1 月 9 日,驱刘委员会召开全体会议,议决派代表向林文庆要求

---

①　陈梦韶:《在中山中学的演讲》,转引自《回忆鲁迅资料辑录》,上海教育出版社(1980)。

②　上海《教育杂志》第十九卷第三期(1927 年 2 月 20 日)。

③　同上。

④　同上。

以公函形式批准刘树杞辞职。同时,以厦门大学全体学生名义致电上海《申报》称:"厦门大学代理秘书刘树杞,把持校务,压迫学生,以致良师星散,校誉日损。同人为本身学业计,为学校前途计,不得已而驱刘。刘不去,誓不休。"①同一天,"厦门大学理科同学会"派代表到驱刘委员会致送公函,声言驱刘就是驱赶全体理科教授,因此不得不挽留刘树杞。

1月10日,厦大学生开始全体罢课。驱刘委员会致函挽留理科教授,并劝告理科学生不要拥护刘树杞。此后,厦门教育界与商界人士出面调解,与学生、林文庆分别见面。"厦门大学理科同学会"又发出声明,声言理科的事情,非理科同学绝对不能过问,破坏理科者即为理科全体之公敌。

1月15日,鲁迅离开厦门大学,前往广州。

1月16日,罢课学生召开各界招待会,报告驱逐刘树杞的起因和经过,并要求社会援助。同一天,厦大在各报刊登启事,声称刘树杞已经辞职,校方挽留无效,风潮应该解决。林文庆主持刘树杞欢送会,除本校教授外,还邀请各界人士参加。第二天,刘树杞离开厦大,前往上海,由黄开宗代理其职位。

1月23日,林文庆搭乘轮船返回新加坡,与陈嘉庚商议厦大风潮事。

在前往广州的轮船上,鲁迅在《海上通信》中最后一次提到林文庆,他说:"校长林文庆博士是英国籍的中国人,开口闭口,不离孔子,曾经做过一本讲孔教的书,可惜名目我忘记了。听说还有一本英文的自传,将在商务印书馆出版;现在正做着《人种问题》。他待我实在是很隆重,请我吃过几回饭;单是饯行,就有两回。不过现在"排挤说"倒衰退了;前天听到的是他在宣传,我到厦门,原是来捣乱,并非豫备在厦门教书的,所以北京的位置都没有辞掉。"②

---

① 上海《申报》,1927年1月10日。

② 鲁迅:《海上通信》,见《华盖集续编》。《鲁迅全集》第3卷,人民文学出版社(2005),第418页。

从信中看，鲁迅对林文庆已相当不满和不信任，以至于听到有人说林文庆"在宣传，我到厦门，原是来捣乱"的话，也深信不疑。

仁义礼智信乃孔孟之道的要义，也是林文庆终身服膺的信条。他经常说："我谓无论大学中学，皆当读孔孟之书，保存国粹。我人私淑孔孟，最重信义，自中人以上，皆知信义所在"。① 没想到，自己在鲁迅心中竟是这样一个不值得信任的人和这样一种不讲信义的形象，这不能不说是一个巨大的悲哀。[1]

引爆厦大第二次学潮的另一位关键人物刘树杞，②离开厦大后来到武汉。1928 年春天出任湖北省教育厅厅长，同年夏天参与创办武汉大学，并担任国立武汉大学筹备委员会主任委员。他与李四光一起选定珞珈山作为武大校址，为武大后来成为中国最美丽的大学之一奠定了基础。武汉大学成立后，他担任代理校长。1931 年赴北京担任北京大学理学院院长，为北大理学院的复兴做出了突出贡献。1935 年 9 月，刘树杞因积劳成疾而英年早逝，年仅 45 岁，北京大学、武汉大学和厦门大学共同在北京香山万安公墓为他举行了联合公葬。

83

1936 年 2 月，厦门大学理学院院务会议决议设立刘树杞奖学金，以纪念他对厦门大学理科建设和发展做出的卓越贡献。

注：

[1]鲁迅离去后，厦大学潮依然波澜汹涌，没有结束的迹象。2 月 15 日，国学研究院被裁退的教职员要求校方履行合约发放薪水，没有结果。同一天，校方宣布辞退总务处处长周辨明。随后，厦大学生于 2 月 17 日致电陈嘉庚，要求恢复国学研究院和总务处。

2 月 22 日，校方发布布告，开除罗扬才等十九位学生。第二天，驱刘委员会

---

① 林文庆：《校庆三周年演说辞》，《厦大校史资料》第一辑，厦门大学出版社(1987)，第 229 页。

② 刘树杞(1890—1935)，字楚青，湖北蒲圻人。1913 年官费赴美留学，就读于伊利诺大学和密西根大学，获学士学位；后入哥伦比亚大学深造，1919 年获博士学位。1921 年回国，担任厦门大学教务主任兼理科主任，一度代理大学秘书。

派代表质询黄开宗关于开除学生的事情,没有结果。校方召来军警驻守校内。

2月26日,厦门海军司令部邀请国民党厦门市党部进行调解,学生提出八项条件,要求海军司令部和厦门市党部转呈校方,结果也无回音。3月1日,海军司令部和市党部向校方提出调停的四项条件:一是教育党化;二是刘树杞不得回校;三是收回开除学生;四是恢复国学研究院。翌日,黄开宗答复调停单位:一是教育党化没有问题;二是准许刘树杞辞职,他本人没有权衡权力;三是开除的学生可以收回;四是恢复国学研究院,必须请示陈嘉庚。

3月9日,国学研究院教职员在厦门市教育会举行各界招待会,说明风潮发生与国学研究院停办的经过。驱刘委员会向厦门市党部表示愿意接受调停条件,结束驱刘行动。

3月18日,林文庆从新加坡回来。次日在鼓浪屿住宅召开教职员会议,调停单位提出的条件。虽然黄开宗已做出初步承诺,但林文庆坚持要开除19位学生。3月22日,顾颉刚以大学无法决定国学研究院前途为理由,退还聘书辞职。

3月23日,市党部和海军司令部参谋长林国赓质问林文庆有关调停条件,林文庆让步。3月24日,厦大在各报刊登广告,宣布4月4日开学。

厦大第二次风潮,虽然没有象第一次那样,造成大批教职人员和学生离开。但是,这一次风潮对厦大的名誉损害也不小,在海内外产生不良的影响。一些原本准备报名入学的华侨子弟,因此而打"退堂鼓"。学潮结束后,全校学生仅有四百余人。其中文法商教四科约四百人,理科六系(数理化、动植天)只有22名,平均每一年级不到一名。

七、中山医院创办者

　　美丽的厦门筼筜湖畔，有一座闻名遐迩的医院，这就是厦门大学附属中山医院。这所医院的前身是创办于1932年的厦门中山医院，时任厦大校长的林文庆正是这所医院的主要创办者之一。

位于湖滨南路的厦门中山医院

85

　　林文庆从小出生和长大在海峡殖民地新加坡。早在他出生之前的19世纪中叶，新加坡华侨就有了捐资举办医疗卫生事业的义举。

　　1844年，原籍漳州的华侨富商陈笃生在新加坡经商时，目睹广大华人贫民缺医少药的痛苦，捐资7000元创办了"新加坡华人贫民医院"，这也是新加坡历史上的第一座医院。5月25日，医院正式奠基，奠基石上镌刻着："院舍之建筑费悉由博爱之太平局绅陈笃生所捐助，彼系新加坡之华商也"。第二年医院落成后，陈笃生将创办医院的缘由勒一石碑以为志念。碑文道："'大凡守望相助，井里原有同情',而疾病相持,吾人宁无夙愿","瘴疠频生。所以疮伤痰疾之人,尤为狼藉,既无衣食以御饥寒,复无户牖以蔽其风两,人生况瘁之遭,莫逾于此,能不目击而伤心哉! 余自经营商贾以来私心窃念,欲有所事于孤苦之人,而有志未举"。如今,这所贫民医院的落成,总算使陈笃生遂了一桩心愿,在新加坡、槟榔屿与马六甲三州受到了人们的广泛赞誉。医院成立后,陈笃生被推为董事部主席。1850 年陈笃生逝世后,家人为纪念他,将"贫民医院"改名为"陈笃生医院"。1852 年,该院因病人众多,病房已不敷够用,陈笃生的儿子陈金锺又捐资 3000 元进行扩建,使医院的用房和设施更加完善,成为新加坡首屈一指的医院。

1867 年,闽籍华侨在新加坡又创办了"同济医院"。该院创办之时,发起人及商号多至 169 个,其中捐资最多者为海澄县华侨颜永成。同济医院创办之初,即以救济贫病者为目的,邀请中医师免费诊治及赠药,"凡属贫苦者,不分男女老幼,不分种族皆可就医"。与林文庆祖籍同为海澄县的华侨李振殿曾担任过同济医院董事会主席。

从小生长在新加坡的林文庆耳濡目染对前辈捐建医院、造福贫民的义举无疑留下了深刻的印象。1892 年,当他从英国伦敦爱丁堡大学医学院毕业、获医学内科学士和外科硕士后,原本准备到剑桥大学从事医学教学与研究,后因家中祖父病故而不得不放弃这一机会,只在剑桥干了六个月便回到新加坡从医。他先在源顺街开设了一个私人诊所,后来又创办了九思堂西药房,这使他成为新加坡学习西医并用西药治病的第一个华人。

作为新加坡第一位获得英女皇奖学金的华人,林文庆学成归来后之所以没有进入政府的公立医院,而选择开诊所,是由于在当时的公立医院中,欧洲人把持了所有的高级职位,华人要想获得高级医务职位是十分困难的。林文庆对自己的医术很有信心,对他来说,与其在别人手下被呼来唤去,倒不如自己开业行医,可以更好地为普通劳苦大众服务,解除他们肉体上的种种痛苦。

林文庆是这样想的,也是这样做的。无论是开诊所还是办药房,他都十分用心,对医术精益求精,对病人极为负责,因此受到了病人们的交口称赞。《叻报》曾经刊登一位患者的来信,称林文庆"悬壶济世,无论内外杂症,凡经诊治,莫不著手回春。余于前月偶患伏热血

痢之症,渐成洞泄,屡谒名医,迄无所效,且益增剧,缠绵床席,势已濒危。嗣闻先生之名,延请调医,幸蒙赐以良剂,竟得克期痊愈。似此最重最顽之症,而数日即可霍然,可知先生医学之精,非寻常所能望其肩背者矣。"①信中充满了对林文庆的感激、夸奖之词。

精湛的医术和良好的声誉,使林文庆很快得到了政府的信任,并被任命为政府的医官,负责调查新加坡的无照医生问题,同时还负责为患有严重疾病的妓女建立一所专门的诊疗所。出于对身处社会最底层的妓女的同情,他时常去为那些因为意外事故、早产被殴打和试图自杀的妓女施以急救。

为了培养造就更多的合格医生,林文庆极力主张尽快建立新加坡自己的医学院。1904 年 9 月,华侨社团领袖陈若锦代表新加坡华人向总督提出请求,希望能开办一所医学院,总督要求华人社团须预先筹集到 71000 元开办经费,否则不予支持。林文庆与陈若锦一起四处奔走,积极向各界热心人士募捐,最后得到的捐款数超过了八万元,超出了总督的要求。

1905 年 7 月,在公共集资基础上建立的海峡殖民地及马来亚联邦州政府医学校正式成立,这也是新加坡最早建立的一个高等教育机构。学校第一次招收了 23 名学生,由政府医生、二名军医及五名私人医生(林文庆为其中之一)负责授课。

1910 年 5 月英王爱德华七世去世②,林文庆筹款设立英王爱德华七世纪念基金。到 1912 年,基金共筹得十二万元捐给了新起步的医学校。1913 年,学校更名为英王爱德华七世医学校。1916 年,经英国普通医学理事会批准,该校开设医学与普通外科学两个专业。1921 年,随着学校规模的进一步扩大,再次被更名为英王爱德华七世医学院。③

---

① 新加坡《叻报》,1894 年 3 月 14 日。

② 其母亲为英国维多利亚女王,长孙为"不爱江山爱美人"的爱德华八世,曾孙女即今英国女王伊莉莎白二世

③ 1949 年,爱德华七世医学院与成立于 1927 年的莱佛士学院合并为马来亚大学,并在 1962 年改名为新加坡大学。1980 年,新加坡大学又与成立于 1954 年的南洋大学正式合并成为新加坡国立大学。

在繁忙的行医之余,林文庆也念念不忘自己未能实现的在剑桥担任"病理学讲师"的梦想。作为爱德华七世医学院的发起人之一,他不仅义务为学生讲授药物学和临床治疗学,而且代表学校出席在新加坡召开的重要医学会议。鉴于他对医学院的贡献,1918 年爱德华七世医学院委任他为董事,1926 年又授予他医学院名誉院士的荣誉。

早在剑桥从事医学研究时,林文庆就在英国皇家学会的《哲学会报》上发表过《论犬类心脏的神经》和《蚯蚓的黑色液体及其保护机构》两篇学术论文。回到新加坡后,他没有放弃自己的医学研究爱好,又在《海峡医学协会学报》上发表了《新加坡华人中的肺结核病患》、《吸食鸦片的习惯及其戒毒治疗》等多篇论文。鉴于他在医学领域的突出表现,1930 年英国外科医师学会吸收他为正式会员。这位很早就加入英国籍的医生,此后又成为英国爱丁堡皇家医学会会员、英国医学会马来亚分会会员、比利时根脱医学会通讯会员和日本京都医学会会员。

作为一个受西方科学严格训练出来的杰出医生,创办一所医学院一直是林文庆梦寐以求的梦想。在出任厦大校长后,他便希望"大学筹办医科,拟附设一公医院,以广治疗而资实习"。① 在他设想的医学院计划中,不仅要研究西洋医学,而且还要以科学的方法研究中国传统医学。他说:"将来医学院如果开办,不单单就西洋医学,加以研究,还想用科学的方法,对于中医方案和本草,都设法加以整理"。② 这在当时,可以说是颇具超前意识了。

1922 年,林文庆在《厦门大学民国十年度报告书》中提到:"十一年又经评议会议决及董事会同意,增设医药、新闻诸学部。"在厦门大学 1924—1925 年度的主要教员名单中,也出现了医科副教授的名字。

为了筹办医学院,林文庆还打起了自己大儿子林可胜的主意。林可胜 8 岁时就被父亲送往英国读书,中学毕业后考进了英国爱丁

① 《厦大医药处落成志略》,见《厦门大学周刊》第 278 期。
② 林文庆:《厦门大学十周年纪念的意义》,载《厦门大学十周年纪念刊》。

堡大学医学院。1919年获得医学内科学士和外科学士后，留校担任生理学讲师。

1924年，已在英国工作了五年的林可胜打算回中国服务。他接受父亲为自己做出的安排，准备回国后白手起家，在厦大创办医学院。在厦大公布的1924—1925年职员名单中，他的职务是医科筹备主任，并将担任生理系教授。为此他辞去了在英国爱丁堡大学医学院担任的高级教师，并在离英时把家具等生活用品直接寄到了厦门。为了更好地积累经验，他曾计划在厦门的临时实验室建设期间，先到条件优越的协和医学院生理系工作半年，以观察那儿的教学方法并继续进行研究，同时也可利用协和的优越条件为厦大培养师资。

为此，他有条件地答应了协和聘请他为客座教授、年薪8200元的建议。当年8月14日，林可胜从温哥华乘轮船回国，他先抵达厦门看望父亲，并为在厦大成立生理系进行筹备工作。直到10月初，他才举家前往北京，安顿好家庭生活后就走马上任了。没想到，他很快在协和医学院闯出了自己的一片新天地。

而此时，厦大由于财政困难和闹学潮的影响，建立医学院及生理系的计划已难以实现，国内又无其他机构的条件能与协和医学院相比，继续在协和工作显然有利于实现自己的抱负。于是，林可胜便接受了协和医学院的正式任命，成为协和医学院有史以来的第一个华人教授，并担任了生理系主任。

1926年，厦大在推进第二个五年计划时，又开始着手筹办医科，拟设内科医学、外科医学、药物学、卫生学、牙科学等5个系。但不久，由于陈嘉庚在海外的经营出现波动，筹建计划只好再次搁浅。

考虑到创办医学院所需的费用巨大，筹款并非易事，而当时厦门虽有"中外医院数家，然均属私立，时感不足负全埠卫生之责"，[①]林文庆于是改变主意，决定先为厦门创办一所一般人都能负担得起的公医院。为此，他利用学校假期，专门前往新加坡、马来亚筹募资金，他本人也带头捐献了一千元。初时南洋华侨捐款相当踊跃，认捐数额不少，但由于种种原因，后来实际到账的并不多。

89

---

① 《林校长被推为厦门中山医院董事长》，见《厦大周刊》第240期。

1926年2月，林文庆回新加坡述职，陈嘉庚在怡和轩俱乐部为林文庆饯行时说：

> 鄙人之创设厦大，并非欲视该大学如私己之所有。校名曰厦门大学，并无混入陈嘉庚三字于其中。厦大为公众事业，鄙人前日之演说词中经已详言之矣。鄙人又非欲独手包办厦大，盖厦大之所以至今日尚未受他人捐助者，因时机未至耳。
>
> 夫厦大已属公有，则厦大公医院，不言而亦知其为公有，其命名非鄙人与林文庆先生二人共定，实由林先生与其同志数人审慎而出之，其所以采此名之理由，在"厦门大学公医院捐启"中已明白说明，想诸君已洞悉之矣。①

此后，由于时局不定等种种因素，公医院的设立也是一波三折。林文庆只得再退而求其次，先设立了一个公医院分诊所，其后又在厦大校部及厦港分设了两个医药处。

1928年，为弘扬孙中山先生"天下为公，造福社会"的精神，厦门富商名绅黄亦住、林谨生、吴金生等十余位海外华侨和厦门知名人士共同发起、创办厦门中山医院，林文庆作为医学专家和厦大校长积极参与创办，并给予了全力支持和悉心指导。他还亲自前往南洋筹募资金，共筹得白银七万九千元，连同厦门当地筹集的资金共十六万元，建起了门诊、医技楼。后来南洋富商胡文虎、胡文豹兄弟也施以援手，捐赠了八万元，帮助医院建设了住院楼。

中山医院创办过程中，由于林文庆的突出贡献，他被公推为中山医院董事长。他对与中山先生长达二十余年的友谊一直十分珍视，因此在创办医院时便提议将医院的名字命名为中山，得到大家的一致同意。这除了弘扬中山精神的意义外，也可从中看出他对孙中山的敬仰之情。当年中山先生在北京不幸逝世，林文庆闻讯后十分悲痛，曾亲自撰写了一副挽联来抒发自己的哀思，挽联写道：

---

① 新加坡《南洋商报》1926年3月2日

建设中的中山医院工地

　　惟英雄能生人杀人，功首罪魁，留得千秋青史在；
　　以故交曾一战再战，私情公谊，公凭一寸赤心知。

91

　　1933年，经过三年多的筹备，厦门中山医院正式对外开诊。由林文庆兼任院长，医院的行政事宜也划归厦门大学管理。中山医院位于宏汉路（旧称洗布河），林文庆从香港、新加坡等地聘请了不少医学专家来厦门，组成强大的医疗队伍。医院很快就以低廉的价格和人性化的服务而名声鹊起。在当时疫病流行的情况下，中山医院还一度成为虎疫（霍乱）的临时救治医院。

　　中山医院不仅对"贫民无力出资者概予免费"治疗，而且主动承担起为地方治疗传染病和培训医务人员的任务。据说，有一年流感爆发，医院的地板上、走廊上都住满了病人。医护人员硬是依靠听诊器和体温计等最简陋的医疗设备救治了许多患者，并创造了没有一个医护人员被感染的奇迹。其间，为了培训初级护理人员，医院还专门附设了一所护士学校。

　　除了筹建并主持厦门中山医院外，林文庆还于1930年接受地处

1933 年中山医院在宏汉路的西医院正式开诊

漳州的闽南医院的邀请兼任该医院的名誉董事。同时,他还积极参与创办于 1931 年的厦门鼓浪屿医院的活动,并在该医院开诊。该医院后来更名为鼓浪屿平民医院,凡贫困者来院求医一律免费。如需住院,还给予食宿的优待。而在厦门大学经费紧缺的时候,林文庆曾在家中接诊中外患者、替富贵人家治病,将所得诊费悉数捐给厦门大学。

林文庆之所以坚持不懈地参与创办中山医院,也是深受嘉庚精神的激励。在他看来,嘉庚精神"就是我国圣贤所传给我们的'天下为公'的精神,是一种利他而肯牺牲的精神,嘉庚先生有此种精神,所以他能够急公好义,把他自己努力所得到的大部分金钱,拿来办教育,为社会大多数人谋最高的幸福。"①林文庆认为,这种精神的原动力就是博爱。因此他也尽自己所能,孜孜以求努力在厦门创办一所为普通民众服务的医院。

1937 年林文庆离开厦大后,中山医院在厦门各界人士的大力支持下,继续得以维持(抗战中一度被作为日本海军医院)。直到 1950 年才由厦门市政府接管。

---

① 林文庆:《厦门大学十周年纪念的意义》,载《厦门大学十周年纪念刊》。

1951年中山医院全体员工元旦合影

　　新中国的成立为厦门中山医院带来了广阔的发展前景。上世纪50年代，中山医院规模迅速扩大，医疗水平也不断提高，到1960年床位已达300张。

　　十年"文革"使中山医院遭受了一次"重创"，1966年医院被更名为"白求恩医院"，1970年惨遭撤并的命运，全体医务人员被下放到山区农村。直到1981年厦门经济特区成立后，厦门市政府决定恢复厦门中山医院，并把其作为改善特区投资环境的重点工程迁址重建。新院址设在新开辟的湖滨南路，占地6.1万平方米，建筑面积近9万平方米。经过几年的筹备和基建，1988年7月，新组建的厦门中山医院开始正式接纳病人。

　　1996年10月，在海外华人、华侨资助下，林文庆当年梦寐以求的厦门大学医学院经国家教育部批准正式成立，并由厦门市人民政府和厦门大学共同联办，依托厦门大学学科门类齐全、师资力量雄厚的优势办学。厦大医学院成立后，中山医院即作为其教学医院。2001年，中山医院进一步被确定为厦门大学医学院第一临床医院，成为厦门大学的临床医学教学单位。

1996 年成立的厦大医学院

2005 年 9 月，经厦门市人民政府和厦门大学同意，并经福建省卫生厅批准，厦门中山医院正式更名为厦门大学附属中山医院，并保留厦门中山医院为第二名称。林文庆当年曾经寄予希望的"竭力促成一个极完善的医学院和医院"的心愿，终于得以实现。

中山医院重建之后得到快速发展，现已成为拥有 1000 张床位，1500 余名员工（含高级专家 190 余人），年门诊、急诊量达 130 万余人次，收住病人 2.7 万余人次，集医疗、教学、科研、预防保健于一体的三级甲等现代化综合性医院。医院拥有厦门心脏中心、临床检验中心、老年病康复研究所、消化疾病研究所等医疗科研机构，并与北京、上海、广州、福州等地的三甲医院及美国、德国、香港等国内外著名医院建立了协作关系，每年承担着 200 多名本科生的临床教学工作。

在中山医院迅速发展的同时，厦大医学院也得到了快速发展。除附属中山医院外，医学院还拥有附属第一医院、附属东南医院、附属厦门眼科中心等 3 家三级甲等附属医院和厦门市中医院、厦门 174 医院、厦门市妇幼保健院等 30 余家教学实习医院与基地。

全院现有教职工近 200 人，其中院士 3 人，博士生导师 10 人，教授、副教授近 70 人，包括医学院院长、教育部"长江学者"特聘教授刘祖国博士。学院设有五年制临床医学、预防医学、中医学、四年制药

位于大学路的厦大医学院大楼

学、护理学等 5 个本科专业;并获得了三年制外科学、内科学、药物化学、药学、肿瘤学等 5 个专业的硕士学位授予权。现有在校本科生1500 余人,硕士、博士研究生 100 余人。此外还有留学生近 200 人,在籍海外函授生 2000 余人。学院的教学科研仪器设备先进,设备固定资产总值已达近亿元,占地面积 1000 亩的医学院翔安新校区也正在紧锣密鼓的建设之中。

在厦门中山医院成为厦门大学附属医院后,历史悠久、在闽南金三角及东南亚一带享有较高声誉的厦门大学医院,也改为"厦门大学附属中山医院演武分院"。这所集医疗、预防、保健、康复、科研、教学为一体的综合性"二级乙等"医院,拥有 120 张床位,是厦门大学医学院中医系、厦门卫生学校的临床教学医院。

厦大医院门诊楼即成伟楼,是李光前先生于 20 世纪 50 年代捐建,并以他三儿子李成伟的名字命名的。2003 年至 2005 年,李成义先生主持的新加坡李氏基金会先后捐款 527 万元重建此楼。新门诊楼在已拆除的旧门诊楼原址重建,仍沿袭陈嘉庚建筑的特色,共 6 层,建筑面积 7175 平方米,比旧门诊楼大了约 4 倍,于 2004 年 1 月竣工。

2006 年厦门大学医院迎来了新的历史性发展机遇。厦门大学和美国哈佛大学医学院将合作建立厦门大学富邦国际医院,并引进

厦大医院成伟楼

哈佛的医疗技术和管理,总设计床位达 1500 张,厦门大学医院将与之接轨。

2008 年,厦门大学附属中山医院迎来了建院 80 周年的庆典。医院党委书记邹爱东在《厦门大学报》撰文说:"在我们俯首感怀往事,昂首憧憬未来之际,我们首先应该缅怀的是我院首任院长林文庆博士。"他回忆起自己 2007 年在新加坡参观"林文庆先生生平展览"时的感受,他说:"当我看到络绎不绝的人群专心致志地听讲、看照片时,感到林文庆博士人格的力量在影响着一代代新加坡人,崇敬之心油然而生。然而遗憾的是,在他丰富多彩的职业生涯中,现存的资料却找不到他就任厦门中山医院首任院长时哪怕只言片语的介绍,不由使我十分惆怅。于是,我提起笔,在留言簿上写下了厦门中山医院后来者的心声:'林文庆先生不仅是新加坡人民十分敬仰的名人,也是厦门人民引为骄傲的教育家和医学家,他在厦大任校长长达 16 年,留下了一笔宝贵的精神财富,同时兼任厦门中山医院首任院长近 5 年,也展现出他渊博的学识和慈善的爱心,而展览独独疏漏了他这一闪光的经历,未免令人感到不足和遗憾。作为厦门中山医院的员工,我们永远缅怀他!'"①

---

① 邹爱东:《缅怀林文庆先生》,《厦门大学报》2008 年 4 月 8 日。

八、林氏一家与厦大

被称为"海上花园"的鼓浪屿是厦门最大的一个卫星岛，虽然面积只有 1.78 平方公里，但岛上冈峦起伏，海上碧波荡漾，白云、绿树交相辉映，道路十分整洁幽静。小岛完好地保留着许多具有中外建筑风格的建筑物，素有"万国建筑博览会"之誉。岛上人口虽然只有约 2 万人，但有许多居民喜爱音乐，钢琴拥有密度居全国前茅，因此又被称为琴岛。

鼓浪屿菽庄花园、日光岩

鼓浪屿岛与厦门市区相隔着六七百米的厦鼓海峡，不仅可以相望，也可以五分钟渡轮抵达。然而，在上个世纪二三十年代，由于鼓浪屿与厦门之间还没有轮渡，来往于两地仍相当不便，主要的交通工具是舢板及帆船，遇到刮台风或雾雨天，乘船过海还是让人有些担惊受怕。居住在鼓浪屿梦琴别墅的林文庆校长，每天早晨须从家中走几里路（偶尔也乘轿）来到海边码头，然后乘快艇渡海到厦门岛东南端的厦大码头,再走路到他位于生物院的校长办公室上班。十几年如一日,他竟然乐此不彼,毫无怨言。他为这所新生的大学付出了许多宝贵的年华和心血,包括他的家人,也为厦大的发展作出了许多辛勤的努力。从厦鼓海峡的波涛声中,人们恍惚能够听到近一个世纪中这个家族与厦大的前尘往事。

20 世纪初轿子和舢板是鼓浪屿贵族的主要交通工具

　　林文庆在出任厦大校长前,先后经历了两次婚姻,但他娶的都不是新加坡当地的"娘惹",而是来自中国的名门闺秀。他的第一位夫人黄端琼是清末举人、中国民主革命先驱黄乃裳的长女。

　　黄端琼出生于 1874 年,比林文庆小五岁。黄氏一家属于美以美会教徒,黄端琼长大后也进入教会主办的福州英华书院读书。后来她跟随自己的英文老师到欧洲、美国等地游历考察,仅在美国一地就生活了近一年时间,是中国最早赴美学习的女性之一。她不仅受过良好的中文教育,而且熟悉英美文化。据报道,在她由美国回国途中,曾在太平洋航线的远洋客轮上巧遇当时清政府的重臣李鸿章,"其言论举止,极蒙傅相赞美",李鸿章还特地赠给她一些书籍予以鼓励。

　　1896 年 12 月,林文庆与黄端琼在新加坡长老会礼拜堂举行了婚礼。婚后十年,两人共养育了四男二女。黄端琼为人处世较为开明,对林文庆在新加坡开展的社会革新运动不仅十分理解和同情,而且给予了大力支持。当林文庆和友人一起创办新加坡第一所女子学校——华人女校时,她不仅支持丈夫捐献建校的土地,而且亲自到女校任教,坚持每星期给学生上两次中文课。这个女校刚创办时,只有7个女生;开学两个月后,学生人数增加到 30 人;到学年末学生人数已达到了 64 人。应当说,这些成绩的取得与黄端琼的努力是分不开的。

林文庆的原配夫人黄端琼

9 9

与黄端琼结婚后,醉心于中国文化的林文庆得到中英文俱佳的妻子的不少帮助,加之老丈人黄乃裳是清末举人,与之长期交往的邱菽园、徐季均、力昌等人也多有科举功名,使得林文庆的汉语水平和传统文化的造诣都大有提高。温文尔雅的黄端琼相夫教子,更为热心于社会活动的林文庆减少了不少后顾之忧。林文庆的连襟、国际著名防疫专家伍连德当初就十分羡慕林文庆一家其乐融融的气氛,也正是在林家他结识了后来的妻子、黄端琼的妹妹黄淑琼。伍连德后来回忆说:"当我于 1903 年从欧洲留学回来,住在星洲林文庆家里的时候,便与黄淑琼订婚。她是林夫人的妹妹,生得异常美丽,可是她不慕虚荣。在我回国以前，虽有不少有钱的青年向他求婚，她均与拒却，对我却加以青睐。然我们也不是一见钟情，乃是逐步进展，以致心心相印的。"①这是伍连德的自白。而林文庆与黄端琼的感情，又何尝不是逐步进展以致心心相印呢？令人扼腕的是，黄端琼虽然天生丽质，才貌双全，但婚后不到十年，疾病便如影随形，于1905年12月撒手人寰。

黄端琼去世后第三年，林文庆于1908年在厦门与好友殷雪村医生的妹妹殷碧霞再结连理。殷碧霞原籍江苏常州，1884年7月1日出生于鼓浪屿。她8岁入怀仁女学，14岁就读漳州中西学堂，16岁入福州美以美教会英文女学，毕业后任厦门女子学校英文教师，成为当时厦门第一位执掌教鞭的女教师。与林文庆相遇时，殷碧霞年仅25岁，比林文庆小了整整15岁，但彼此却是互相倾心，相遇的当年两人就成婚了。婚后两人出双入对，家庭生活颇为美满。殷碧霞的英语十分出众，她能用英语对话、写诗、写游记。婚后第二年（1909年），殷碧霞以林文庆夫人的名义在《海峡华人年刊》用英文发表了题为《鼓浪屿》的文章，抒发了她对鼓浪屿自然人文环境的热爱和对故国家园的眷恋。也正是在这一年，她和丈夫买下了笔架山东南麓的宅基地，开始了长达13年的购地建宅工程。

婚后的殷碧霞经常来往于中国与新加坡两地，致力于社会福利事业。在新加坡，早在第一次世界大战前，她就联合李俊源夫人等女士，成立了"新加坡华人妇女协会"。1931年她被推选为新加坡华人妇女协会会长。1937年厦大改为"国立"后，林文庆返回新加坡，殷碧霞也随同丈夫一起回国，不久就担任了新加坡南侨筹赈会妇女部主任。1938年，她与其她华人妇女发起创办了华人孤儿院，并担任首任院长。同年，她被海峡殖民地政府委任为监狱视察员和青年犯罪法庭顾问，是星马华人妇女中担任这一职务的第一人。

而在厦门，早在1913年，殷碧霞就倡办养老院收养孤寡老人，并成立保良所解救婢女。1921年随丈夫到厦门后，她长期担任厦门大

① 礼露：《发现伍连德》，第二部《伍连德博士行迹录》"回到马来亚"，中国科学技术出版社（2010）。

林文庆与续弦夫人殷碧霞及女儿、儿子

学女生指导委员会主席，为厦大女生的健康成长付出了许多心血。1930年，殷碧霞被推举为厦门养老院院长和保良所所长。她不仅致力于社会福利事业，而且和丈夫一样，也有经商之才。经营的房地产生意收获颇丰。

在当年厦门和新加坡两地的妇女界，殷碧霞可以说是一个十分活跃并享有较高威望的人物。1948年，鉴于她为中、新两地社会福利事业所做出的贡献，英皇乔治六世封她为太平局绅，这一年殷碧霞65岁。1972年8月20日，殷碧霞因中风逝世于新加坡，享年89岁。

在林文庆的两次婚姻中，他与黄端琼育有四男二女，与殷碧霞育有一儿一女。此外，还有一个非婚生子，并抱养了一个女儿。可以说是一个相当庞大的家族，而这个家族发生的故事，又与厦大的发展有着千丝万缕的联系。

在林文庆的众多儿女中，以老大林可胜最为出色，也最富有传奇色彩。这位我国现代生理学的奠基人和蜚声国际的生命科学家，

1897年10月15日出生于新加坡。8岁就被父亲送往英国接受教育。24岁以优异的成绩毕业于父亲的母校——爱丁堡大学医学院,获得医学和化学双学士学位,并留校担任生理学讲师。1920年获哲学博士,1922年晋升为高级讲师。1925年秋,他回到中国,担任北平协和医学院客座教授兼生理系主任。两年后晋升为教授,成为协和医学院历史上第一个华人教授,其时年仅31岁。此后直到抗战爆发,他一直在协和任教。

在协和工作的12年中,林可胜不仅因发现"肠抑胃素"等开创性研究而著称于国际医学界,而且由于他的锐意创新和对人才的培养,使协和成为我国生理学研究的中心,并使中国的生理学研究达到了世界先进水平。1926年林可胜与吴宪等创建了"中国生理学会",并担任第一届会长;1927年他创办《中国生理学杂志》并担任主编,使这个刊物很快就获得国际生理学界的称道,成为我国具有国际水平的少数科学刊物之一。1928年至1930年,林可胜被选为中华医学会会长,成为中国医学界的翘楚。

林可胜与厦大的缘分可谓不浅。早在1924年厦大筹建医学院时,林可胜就准备回国担任这所医学院的生理学系主任。后来他虽然去了协和医学院而与厦大擦肩而过,但是,当1926年春天林语堂因躲避军阀压迫而在他家避难时,他"灵机一动"把林语堂介绍给了父亲。林语堂由此来到厦大担任文科主任和语言学教授,并把半个北大国学门搬到了厦大。

1935年,在厦大召开的第一届"暑期生物研究会"上,与会学者发起成立了中华海产生物学会,并在厦门大学设立了海洋生物研究场,大家公推时任北平协和医学院教授的林可胜为主任。也就在这一年,林可胜成为协和医学院三人领导小组成员,执行院长职务。

在协和期间,林可胜培养了大批医学生和青年生理学工作者,如冯德培、卢致德、柳安昌、徐丰彦、沈其震、贾国藩等后来都成为我国生理学研究的领军人物。

1937年抗战爆发后,林可胜舍弃优越的工作和生活条件,毅然投身于抗战救护工作。1937年11月,他建议成立中国红十字总会救护总队,并亲自担任总队长。组织了几十支医疗队、医护队和卫生

防疫队，奔赴抗日最前线参加救护工作。随着战事的变化，他又在贵阳图云关创设了救护总站，使图云关成为战时重要的医疗物资仓库、医护人员培训中心和运输中心。救护总站还先后在五个战区设立分站，并派遣了一百多个救护队分赴各战区设立战地医院，使伤兵得到及时救治。他还多次率领医师深入到各战区考察军医设施和救治伤病员。1938年年底，因战事扩大，救护总队人员不足，林可胜又创建了军政部战时卫生人员训练所，自任所长，专门培养战地医护人员。训练所集中了当时国内各方面医学专门人才，其规模之大，人才之众，远远超过国内任何一所医学院。1942年至1944年，林可胜随中国远征军到缅甸，担任中缅印战区总司令史迪威将军的医药总监。由于战况紧张，他经常每日工作16个小时，可谓身心交瘁。他因此多次得到中国政府的嘉奖以及英、美政府的授勋。1944年末，他被任命为军政部军医署署长。

　　1945年抗战胜利后，他来到上海，把各军医学校和战时卫生人员训练所进行整合，改组为国防医学院，并担任国防医学院院长。同时他还负责筹建中央研究院医学研究所。1948年，蒋介石拟委任他为国民政府卫生部部长，他坚辞不就。1949年5月林可胜赴美国，先后任伊利诺大学生理研究客座教授、克莱顿大学医学院生理学与药理学教授兼系主任。1952年后到迈尔斯实验所，负责生理、药理研究工作及医学科学研究指导，在消化生理学与痛觉生理学两个领域取得了卓越成就，直到1967年退休。1942年林可胜就被选为美国科学院外籍院士（1955年因成为美国公民改为院士）。1948年当选为中央研究院第一届院士。1961年香港大学授予他科学博士名誉学位。1969年7月8日，因患食道癌在牙买加逝世，终年73岁。

　　林可胜和父亲一样，也有过两次婚姻。1920年7月，他与一位苏格兰著名船舶设计师的女儿陶伦斯结婚。不幸的是，陶伦斯因病于1936年6月去世。十年后，林可胜续娶国民党元老张静江的小女儿、服装设计师张倩英为妻。张倩英曾在上海锦江饭店开过一家名为锦霓服装社的服装设计裁缝店，并曾以"金枝绿叶"为主题在锦江饭店举办过时装表演，曾轰动一时。抗战时她与父亲一起出国，抗战胜利后回沪并学会了开飞机，也曾轰动一时。1949年后她和林可胜

一起去了美国,2005 年去世,享年 95 岁。

林文庆的二儿子林可明是一位机械工程师,曾在重庆军输处及联合国救济总署任职。三儿子林可能(1901—1942)和父亲及大哥一样,毕业于英国爱丁堡大学,但他没有学医科,获得的是商业学士和文科硕士学位。回国后曾担任厦大经济系副教授、系主任。其儿子林国安(1920—2003)继承爷爷的事业,不仅是英女皇奖学金得主,而且也留学于英国爱丁堡大学医学院并获得医学博士学位。后来他担任新加坡英王爱德华七世医学院教授,1957 年因发现伤风菌而举世闻名。

林国安教授在实验室

林文庆的四儿子林可聊曾在厦门大学担任英文教员。林文庆一家返回新加坡后,林可聊的遗孀于慈爱受托照料林家在厦门的房产。由于鼓新路 26 号住的几户人家都是厦大的老师,林文庆还特别交代她免收租金。

林文庆还有两个女儿,大女儿林月明和二女儿林月清,其大女婿吴世晋也曾长期在厦大法学科任教。

林文庆续弦殷碧霞育有一男一女。女儿林月卿有音乐天赋,曾就读于伦敦皇家音乐学院;儿子林炳汉曾在伦敦学习电机工程,是马来亚有名的赛车手。同时,殷碧霞还抱养了一个女儿,名叫林月梅。

此外,林文庆还有一个非婚生儿子林炳添,毕业于香港大学医学系，后留学美国并曾在美国医院任医师。1958 年回到新加坡，在乌节路开办"文庆药房"。

林文庆一家三代，从林文庆到林可胜、林国安，都毕业于英国爱丁堡大学医学院，也都在医学上有突出的成就和贡献，在新加坡传为佳话。而在林文庆夫人殷碧霞的娘家中，也有两位厦门大学可引以为豪的"教授"。

一位是殷碧霞的侄儿、蜚声国际乐坛的著名钢琴家、厦门大学音乐系兼职教授殷承宗。出生于 1941 年的殷承宗是鼓浪屿的儿子，其故居位于鼓浪屿鸡山路 16 号——圃庵。他从小生活在一个音乐氛围特别浓厚，有唱片可听、有钢琴可弹的环境里，接受着音乐的熏陶。7 岁就开始正式学习钢琴演奏，1950 年，年仅 9 岁的殷承宗举办了一场独奏音乐会，显露出一个音乐神童的天赋。1954 年夏天，12 岁的殷承宗报考上海音乐学院附中，在 2000 多名考生中，他以 98 分的高分名列第一而被录取。两年后被选入中央音乐学院随苏联专家学习，17 岁获得维也纳第七届世界青年联欢节钢琴比赛第一名。后来赴苏联列宁格勒音乐学院留学，并于 1962 年代表中国参加莫斯科柴可夫斯基国际钢琴比赛，获得第二名。1963 年，他以各科满分的优异成绩提前修毕钢琴本科课程，回国后继续在中央音乐学院深造。1965 年毕业，到中央乐团担任首席钢琴演奏家。1967 年创作了钢琴伴唱《孔灯记》，把中西音乐文化的优点相融合，成为中国音乐与戏曲史上的一支奇葩，为钢琴音乐的民族化开辟了道路。1968 年 7 月 1 日，《人民日报》刊登了毛泽东、周恩来等中央领导亲切接见他的大幅照片，引起极大的轰动。1969 年他主持创作了气势磅礴的钢琴协奏曲《黄河》，周总理听完后兴奋地说："冼星海复活了！"1973 年，殷承宗由江青、吴德介绍入党，后担任中央乐团党委副书记和第四届全国人大常委。"四人帮"倒台后，他受到牵连。1979 年隔离审查结束后，殷承宗重新开始了自己的艺术生涯。1983 年赴美国定居，先后在世界各地著名的音乐圣殿进行了上百场的演出，其中包括四次卡耐基大厅，三次林肯中心和伦敦维格莫音乐厅、莫斯科音乐学院以及圣彼得堡爱乐大厅等，成为享誉世界的钢琴大师。

另一位是殷承宗同父异母的大哥，厦门大学建校初期的商科副

教授殷祖泽。出生于 19 世纪末的殷祖泽早年赴美留学,先后在宾夕法尼亚大学和费城大学学习商科和土木建筑,回国后曾在燕京大学和厦门大学任教。1924—1925 年厦门大学主要教员名单中就有他的名字,所任职务为商学副教授。①

殷祖泽不仅是一位称职的教师,而且是一位出色的建筑设计师,殷家位于鼓浪屿的法国式乡村别墅——圃庵就是他亲自设计的。别墅占地 1700 平方米,殷祖泽在设计的时候按地形高低,将其分成单层和带地下室双层的花园别墅。他还就地取材,充分利用基地上开采出来的花岗岩条石砌墙,粗犷豪放,既有闽南石乡的建筑特色,又具文艺复兴时期返朴归真的感觉。内厅有五个拱券,三厅相连,每层四个卧室。留洋归来的殷祖泽还一改鼓浪屿许多别墅不设厕所而用中国旧式马桶的观念,在别墅里设计了四套卫生间,平均两个卧室就有一个卫生间,这在当时可不多见,显示了设计者的文明意识。如今这幢别墅已被列为鼓浪屿历史风貌保护建筑,由政府和殷家共同出资修缮。在殷承宗的哥哥、香港设计师殷承惠和厦大建筑设计院的共同参与下,别墅按照"修旧如旧"的原则进行了加固维修,取得了很好的效果,并已对公众开放。院内的一棵黑松,与别墅同龄,至今仍然苍劲挺拔。

殷祖泽在美国虽然学的是商科和土木建筑,但他的钢琴也弹得非常好,同时还是颇有名气的男低音歌手。当年他从美国毕业回国时,带回了时尚的落地留声机和许多唱片,殷家的兄弟姐妹对音乐的痴迷最早就是从听这些唱片开始的。令人痛惜的是,上世纪 30 年代,年仅 30 几岁的殷祖泽便英年早逝(他的遗体运回厦门后葬在别墅花园里,"文革"中其墓地被毁,连墓碑也不知去向)。

殷氏家族中,除殷承宗、殷祖泽外,还产生过多位颇有造诣的歌唱家和钢琴家。殷承宗的姐姐殷彩恋早年到美国学习声乐,是殷家第一个受西方音乐系统教育的人,曾独立灌制过唱片;殷承宗另一位同父异母的哥哥殷祖澜,在美国费城大学留学时学的是工科,回国后

① 《厦门大学布告》(1924 年—1925 年度),《厦大校史资料》,厦门大学出版社(1987)。

在清华大学任教，是一位高水平的男高音歌手；还有一个哥哥殷承典，也是高水平的钢琴演奏家，曾任厦门市音乐学校的校长。另一个姐姐殷秀茂音乐修养也很深，曾在鼓浪屿毓德女学、怀仁小学担任音乐教师；殷承宗的弟弟殷承基不仅是水平极高的钢琴演奏家，还是颇有名气的男中音歌唱家；而殷承宗的三姑殷碧霞，同样爱好音乐和喜爱弹奏钢琴。1937 年她离开厦门回新加坡时，把钢琴留在了殷家，那琴声伴随着殷家孩子们的成长，并因此成就了享誉世界的一代钢琴名家殷承宗。

在林氏一家中，特别值得一提的是林文庆的岳父，其原配夫人黄端琼的父亲黄乃裳。他不仅是清末著名民主革命家和东南亚华侨领袖，而且曾为厦大文科的发展出谋献策，引进人才。

黄乃裳（1849—1924），字绂丞，福建闽清人。1896 年创办福建近代第一张报纸《福建》，宣传维新思想和改革主张，给福建思想界注入了一股清新的空气；1898 年初入京参加经济特科考试，在京期间遍访谭嗣同、林旭、杨锐、刘光弟等"六君子"，六次晋谒李鸿章，八次上书皇帝，倡言变法维新。戊戌维新失败后，他于 1899 年秋天举家远涉重洋到新加坡避难并担任《星报》主笔；1900—1902 年带领 1000 多位福州乡亲到南洋诗巫开垦"新福州"，不仅轰动一时，而且影响深远。1904 年回国后先在厦门主办《福建日日新闻》（后改为《福建日报》），后回福州任英华、福音、培元三书院教务长。1906 年在新加坡会见孙中山并加入同盟会，此后在国内外各地宣传革命；1907 年参与策划了潮州黄冈起义，同年回到故乡闽清创办教育和实业，先后在各乡创办 34 所高、初中和小学，促进了全县教育事业的发展。1909 年任福建省咨议局常驻议员；1910 年任福州基督教青年会会长。辛亥革命中参与光复福州并出任福建军政府交通部长。1920 年 12 月，72 岁高龄的黄乃裳不顾年迈体弱，应孙中山邀请赴广州任军政府高等顾问，次年夏因病回乡。1922 年又应林森、萨镇冰之请，任福建省长公署高等顾问。1924 年 9 月 22 日病逝于闽清梅城，终年 76 岁。

黄乃裳与我国清末民初的著名学者、诗人陈衍既是同乡，又是好友。1923 年，黄乃裳亲自写信给陈衍，代其女婿、厦大校长林文庆邀

请其出任厦大文科教授及国文系主任。陈衍对文学、诗学、经学、史学均很有造诣,曾担任《福建通志》总纂,与郑孝胥同为闽派诗"同光体"的首领人物,对近代旧诗坛发生过广泛影响。① 陈衍也是一位著名的报人,主办过上海《求是报》、湖北《商务报》及苏州《国学论衡》等刊物,并与黄乃裳一起创办过鼓吹革命的《福报》。

在陈衍的影响下,1925 年厦大部分教员学生"因国学沦亡,斯文道丧,特与海内闻人组织国学专刊社,以整理国故,发扬文化为己任",其弟子叶长青任社长,先后入社者达五十余人。陈衍离开厦大北上江南后,到多所大学任教,与厦大仍时有往来。当年鲁迅在厦大任教时,曾记得"陈石遗来,众皆往拜之,大诗人也。"陈衍与林纾相互唱和时吟咏的七言诗:"谁知五柳孤松客,却住三坊七巷间",使得"三坊七巷"的名号从此名扬海内外。1937 年陈衍在苏州病逝,身在海外、曾受学于陈衍的钱钟书得到消息,写下《石遗先生挽诗二首》,其中有"百身难命赎,一老不天遗"之句,表达了自己的深切哀悼之情。

为了网罗各方面优秀人才,组织一支强大的师资队伍,使厦大能够早日成为"南方之强",林文庆以及黄乃裳、林可胜可谓"殚精竭虑",用心良苦。可是,"谁知盘中餐,粒粒皆辛苦"呢?

---

① 陈衍(1856—1937),字叔伊,号石遗,福建侯官(今福州市)人。清光绪八年(1882)举人。曾入台湾巡抚刘铭传幕,协助刘铭传招抚当地土著,开疆拓域,开发经济,修建铁路,作出过重要贡献。光绪二十四年,在京城提《戊戌变法权议》十条,提倡维新。政变后,应湖广总督张之洞邀请往武昌任官报局总编纂。后为学部主事、京师大学堂教习。清亡后,在南北各大学讲授,最后寓居苏州,与章炳麟等共同倡办国学会。编修《福建通志》,著有《石遗室文集》12 卷,《石遗室诗集》6 卷,《石遗室诗话》32 卷、《石遗室论文》5 卷。

九、从孔教会到"华侨协会"

上个世纪 20 年代,有人问林文庆为什么从新加坡回国来担任厦大校长,林文庆回答说:"然我最为中国幸者,中国五千年之文化,至今犹见昌明。彼波斯、埃及、印度等国,亦古代文明国也,今其古代之文化胥归湮没。我周公所制之周礼,至今如日月中天,江河行地。当陈校董在南洋聘予回国任校长时,予询以办学宗旨,陈校董答当注重中国固有之文化。予是以欣然回国。予亦尊重中国固有之文化也。今之学生,能以中国古代之文化为基础,则庶乎近矣。"[①]字里话间,洋溢着对中国传统文化的尊崇与热爱。

作为第二代海峡华人,林文庆生活在峇峇色彩浓烈的家庭中。尽管祖父对故土的牵挂让年幼的林文庆受到影响,使他得已在福建会馆附设的书院中"囫囵吞枣"地学习过四书五经。然而,中国对他来说依然是十分遥远和陌生的。

林文庆对传统文化的回归经历了一个曲折的过程。在英国求学期间,他既看到了大英帝国的昌盛,也感受到了英国人对自己国家和民族的热爱与自豪。然而,自己身为华人,却不会讲华语(普通话),也不识华文(中文)。尽管爱丁堡大学的中国学生只有寥寥几位,但当林文庆想与他们沟通、建立友谊时,他却发现,他们之间隔着一条难以逾越的语言鸿沟;中国学生讲到的中国事务,对他来说,也如坠五里雾中。更让他备受刺激的是,当学校里的一位老师拿着一份中文手卷希望他帮忙翻译成中文时,他窘迫得几乎无处藏身,因为他对这些方块文字几乎完全不认得。

他为此深感悲哀,并立志要精通中文和中华文化。为了自学中文,他专门买了一本学习国语的英文书;每逢课余假日,他还经常去

_109_

---

① 《厦门大学校史资料》第一辑,厦门大学出版社(1987),第 230 页。

一位藏书丰富的英国学者家中,研读其收藏的中国典籍。通过学习,这位医学专业的大学生萌发了对中华文化的深厚情感和自觉认同。结婚后他得到中英文俱佳的妻子黄端琼及清末秀才出身的岳父黄乃裳的不少帮助,使得他的汉语水平和儒学造诣有了很大提高。

　　然而,当林文庆从海外学成归来时,他面对的华族社会却是保守、落后、不求上进的社会。土生的华人(峇峇)是英国籍公民,因享有种种特权而不思进取,贪图物质享受,每日或者无所事事,或者"抽鸦片、摆宴会和玩弄姨太太";大多数华人移民生活穷苦,每日辛勤劳作赚取的微薄收入,也耗在了赌博、吸食鸦片等恶习上了。造成这些陋习的根本原因便在于文化根基肤浅。

　　于是,林文庆以儒家思想为武器,在新马地区掀起了一场长达十余年的孔教复兴运动和社会改革运动。在林文庆看来,"把一个民族的一切传统凭空割除,而仍然希望它能够兴旺,这是不可能的。因为一个被切断历史和传统的民族,就好比一棵被砍断的树,势将枯萎和衰落。"①从 1895 年起,他发表了大量的演说、文章,批评和揭露华族社会存在的种种问题,鼓吹华族社会尤其是峇峇社会的改革,内容涉及教育、宗教、风俗、礼仪等多个方面,力图为陷入退化中的华族社会寻找出一条出路。

　　林文庆发起改革运动的目的,不仅是要恢复和保留华族的固有文化传统,以避免被其他种族异化的厄运;而且也要学习和借鉴其他民族的长处,以避免落伍和被淘汰的命运。总之,是为了保族保种。正如林文庆所言:

> 我所指的改革,其含义是指:汉文化这棵老树上发出了新芽,如果我们忠于自己伟大且古老的文化传统,我们不仅不会被改变,反而可以吸收并消化新的民族所能教给我们的一切最善、最真和最高贵的东西,而且,作为一个独特的民族,我们也能牢牢地守住自己以往光辉灿烂的历史,勇敢地奋斗,以便能在商

---

① 林文庆:《我们的敌人》,转引自严春宝:《一生真伪有谁知:大学校长林文庆》,福建教育出版社(2010),77~78 页。

业、科学和艺术的最前沿竞争中取得最后的胜利。否则,两种悲剧之一将降临到海峡华人的身上,要么他们将变质而被完全巫化或欧化,同时将永远地割断与自己民族的血脉渊源。这是一个不堪设想的过程,因为这一过程近百年来一直就在西班牙统治下的菲律宾持续进行着。海峡华人的另一悲剧是他们将走向堕落,死抱着那些甚至在中国都已被革新了的华人旧习俗和旧观念不放。不难预见,在这样的环境下,目前海峡华人所拥有的一切优点和影响力将会丧失殆尽。①

　　林文庆认为,一个民族与其他民族的区别,主要体现在文化、宗教和语言三方面。如果丧失了这些特征,这个民族也就等于名存实亡了。鉴于越来越多的华人因接受英文教育而日益被西化的现象,他首先从华文教育入手,努力扭转这种局面。他不仅自己率先开办华语培训班,而且下大力气推广和普及华语(普通话)。在推广过程中,他逐渐总结出了一套学习华文的方法,大大降低了人们学习华文的难度,并且增添了学习的乐趣。为了适应新加坡华人中闽南移民占有相当比重的状况,他特地从《左传》中找出一些文章,先用闽南语拼写,再用英语翻译和解释。1906年,在华人社团会议上,他向各位侨领建议,所有方言学校都把华语列为教学科目,逐步达到统一以华语作为学校教学媒介用语的目标,得到了大家的积极支持和响应。

　　其次,他十分重视儒家思想的教化功能。一方面他把儒家思想与儒教结合起来,使之更加大众化;另一方面他把儒教(或称孔教)与世界各主要宗教进行比较,以彰显儒教的长处。在《论儒教》一文中,他将基督教、天主教、回教、佛教和道教逐一进行了评点,并得出结论:"统而言之,数教之中,惟孔子教为大中至正,亘千古而不可易。"他还特地在文后加按语说明:"列举诸教之得失,使世之人比较自明。如两物然,并取而权之,则轻重不差;如两人然,并立而镜之,则妍丑立见。知其得失,然后可以自择一途焉,以为终生之遵守。果能如

────────

　　① 林文庆:《中国的改革》,转引自严春宝:《一生真伪有谁知:大学校长林文庆》,福建教育出版社(2010),第68页。

是,则孔教之兴可立而俟矣!"①他虽然是一位基督徒,却偏偏服膺于儒家思想。他不仅用中英两种文字撰文阐述孔子学说,如《孔教大纲》、《从儒学立场看世界大战》等,主张年轻一代的华侨应该正规接受孔子的伦理价值观;而且在 1914 年发起创立了新加坡"实得力孔教会"(1949 年改名为"南洋孔教会"),并长期担任会董,积极推动了南洋华侨社会的孔教复兴运动。他把儒家思想灵活运用于实际生活中,不仅使儒家思想成为其发动新马社会改革运动的理论基础,而且在第一次世界大战期间将儒家思想化身为反对侵略的思想武器。

再次,他积极地在华人中组织"华人好学会"、创办《海峡华人杂志》以及开设中国古典文学讲座等,介绍中国传统文化,以儒家的民族主义和自强观启示华社的爱国思想,以抑制日益严重的洋化和峇峇化倾向,保存中华文化的精华。他虽然是受过西方教育的医学博士,但却是中华文化的热情传播者。他从不鼓吹全盘西化,而认为应该重视中国五千年传统文化,应该宏扬国粹,即传统文化中的精粹部分,并把中西文化的精华结合起来。早在 1898 年他就指出:"中国所需要的是公正的哲学思想和健全的科学……中国的旧哲学已经尽其所能地促进中国人的发展,在文明社会中自有它的位置,在中国文化的要素中将会一如既往地继续保有它的重要地位。"②

林文庆认为,自己之所以推崇儒家思想,是因为儒家思想尊重人的生命,从现实的人生出发,"讲民主、合乎科学、近于人情、富于理性、比其他宗教优秀,为许多东方国家所奉行,是华族祖先的伟大遗产。"③而西方的宗教则多从迷信出发,从根本不存在的灵魂出发。

他是一个理性的儒家学者,对社会改革运动持积极态度,对传统文化中的很多陈规陋习则持批判态度,并发起了剪辫子运动、反鸦片

---

① 林文庆:《论儒教》,见梁元生:《宣尼浮海到南洲——儒家思想与早期新加坡华人社会史料汇编》,香港中文大学出版社(1995)。

② 林文庆:《中国的改革》,转引自严春宝:《一生真伪有谁知:大学校长林文庆》,福建教育出版社(2010),第 204～205 页。

③ 李元瑾:《东西文化的撞击与新华知识分子的三种回应》,新加坡国立大学中文系、八方文化企业公司联合出版(2001),第 110 页。

运动等等。

他并不反对社会改革，反对的是流血革命，是单纯的破旧而不立新，使民众陷入心灵空虚、信仰危机之中。对新文化运动他始终持保留态度，他认为"我们的科学，的确不及欧美。这是我们的短处，应该仿效欧美的。但是中国的四书五经，维持了数千年的中国社会，在现在虽说有一部分不合时代，然而还有大部分的道理，是很真切，可以传之万古而不灭的"。①

如果有人向他赞誉孔子，他必定热情洋溢地引为知己。曾为菲律宾华文教育做出贡献的庄克昌先生回忆说，他和同学有一次到鼓浪屿笔山路 5 号拜访林文庆先生，路上说好要"阿其所好"，看他有什么反应：

> 入门，坐定，我就提起孔子来了，他欣然说："你也尊孔吗？"觉庐兄接着说："念过四书五经的人，怎么能不尊崇孔子呢？"我就接着说："大哉！孔子之道，洋洋乎……"。
>
> 林老马上提起精神来，高呼"密西斯，泡好茶来！"觉庐兄说："我国几千年来只有一位孔子，四万万同胞也只知有这位大圣人。"我说："大圣人就可以为教主的。"林老又高呼："密西斯，淡巴菰拿出来，久年的勃兰地陈酒斟来，再准备些小菜来。"
>
> 这其间，好茶、陈酒、好烟、精致的小菜摆在桌上，林老才郑重其词地说："我想要在闽南组织孔教会分会，和香港的孔教大会联络，两位以为如何？"我们俩满口赞成。最后，他连装在真空管的淡巴菰也捧出来。……②

庄克昌的叙述生动有趣，十分传神。文中的密西斯指的是林文庆的第二位夫人殷碧霞。年过花甲的林文庆夫妇住在鼓浪屿梦琴别墅，虽然工作比较繁忙，也有些烦恼，但业余生活却是相当惬意的。梦琴别墅藏而不露，环境幽静，视野极佳，坐在别墅后花园的榕荫中

113

---

① 《大学生应有之态度》，《厦大周刊》第 292 期。

② 泓莹：《伟大老人林文庆》，厦门网《海峡博客》(2009 年 12 月 4 日)。

就可以俯瞰鹭江两岸的旖旎风光和出没海上的百舸千帆……

1937 年 7 月,私立厦门大学正式改为国立后,林文庆移交完毕,于 7 月 29 日离开了鼓浪屿梦琴别墅,离开了他为之奋斗了 16 年的厦门大学,携家人返回新加坡。"这位生长海外的第三代华裔,纯良忠正,那敌得过险恶的考验。'道不行,乘桴浮于海',他只得重渡七洲洋而返回新加坡。他最后的写作,是英译《离骚》,他的情绪,可以洞见!"①

回到新加坡时,林文庆已今非昔比。当年他可以在新加坡呼风唤雨;而如今,由于到厦大赴任,他把新加坡的财产委托他人管理,结果蒙受了巨大损失,连栖身居所也是友人相赠,社会地位更是被他人所取代。整整 16 年了,岁月无情,物是人非。虽然他曾有过辉煌的过去,也曾为家乡的大学倾尽心力,但在新加坡,又有多少人记得这位 68 岁的卸任校长和孤独老人呢?

尽管回国后的生活并不如意,但是,当 1938 年 5 月 10 日日寇进攻厦门,厦大被炸、厦门沦陷后,他仍四处振臂高呼,希望海外华侨赶紧赠送粮食、药品、衣物、钱财救济厦门难民。

因年事已高,林文庆回到新加坡后没有再出任公职,已不复昔日之活跃。但由于他德高望重,仍经常应邀出席一些宗教、艺术、教育等活动,曾多次接受记者访问,畅谈时局问题,并在广播电台作讲演,人们再度听到他谈孔说儒,以及为正义、和平发出的呼声。他揭露日军在中国的暴行,指出日军除以暴力施虐、破坏文化机关和医院之外,还助长许多社会弊害,诸如娼妓、赌博和鸦片等。他呼吁华侨尽一己之力,帮助祖国,拯救同胞;也鼓励华侨在精神上和物质上支持英国的反侵略战争。

1941 年 8 月,林文庆应邀出席并主持在新加坡举办的孔夫子博览会揭幕典礼。博览会主席郁达夫在介绍林文庆时说:"我们特请教育界前辈林文庆博士来主持典礼,就因为林文庆是真正的儒者,是我

① 陈育崧:《林文庆与厦门大学》,《林文庆传》(林文庆诞生百年纪念刊),1969 年。

们所尊敬的通才硕士，有学问而兼有道德的典型"。① 林文庆则以
"演讲孔子学说之真谛"来回应郁达夫对他的称赞。

然而，太平洋战争时期，这样一位儒者却由于担任了日本人组织
的"华侨协会"会长，差点被当做"汉奸"而背上终身的骂名。

1941年12月7日，日本偷袭珍珠港，太平洋战争开始。日本的
目标是要攻占东南亚，取得这里的天然资源以满足自己的战争需要。
新加坡作为盟军在东南亚的据点，日军势在必得。英军认为日军无
法穿过马来亚茂密的森林，而会从南部海域攻击新加坡，并坚信新加
坡是一座堡垒，能够承受日军的攻击。

珍珠岛事件后第二天，日军就在马来亚北部登陆。英国皇家海
军派出了威尔士亲王号战列舰、击退号巡洋舰和不屈号航空母舰。
没想到不屈号因在途中搁浅而不得不返航，另两艘战舰遭日本空军
击沉。日军乘坐轻型坦克势如破竹地穿过了马来亚森林，盟军节节
败退，最后撤至新加坡，撤退时还将连接新加坡和柔佛的长堤炸毁。
1942年1月31日，战争开始仅55天，日军就占领了整个马来半岛。
随后日军乘坐充气皮艇渡过柔佛海峡在裕廊登陆，虽然受到星华义
勇军和盟军的联手抵抗，但终于没能抵挡得住日军的猛烈攻势，新加
坡保卫战以失败而告终。

1942年2月15日（农历新年春节），英军白思华中将向日军山
下奉文将军投降。约13万名印度、澳大利亚和英国士兵成为战俘，
其中许多被送到缅甸、日本、朝鲜、满洲国修铁路。日军将新加坡改
名为"昭南岛"（取"昭和年间所得之南地"改称"昭南特别市"）。

新加坡被日军占领达3年6个月，史称"日占时期"。它是新加
坡历史上最黑暗的时期，日军尤其是日本宪兵队犯下了诸多暴行。
为了报复新加坡华人之前支持中国抗日和支持新加坡义勇军，日军
从1942年2月18日至25日，进行了"大检证"（又称"肃清"）。大检
证分别在大坡、小坡、芽笼、后港、裕廊等几个区举行，总共被日军以
各种罪名抓走了约两万人，包括后来担任新加坡内阁资政的李光耀
当时也被日军抓走。遭带走的人当中，绝大多数被带到偏远的海边

① 《孔夫子博览会昨开幕》，新加坡：《星洲日报》1941年8月16日。

集体枪杀,剩下的则被送到泰国做苦工,建造"死亡铁路"。

　　日军占领新加坡后,急需利用一些社会上有名望的领袖人物来为其服务,而当时公认的华侨领袖如陈嘉庚等人早已出走,销声匿迹。日本人在集中营里发现了 72 岁的华侨长老林文庆,并折磨他的妻子,迫使他为日军效劳。年逾古稀的林文庆在劫难逃,被迫出面组织了"华侨协会"(相当于"维持会"),并出任"华侨协会"会长和中华总商会主席。日军向南洋华侨勒索五千万元俸纳金,并要林文庆以"华侨协会"的名义去筹钱,仅新加坡一地就要负责一千万元。

"华侨协会"献给日军的 5000 万元奉纳金

　　日军最高指挥官山下奉文勒索的理由是:"华侨支持重庆政府抗日,这笔俸纳金是你们向日军赎罪的买命钱。"林文庆被迫无奈,只好牵头筹集了 5000 万元"奉纳金"交给山下奉文,作为愿对日本军事统治予以合作和支持的表示。为此他受尽煎熬,表面上他对日本军事占领表示服从,事实上则采取消极抵抗的态度。尽管他无力当面反抗,但是他几乎不参加"华侨协会"的活动。

　　与此同时,他也利用担任"华侨协会"会长的身份,营救了一些爱国华侨。如"南侨总会"财政李振殿被日本宪兵拘捕后,就是由林文庆签具保证书而获释的。古晋侨领黄庆昌等被日本水上宪兵拘捕,也是由"华侨协会"出面保释的。

　　在日本人统治期间,林文庆一直不甘心被日本人玩弄差遣,经常借酒浇愁,或以跳舞自娱。为了避免与日军接触,他甚至经常假装喝醉,甚至数度企图跳楼自杀,因家人和同仁阻止而未遂。

　　正因此,在第二次世界大战结束后,英国当局豁免了对林文庆的谴责。人们对他在当时那种特定情况下"不得已而为之"的行为给予了谅解。然而,抗战的屈辱经历仍然在他心灵中留下了累累伤痕。毕竟,与陈嘉庚等人的积极抗日及"何时不幸被俘虏,抵死无颜谄事敌"的高风亮节相比,两者形成了强烈的反差。他无法排解心中的苦闷,从此闭门谢客,深居简出;不闻世事,纵酒豪饮。"由来杯酒堪忘世,宠辱何须患有身。"他就这样排遣时光,默默地度过余年。

　　1957年1月1日,这位在新加坡近现代史上曾作出过突出贡献的风云人物与世长辞,终年88岁。新加坡人并没有忘记他,殡葬之日,新加坡政要均亲临吊唁,各族民众前往执绋者不计其数,形成万人空巷的盛况。海外中英文报刊对这位新加坡"伟大老人"、"新加坡老大"的逝世表示了深切的哀悼,并给予了高度的评价。

　　新加坡政府首席部长林有福说:"新加坡人咸称林博士为'大老',林氏之为一伟人,乃毫无疑问者。作为医生,学者,社会先锋,华侨领袖,他皆有极伟大之成就。他乃是极少数懂得如何过圆满、活跃、有意义的生活,为他人创造幸福的人士之一。"①

117

----

　　①　新加坡:《南洋商报》,1957年1月4日。

十、厦大：文庆亭

　　2010 年，一个晴朗的冬日，我怀着急切的心情来到厦大校园，去寻找文庆亭，寻找那个寄托着一颗热爱祖国和民族、热爱中华传统文化的真诚灵魂的地方。也许在整个中国大陆，这是他惟一的纪念地。

　　南国的冬天依然阳光明媚，草木葱茏。厦大西校门外，车流不息，熙熙攘攘；同安楼前，一片叮叮哨哨的声音，修缮工程正在进行中。我来到 30 年前曾经常在这里读书上课的群贤楼，可是左顾右盼，那座应当有点名气的文庆亭在哪里呢？问了几个学生，竟然都不知道。寻寻觅觅间，我终于在穿过台研院和基金楼中间那条林荫小径之后，在图书馆西侧找到了这座似乎鲜为人知的"文庆亭"。

位于图书馆西侧的文庆亭

　　亭子不大，是一个长宽大约都只有三、四米的方亭，座西朝东，三面环水，显得十分幽静。四根方柱托着亭盖，八根圆柱撑着拱门，似乎寓意中西合璧。亭前有"文庆亭"的题名，两侧是一副对联，书着

"禾山巍巍怀师德，鹭水泱泱见道心"，题名和对联都没有落款，不知是谁的"应景之作"，与这位对中国传统文化造诣不凡的校长身份似乎不太协调。厦大不是有艺术学院吗？为什么不找一位书法名家来题签呢？我不觉有些费解。

亭东入口处立着一座一人多高的石刻，上半部分是林文庆校长长髯飘拂的半身塑像，下半部分是"文庆亭记"，简略叙述了这位前校长的生平事迹。也许是周日的缘故，亭子四周空空荡荡的，只有个把学生坐在靠池边的栏杆上全神贯注地温书。

文庆亭边的林文庆塑像

我仔细地把"文庆亭记"浏览了一遍，不觉有些感慨，又有些怅然若失。70年了，厦大终于把这位前校长"请"回了学校，为他在校园里建立了一个纪念亭，这是多么来之不易啊！

在近现代华侨史上，林文庆似乎是一位既有影响也有争议的人物。尽管在厦门大学初创时期，他担任了16年校长；但由于鲁迅先生对他的评价，以及新加坡日据时期他担任的"华侨协会"会长，使他成为一个带有不同色彩的人物，在厦门大学校史上的形象似乎也长期模糊不清。

新世纪以来，随着人们观念的转变和研究的深入，林文庆曾经模糊的背影，终于逐渐清晰了起来。

2005 年,厦大在校园里为这位前校长建立了"文庆亭"作为纪念。虽然建在图书馆后侧的亭子有些"背",令人有孤单、落寞之感,亭子的设计、建造似乎也有些简陋、粗糙。但它却是一个象征,是这位"真正的儒者"魂兮归来的象征,是厦大对这位历史人物给予正面肯定的象征。

2006 年,厦大校庆 85 周年之际,《厦门日报》以半个版的篇幅,图文并茂地还原了林文庆对厦大的贡献。标题虽然有点耸人听闻:《林文庆:孙中山把他让给厦大》,却也有一定的事实依据。记者以流畅的文笔描写了林文庆"不当外交部长当校长"、"组成全国一流师资队伍"、"用英语演讲孔孟之道"以及"亲赴南洋为厦大募捐"的故事,读之令人动容。

2008 年,厦大在文庆亭边建立了一座花岗岩打造的小巧玲珑的林文庆雕像。厦大校长朱崇实在雕像落成时代表校方发言,对林文庆执掌厦大的功绩给予了充分的肯定。他指出:林文庆主持厦大校政的 16 年,也是厦大奠基创业的 16 年,初步实现了厦大"南方之强"的办学目标,为厦大后来的发展奠定了坚实的基础。

2010 年,福建教育出版社出版了一部近 30 万字的著作——《一生真伪有谁知:大学校长林文庆》。书中披露了林文庆不少鲜为人知的往事,并为这位"被遗忘了的中国大学校长"鸣不平。作者严春宝指出,厦大成为"南方之强",林文庆功不可没。而过去很长一段时间,林文庆被刻意遗忘,一个重要的原因是他的尊孔与鲁迅"打倒孔家店"之间的矛盾与争执。作者认为,以往的研究过于强调了鲁迅和林文庆之间的冲突,而他通过鲁迅在《两地书》和《鲁迅日记》中对林文庆的看法和遣词造句得出自己的观点:矛盾似乎没有以往学者们所想象的那么严重,否则,以鲁迅一贯辛辣无情的笔触,他笔下的林文庆可能会更为"糟糕"。

著名高教专家、厦大教授潘懋元对此给出了一个合理的解释:林文庆和鲁迅的矛盾,并非个人之间的矛盾,它反映的是特定时期两种思潮的冲突——治理者提倡尊孔弘儒,革命者要打倒孔家店。

其实,"如果我们明智,就应该承认林文庆是中国近现代史上尤其是华侨史上极耐人寻味的一个人物,可惜后来的政治功利主义屏

蔽了历史真相,几十年来一直将他作为鲁迅的对立面而忽视了他在民国时期政治、文化、教育和科技上的默默贡献。好在这样的时期永远过去了,我们可以比较从容地来审视这位祖籍福建,在南洋的椰风蕉雨中孕育出来的杰出中国人。"一位媒体记者如是说。①

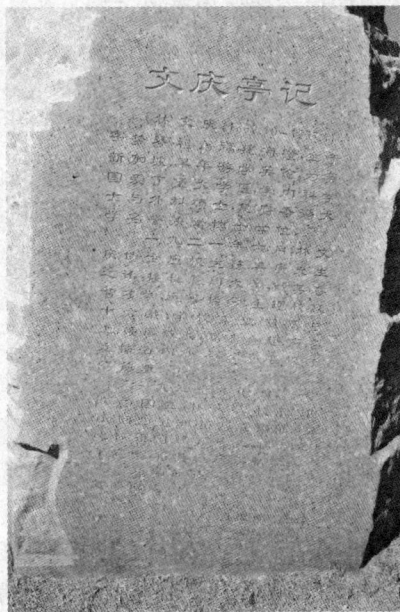

文庆亭记

就厦大而言,林文庆至少有三大方面的贡献:

第一,他独力执掌厦大校政 16 年,把厦大办成了一个海内外闻名的大学。早在 1924 年,林文庆就在自己主持制定的《厦门大学组织大纲》"总则"中,明文规定厦门大学办学的三大任务是"研究高深学术,养成专门人才,阐扬世界文化。"

在厦大任职的 16 年中,林文庆为这所大学精心谋划、辛勤操劳,在厦门岛上荒凉的一角,建立起了一座规模宏大的高等学府。校内设施、院系组织、课程设置以及教授延聘,都参照欧美大学而改进,许

---

① 泓莹:《伟大老人林文庆》,厦门网《海峡博客》(2009 年 12 月 4 日)。

多教授具有海外留学的经历,甚至不少学科都采用英美大学的课本。重视教学质量,严格招生考试,使厦大成为全国知名的私立大学,为厦大的发展做出了重大的贡献。

为了延揽优秀人材,他为教授们制订了高于国内其他私立大学一倍的工资标准。他能优美地使用英语,"接见各科教授或延聘教授时,如果发现他们操的是市井间英语,而非学术讲授英语,就认为所教出的学生难臻上乘……"①

当时厦大的师资队伍很强,理科方面既有发明不锈钢的刘树杞博士,也有解剖淡咸水鱼类而获得法国鱼类博士的伍献文等。从菲律宾大学转到厦大的美国教授莱德,在厦大一年间就发现了三十余种水中生物新种,包括著名的"文昌鱼"。莱德的文章一发表,就引起各国大学和研究单位的轰动,使厦大生物系的名声一下子打响。后来的"陈子英文昌鱼"、"林文庆水母"、"陈嘉庚海参",也都是相当有影响的新发现。在加大理科投入的同时,林文庆对文科也十分重视,不惜重金聘请林语堂、鲁迅、沈兼士、顾颉刚等著名学者到厦大来组织国学研究院。他长校时期培养的一大批学生,包括曾呈奎、卢嘉锡、蔡启瑞、林惠祥、叶国庆、黄典诚……后来都成了著名的专家学者

尽管林文庆在海外早就享有殷实的经济地位和崇高的个人声誉,但当他接到陈嘉庚的求助电报时立即动身回国,放弃了他在新加坡拥有的许多机会。陈嘉庚和林文庆虽然私交很好,1920年陈嘉庚的大女儿陈爱礼与李光前结婚时,婚礼主持人便是林文庆。但是,他请林文庆出任厦大校长更多却是为学校考虑,他认为林文庆见多识广,既谙熟西方文化也重视中国传统文化,曾经参与创办过各类学校,具备社会活动能力和领导能力,是厦大校长的最佳人选。

林文庆对于陈嘉庚的知遇是十分感激的,他在厦大演讲时,经常不忘对学生提起陈嘉庚的贡献,不仅赞颂不已,而且持续不断,直到他离开厦大为止:

---

① 陈延庭:《厦门大学的筹办与初期校史简述》。转引自泓莹:《伟大老人林文庆》。

　　今年为本校三周年，即为本校校董陈嘉庚先生知命之年。陈先生在南洋经商，最为发达，以其汗血之资，创办集美学校及本大学，其尚义为国人所共知，而其商业发达皆由信用所致。①

　　想许多学校，关门的关门，解散的解散，就是不至于关门解散，也大概经费缺乏，勉强敷衍。独本校还能积极进行，力谋扩充。因此我们不能不格外感谢陈嘉庚先生对于本校的热心毅力。经费非仅足用而已，且常常有超过陈嘉庚先生已经应允之巨款，亦无不承认。②

　　陈嘉庚先生不以他对于教育的费用为慈惠品。他不希望他的义举有什么酬报，他所以这样做，仅因为他觉得这是他对于同胞应尽的责任，他只要使他的事业有圆满的效率，纵或至于借款亦所不辞。因此，集美与厦大从没有因为缺少费用而欠薪，如中国其他的许多学校一样。我们必须记住，陈嘉庚先生从没有让他的钱余积在那里的。从民国元年起，他所赚的钱都用在集美，过十年就兼用于厦大了。他所赚的千百万钱，我们可由集美与厦大看见；所有新加坡及柔佛的大工厂，和几千亩的橡胶园，都是为供给我们学校的费用而工作。③

　　然先生虽富而不自私也。其自治俭约也如故，其任事之艰苦也如故。而一遇公义之所急，则慷慨输将，虽千万无吝色，侨民亲之，数举先生为加岛中华商会会长及福建侨商保安会会长。④

　　林文庆没有辜负陈嘉庚的期望，他为了厦大呕心沥血，无怨无悔，似乎他前半生在海外的努力就是为了后半生回国"贡献"。1921

① 《校庆三周年林校长演说》，上海《民国日报》1924 年 4 月 14 日。

② 《本校五周年纪念会林校长之演说辞》，《厦大周刊》第 145 期，1926 年 4 月 10 日。

③ 《陈嘉庚先生提倡教育之目的》，《厦门大学八周年纪念特刊》(1929 年 4 月)。

④ 《陈嘉庚先生与本校》，《厦门大学九周年纪念刊》(1930 年 4 月)。

123

年厦大刚成立不久,林文庆便以个人名义设立了"林文庆基金",把自己"在新加坡拥有的一块 51 英亩的土地,分赠给厦大、新加坡莱佛士学院及家属,厦大占三分之二。厦大经费陷于困境时,他奔走于南京、上海、福州、广州等地,四方筹款,备极辛苦。有一次他将一年的薪金六千元,全部献给厦大。他的夫人殷碧霞也捐了一千元。他还三次到新、马募捐……"。① 共为厦大筹得几十万元捐助款,帮了校主陈嘉庚一把,也帮厦大渡过了一大难关……

在校长任上,有一位名叫虞愚的学生,父亲是厦门海关监督署的一名抄写文书,家境比较困难。林文庆"爱虞之才而怜其清贫,这时,恰学校聘请太虚法师前来为教师讲《法相唯识概论》,林文庆便命虞当'笔记',略有津贴",从而帮助虞愚得以完成学业。后来虞愚担任过厦大中文系教授、中国科学院哲学研究所研究员,成为著名的佛学家和书画家。这与林文庆的"慧眼识才"、"扶危济困"无疑是分不开的。

第二,林文庆在厦大不遗余力地弘扬儒学,在传统文化备受抨击的岁月里,他依然执着地坚守着自己的文化使命。

在厦大担任校长期间,林文庆将儒家思想作为培育英才的指导思想。在他看来,"修身齐家治国平天下"就是中国知识分子的人生理想和奋斗目标。大学培养的人才就是能造福社会的仁人君子。换言之,大学真正的使命,不但在求高深学问的研究,而更重要的,尤在于人格的陶铸。那么如何陶铸学生人格呢? 他说:"我认为学生应有的要素,一为高尚理想,二为反省功夫,三为坚决意志,四为文雅习尚,五为自治能力,六为利他精神。学生具备这六种要素,那不但可以增长见识,提高学问,而且可以养成克己的能力"。② 他甚至利用自己担任校长的权力,将孔子的诞辰定为学校的纪念日,列在"校历"之内,"每逢任何大会集而必发言者,一定当众阐明孔子的哲学"。

他认为传统文化只要经过适当的改造,不仅完全可以适应现代

---

① 参见严春宝:《一生真伪有谁知:大学校长林文庆》,福建教育出版社(2010),第 233~235 页。

② 林文庆:《厦门大学十周年纪念的意义》,《厦门大学十周年纪念刊》。

社会的需要，而且可以疗治西方文化自身难以克服的病疾。他一再强调，"不要忽略了我国的旧学"，"我们固有的文化，维持了中国数千年的社会，现在虽说有一部分不适用，然而大部分的，还是很有价值，应该加以发扬光大的。"①

正是在担任厦大校长期间，林文庆将屈原的《离骚》译成英文。他认为现代的学生，应该以"中国古代之文化为基础"，"我今而提倡孔教，庶几乎能为世界的宗教国争一席之地……"他甚至想将儒学"设立一个教门，而与外国分庭抗礼"。这种"执着"确实有一些可爱之处，虽然在"五四"新文化运动刚刚过去的时代，思想激进的学生们是听不进的，但林文庆依然"我行我素"，毫不悔改。

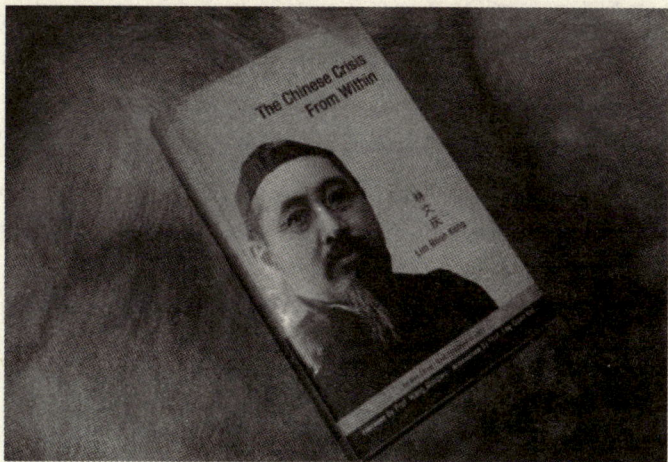

林文庆著作之一：《中国内部的危机》

随着岁月的流逝，人们在 20 世纪末、21 世纪初重新掀起了学习国学的热潮。回首林文庆当年的执着，不禁对他多了几分敬意。

2006 年 11 月，厦门大学与新加坡南洋理工大学联合举办了纪念林文庆的研讨会。在这场名为"国学与西学：林文庆创办厦大国学研究院 80 周年纪念国际学术研讨会"上，众多专家、学者对林文庆尊崇儒学的思想给予了积极肯定，并认为他的思想在目前复兴国学的

① 林文庆：《大学生应有之态度》，《厦大周刊》第 292 期。

热潮中具有借鉴意义。当代新儒学的代表人物、哈佛大学教授杜维明感慨地说:"当时被认为是缺陷的,现在看来,则成了长处。"①

第三,林文庆把医学教育与研究的使命和传统带给了厦大。作为医生出身的私立综合大学校长,在当时中国的大学界不说是绝无仅有至少也是十分罕见的。正因此,林文庆始终念念不忘要在厦大创办一所医学院,并将它提上了议事日程。他希望"大学筹办医科,拟附设一公医院,以广治疗而资实习"。② 在他设想的医学院计划中,不仅要研究西洋医学,而且还要以科学的方法研究中国传统医学。他说:"将来医学院如果开办,不单单就西洋医学,加以研究,还想用科学的方法,对于中医方案和本草,都设法加以整理"。③

为了创办医学院,他甚至把在海外工作的大儿子林可胜也召回厦大。尽管后来由于资金方面的原因,医学院无法按计划创办,但林文庆仍在厦门参与发起和创办了中山医院,为厦大留下了医学研究的火种和实习基地。今天,厦大的医学教育和研究有了长足的发展,应该感谢林文庆当年的先见之明和筚路蓝缕之功。

2010 年 1 月,本篇故事即将结束的时候,我专程来到鼓浪屿,探访笔山路 5 号梦琴别墅。凭着十几年前的记忆,我沿着高高低低的晃岩路、忽宽忽窄的永春路走进了古榕森森的笔山路,在路人的指点下,找到了深藏在笔山路 1 号大院里的梦琴别墅。十几位工人正在加班加点装修这栋经历了近百年风雨的别墅,以迎接即将前来参加厦门大学 90 周年校庆的宾客。一位来自惠安的中年师傅看我拿着相机东拍西照,便饶有兴致地和我攀谈了起来。我把自己刚刚写完的林文庆的故事简略向他介绍了一下,他不禁大吃一惊! 他没有想到,眼前这位不速之客对林文庆竟如此了如指掌;他更没有想到,自己正在带队装修的这栋别墅竟隐藏着如此生动感人的故事? 于是,热情地带着我上上下下四处参观,使我对这幢具有深厚文化底蕴的别墅又增添了几分了解。

---

① 《走出历史迷雾,林文庆"回到"厦大》,《厦门日报》2006 年 11 月 26 日。
② 《厦大医药处落成志略》,见《厦门大学周刊》第 278 期。
③ 林文庆:《厦门大学十周年纪念的意义》,《厦门大学十周年纪念刊》。

别墅外,空旷寂静的庭院里,有两位学生模样的小伙子正在写生。一问才知道他们来自厦大艺术学院。他们说之所以选择这栋别墅作为写生对象,是因为觉得这栋别墅居高望远,颇有特色。但他们是否知道,厦门大学"南方之强"的基石,正是他们所极力描摹的这栋故居的主人与校主陈嘉庚一起奠定的呢?

望着眼前这栋历经百年沧桑的梦琴别墅,我突然悟到:林文庆悲喜交集的一生,不也像这遭受过风吹雨打的老别墅一样,由于经历过历史的磨难而更加厚重、更加具有撼人心魄的色彩、更加显示出它的稀世价值吗?

中 篇

林语堂：
国学文章千古事

一、鼓浪屿:廖家别墅

被称为"万国建筑博物馆"的鼓浪屿,人杰地灵、史迹众多。岛上的每一条路、每一个院落甚至每一扇门窗,都是一本厚厚的历史书,随便翻到哪一页,都会有一段长长的故事,写满了人生的悲欢离合。

岛上东南端有一条漳州路,路边飘着长须的古榕枝繁叶茂,掩映着道路两侧造型各异的山庄别墅。漳州路 44 号的廖家别墅就藏在著名的"李家庄"别墅后面,在藤蔓攀延的围墙里固守着它的幽深与宁静。

位于鼓浪屿漳州路 44 号的廖家别墅

这是一幢十分古朴的英式别墅,也是鼓浪屿最古老的建筑之一,建于 19 世纪 50 年代。原为两层坡屋顶建筑,建筑前部为两房夹一厅,后部为左右两层小楼夹着一个小花园,后花园里还有一个小鱼池,高出地面约 2 米的隔潮层保证了主房的干燥舒适。如今,虽然楼房因年久失修,已塌圮一层,外墙的白灰也多有剥落;原本宽敞的拱

券回廊被红砖围堵了起来,裸露的墙体让人感到有些"添堵"。但是,大门前花岗岩条石铺砌的宽阔台阶依然完好,整个院落也依然在一片古榕、香樟、玉兰树的葱茏中呈现出它的光采,仿佛在向人们诉说着它往日的富丽堂皇。

这幢私家别墅的主人是一位名叫廖悦发的钱庄老板。廖家在厦门不仅开有豫丰钱庄,还有自己的码头、仓库和其他房产,此外还参股了厦门的一家"老字号"企业——"淘化调味品公司"。廖悦发和妻子林氏共有三男三女,除了二儿子超照比较争气,读了上海圣约翰大学,后来又到美国学医之外,老大、老三似乎都是公子哥,既不好好读书,也不帮父亲照顾生意。廖家虽然也信奉基督教,但重男轻女的思想仍相当严重。大女儿翠岚早就出阁,二女儿翠凤在鼓浪屿读完毓德女中,又到上海圣玛丽女中就读。廖家别墅的传奇故事正是从这位二女儿与林语堂的婚恋开始的。

1919 年 8 月 9 日,廖家别墅张灯结彩,喜气洋洋,院子里人流不息,热闹非凡。廖家的"二千金"廖翠凤就在这一天要嫁给来自漳州的牧师儿子林语堂。林语堂这年 24 岁,从上海圣约翰大学毕业后,已在北京清华学校担任了三年英文教师,并获得清华提供的半官费奖学金,准备赴美国哈佛大学深造,一副英姿焕发、踌躇满志的模样。他的新婚妻子廖翠凤只比他小一岁,看上去颇有福相:皮肤白皙,一双明亮的大眼睛,高高的鼻梁、薄薄的嘴唇,还有一对大耳朵,整个人端端正正,落落大方,一副大家闺秀的风范。

婚礼是在岛上一座英国圣公会教堂举行的。林语堂依照当地的风俗,到廖家去"迎亲",女方端上一碗龙眼茶,林语堂竟有点不知所措。也许是迎亲过于紧张,他不但把茶喝了,而且将茶中的龙眼一个不剩地消灭了,惹笑了一屋子的人。因为龙眼只是讨个吉利,寓意"早生贵子",按理是不吃的。这一对新人结婚时,新娘房就设在廖家别墅中厅的右房里。

2010 年冬天,当我踏上鼓浪屿,穿街过巷,找到这座隐藏在幽深小巷里的廖家别墅时,这座迷人的庭园早已不复旧模样。我徜徉在庭院中,回味着 90 年前那场颇为轰动的西洋婚礼,不觉生出几分惆怅几多伤感!当年林语堂和廖家小姐结婚的新娘房至今还在,据说

住着廖翠凤的侄儿、厦门大学的退休教师廖永明。而新娘房里的吊灯和酸枝木家具早已不知去向，惟有那长长石阶上的斑驳光影向人们诉说着发生在上个世纪初的红尘往事……

林语堂与廖翠凤的婚姻颇有些传奇色彩。在与廖翠凤成亲前，林语堂曾经谈过两次恋爱：一次是与两小无猜的童年伙伴赖柏英，一次是与大学好友的妹妹陈锦端。

赖柏英的母亲是林语堂母亲的教女。从小两个孩子就在一起捉泥鳅，摸鱼虾，长着一副鹅蛋脸儿的赖柏英，礼拜天常穿一件浅蓝的衣衫，看上去很迷人。长大后，他们虽然不在一起，但两人仍彼此相爱。尤其是林语堂从外地放假返乡时，他们依然十分亲热，后来终因情况所迫而不得不分离。因为赖柏英有一个双目失明需要她照顾的祖父，不可能离开家乡；而林语堂已经走出了家乡，他希望她能跟他一起到外面的世界去追求新知识，两人谁也无法说服谁，于是只好分离。

失去"青梅竹马"女友的林语堂并没有灰心丧气。不久，在与上海圣约翰大学的同学、家在鼓浪屿的陈希佐兄弟的交往中，他认识了陈希佐的妹妹陈锦端，并且对她一见倾心。正在上海圣玛丽女校读书的陈锦端对林语堂这位圣约翰大学的高材生也颇有好感，两人可谓情投意合。在林语堂心目中，这位学美术的女孩就是美的化身，让他仿佛饱吸生命的活力而如痴如醉。暑假回厦门时，林语堂到陈家做客，表面上是去看希佐，实际上却是去找锦端的。可是，当锦端的父亲、鼓浪屿的富豪陈天恩得知林语堂在追求自己的女儿时，便坚决反对女儿和语堂交往。他觉得两家的家境差别较大，乡村牧师家的儿子配不上自己的掌上明珠，他想为女儿物色一门门当户对的亲事。几十年后，林语堂在《自传》中谈及自己的婚姻时，记叙了这段往事。他说："我由上海回家后，正和那同学的妹妹相恋，她生得确是其美无比，但是我俩的相爱终归无用，因为我这位女友的父亲正打算从一个有名望之家为他女儿物色一个金龟婿，而且当时即将成功了。"①

---

①　林语堂：《从异教徒到基督徒》，第三部"八十自叙"（我的婚姻），陕西师大出版社（2007），第241页。

得知陈锦端的父亲不愿把女儿嫁给自己,林语堂自是痛苦万分。为了让林语堂"移情别恋",并减轻由于自己"棒打鸳鸯"给这位年轻人带来的伤害,仁慈的基督教信徒陈天恩想到了自己鼓浪屿家的邻居廖悦发,廖家的二女儿廖翠凤此时尚未许人。于是,他亲自到廖家替林语堂说媒。廖家虽然也是鼓浪屿的富商,但与陈家不能相比。陈天恩前来说媒,面子自然不小。可是林语堂似乎并不领情,反而觉得是一种羞辱。回到上海后,他恍惚变了一个人。

翠凤的二哥廖超照与林语堂也是圣约翰大学的同学,翠凤久慕林语堂的才名。林语堂暑假回家时,二哥请他到家中吃饭,翠凤便偷偷躲在屏风后面看着他,越看越觉得心动。二哥也极力促成此事,说林语堂人品好,又聪明,将来一定会有作为的。翠凤的母亲提醒她:"语堂是个牧师的儿子,但是家里没有钱!"翠凤坚定而得意地回答说:"穷有什么关系?"在林牧师家,语堂的大姐林瑞珠也极力推荐翠凤,说她将来一定是个贤妻良母。于是,两家安排语堂和翠凤见了面,语堂在与锦端失恋之余,同意了这门亲事。

林语堂与廖翠凤订婚之后,仍回到上海圣约翰大学读书。1916年,他以第二名的成绩从圣约翰大学毕业,并由校方推荐到北京清华学校任教。语堂似乎并不急着与翠凤完婚,他心里想念的似乎仍是陈锦端。翠凤在厦门苦等了四载,直到 1919 年,林语堂准备去哈佛留学,翠凤的父亲说:"玉堂和翠凤订婚已经四年还不娶她,这一出洋如果不是两人同去,谁知道他什么时候才回来?"这话经由翠凤的二哥婉转传达之后,语堂知道不能再拖了,于是同意和翠凤结婚后一起出洋。

林语堂与廖翠凤成婚仅仅三天,廖家别墅庭园里的喜气尚未散去,两人便携带着廖家陪嫁的 1000 元大洋,一起远走高飞,到大洋彼岸的美国去。时值盛夏,林语堂与新婚妻子先由厦门乘船到了上海,再由上海乘"哥伦比亚号"轮船赴美。旅途中廖翠凤患了慢性盲肠炎,林语堂便在船舱中无微不至地照顾她,令她深受感动。到美国后,林语堂在哈佛大学比较文学研究所就读。他们两人虽然性情不一,"他爱走动,她爱静坐。他爱吃肉,她爱吃鱼。他伶牙俐齿,她不

廖家别墅的副楼"立人斋"(餐厅、书房)

会讲话。他天性乐观,她多愁多虑,个性严肃。"①但他们却能做到彼此互补,就像有一种磁力把他们吸引在一起。

在海外生活时,他们不时遇到经济困难,廖翠凤只好变卖首饰来维持生活。有时两口子闹矛盾,如果廖翠凤在生气,林语堂连话也不说一句,保持沉默;倘若真的吵架了,也是吵过就算了。林语堂的绝招是"少说一句,比多说一句好;有一个人不说,那就更好了。"他认为夫妻吵嘴,无非是意见不同,在气头上多说一句都是废话,徒然增添摩擦,毫无益处。他说:"怎样做个好丈夫? 就是太太在喜欢的时候,你跟着她喜欢,而太太生气的时候,你不要跟她生气。"林语堂在《我的婚姻》中写道:"我和我太太的婚姻是旧式的,是由父母认真挑选的。这种婚姻的特点,是爱情由结婚才开始,是以婚姻为基础而发展的。我们年龄越大,越知道珍惜值得珍惜的东西。"②

从海外学成回国后,林语堂和妻子多次回到厦门,在廖家别墅小住。戴着博士帽和教授光环的林语堂,在二三十年代虽已名满天下,

---

①　林太乙:《林语堂传》,中国戏剧出版社(1993),第 39 页。

②　林语堂:《从异教徒到基督徒》,第三部"八十自叙"(我的婚姻),陕西师大出版社(2007),第 243 页。

但他始终怀念在海外求学时两人共同度过的艰苦岁月。他曾说："只有苦中作乐的回忆，才是最甜蜜的回忆。"他们即使穷得没有钱去看一场电影，也可以去图书馆借回一叠书，两人守着一盏灯相对夜读，依然其乐融融。在林语堂看来，穷并不等于苦，他甚至从来没有苦的感觉。

林语堂是怀旧的人，结婚五十周年纪念时，他在送给妻子的勋章上，刻着美国诗人詹姆斯·惠特孔·莱里的《老情人》：

1919 年，林语堂夫妇在波士顿

> 同心相牵挂　　一缕情依依
> 岁月如梭逝　　银丝鬓已稀
> 幽冥倘异路　　仙府应凄凄
> 若欲开口笑　　除非相见时①

　　林语堂与翠凤"先结婚，后恋爱"的感情追溯到源头，就是 50 年前在廖家别墅里度过的三天"蜜月"。结婚后，林语堂从这里走向了世界，成为"两脚踏东西文化，一心评宇宙文章"的世界文化名人，他和翠凤结婚时的娘家别墅，也因此成了文学大师林语堂的故居而名扬海内外。

　　林语堂没有想到的是，自己当年痛心失去的恋人陈锦端，后来并未遵从父命与所谓的"金龟婿"结婚，而是独自远渡重洋到美国霍柏大学攻读西方美术，回国后在上海中西女校教美术，年近三十仍然单身独居。后来林语堂一家在上海定居时，这位当初的恋人、同乡和同学的妹妹仍常来家中探望，身为林太太的翠凤也热情大方地接待了她。

---

　　① 林语堂：《从异教徒到基督徒》，第三部"八十自叙"（我的婚姻），陕西师大出版社（2007），第 243 页。

　　林语堂同样没有想到的是,他和陈锦端后来与故乡的厦门大学都发生了十分密切的关系:1926年,32岁的林语堂从北京回到厦门,出任厦门大学文科主任和教授,由于他的到来,几乎半个北大国学门都迁移到了厦大;而在林语堂之后,年过三十的陈锦端也于1934年从上海回到厦门,与美国依阿华州立大学的高材生、刚刚回国担任厦门大学化学教授的方锡畴结为连理。[1]后来,方锡畴为厦大培养了一大批优秀的学生,包括卢嘉锡、蔡启瑞、田昭武、陈国珍、李联欢、陶树人等,都成为在海内外享有盛名的专家学者。

　　回到厦门不到一年时间,林语堂就离开了这个让他若有所失的地方;而陈锦端则一直在这里坚守,最后终老在风光如画的厦门岛。她终身未育,抱养了一儿一女。

　　林语堂一直都怀念着陈锦端,当他晚年在台湾定居、年已80岁时,有一次陈锦端的嫂子来访,当他听说锦端仍住在隔水相望的厦门时,这位饱经沧桑的老人竟高兴得像年轻人一样从座椅上站起来,脱口说道:"你告诉她,我要去看她!"①而数月之后,林语堂便告别了人世。

137

　　命运有时就是这样地捉弄人,有情人未必终成眷属。值得庆幸的是,林语堂和廖翠凤在婚后的60多年里,无论富贵还是贫穷,他们始终都不离不弃,白头偕老,至死不渝,成就了一段"金玉良缘"。

注:

　　[1]方锡畴,云霄东坑村人,出生于1900年。13岁离家到厦门鼓浪屿英华书院就读。1921年考入福州协和大学。1924年7月毕业赴美国依阿华州立大学深造,先攻生物,后改化学。1931年获化学博士学位。1934年初回国后任厦门大学化学教授。1938年初赴香港,到岭南、大厦、圣保罗等院校兼课维持生计。1942年初转到贵州安顺军医大学任化学教授,为抗战前线培养军医。抗战胜利后,返厦门大学任化学系教授。他授课重视运用新资料和讲究教学法;为人刚正,直言不讳。"文化大革命"中遭到严重迫害时,许多学生仍经常前往探望。1973年3月病逝。1988年,中国科学院主席团执行主席、原中国科学院院

　　① 林太乙:《林语堂传》,中国戏剧出版社(1993),第23页。

长卢嘉锡,为缅怀老师方锡畴撰写了这样一副题联:

在厦大学习四年级,初承教诲,谆谆指导,重视实验基本功夫,仿佛言犹在耳;

离鹭岛工作卅余载,缅怀师道,循循善诱,培养问题解决能力,铭感情出由衷。

二、从龙溪到京城

　　福建九龙江畔的龙溪（今漳州）是林语堂的家乡，也是林语堂人生的出发点。这位跨越国界的世界文化名人，是如何从贫穷的家乡出发，而走向厦门、走向京城、走向世界的呢？

　　2005 年夏天，我从厦门驱车前往林语堂的家乡——漳州平和。汽车沿着林语堂当年离开家乡乘船经过的西溪，从九湖到文峰、小溪，一路朝西逶迤而行，到小溪后折向南行，至东坑往西一拐，就到了林语堂的出生地——平和县坂仔镇。西溪是九龙江的两大支流之一，它的源头就在平和；另一条被称作北溪的支流，则源于华安境内。林语堂后来曾多次在书中描写过西溪，描写过这条曾在他的童年时代留下深深记忆的溪流。

　　1895 年 10 月 10 日，林语堂出生在坂仔教堂的一座牧师楼里。当年的牧师楼虽然在上世纪 70 年代就被铲平了，但上世纪 80 年代中期村里又重建了"牧师楼"，作为学校的附属用房。据见过牧师楼的老人回忆说，当年的坂仔教堂占地面积约有近三百平方米，配套建筑有小礼堂、牧师楼、圣恩楼、钟楼及一些神职人员住的低矮平房。如今，教堂连同周边的场地已成为坂仔镇中心小学的校园，林语堂的故居"牧师楼"就坐落在校园里。徜徉其间，依稀还能看出当年牧师楼"同"字型的平房结构模样；尤其是村民们保存下来的那口"饮水思源"井，虽然早已干涸，但似乎还留有生活的余韵；故居里陈列着的一些有关林语堂生平的照片和资料，点点滴滴地唤起了人们对大师童年生活的记忆。

　　林语堂的出生地在坂仔，祖籍地却在漳州市芗城区天宝镇的五里沙村，他的父亲林至诚在五里沙度过了青少年时代。由于家境贫寒，从小肩挑糖果、豆仔酥四处叫卖，后来通过自学识得一些文字。24 岁时他入教会跟随牧师修习神学，不久自己也成了一名职业牧

师,被派去百余里之外的平和坂仔镇传教。从此,林至诚一家便定居在坂仔。

林语堂的母亲杨顺命是一个出身贫寒、老实忠厚的普通农家妇女,一生育有八个子女。林语堂是她和牧师的第五个儿子。林语堂在坂仔出生后,父亲为他取名和乐。6 岁时他就在村里教会办的铭新小学读书,10 岁时随在鼓浪屿寻源书院读书的三哥林和清去厦门,在鼓浪屿养元小学读书。小学毕业后他也进入寻源书院读书,这一年,他十三岁。

由于到厦门读书的缘故,林语堂和三哥经常往来于平和、漳州和厦门之间。哥俩先要从村里乘小舟到小溪镇(今平和县城),"那是五六里的行程,溪水很浅,只有小舟可行。"到了小溪,他们便改乘乌蓬船,沿着西溪前往漳州。"河水宽展,两岸有看不尽的山景、禾田和农家村落"。① 这一路的行程、一路的风景,使年幼的林语堂充满了许多趣味和快乐。后来他回忆说:

> 童时,我对于荏苒的光阴常起一种流连眷恋的感觉,结果常令我自觉的和故意的一心想念着有些特殊甜美的时光。直迄今日,那些甜美的时光还是活现脑中,依稀如旧的。记得,有一夜,我在西溪船上,方由坂仔(宝鼎)至漳州。两岸看不绝山景、禾田,与乎村落农家。我们的船是泊在岸边竹林之下,船逼近竹树,竹叶飘飘打在船篷上。我躺在船上,盖着一条毯子,竹叶摇曳,只离我头上五六尺。那船家经过一天的劳苦,在那凉夜之中坐在船尾放心休息,口衔烟管,吞吐自如。其时沉沉夜色,远景晦冥,隐若可辨,宛是一幅绝美绝妙的图画。对岸船上高悬纸灯,水上灯光,掩映可见,而喧闹人声亦一一可闻。时则有人吹起箫来,箫声随着水上的微波乘风送至,如怨如诉,悲凉欲绝,但奇怪得很,却令人神宁意恬。我的船家,正在津津有味的讲慈禧太后幼年的故事,此情此景,乐何如之! 美何如之! 那时,我愿以摄影快镜拍照永留记忆中,我对自己说:"我在这一幅天然图

140

① 林太乙:《林语堂传》,中国戏剧出版社(1993),第 4 页。

画之中，年方十二三岁，对着如此美景，如此良夜；将来在年长之时回忆此时，岂不充满美感么？①

在学校里，林语堂读书并不十分用功，却能学得相当不错。有空他就和同学或踢足球，强健自己的身体。由于路途遥远，他和三哥通常一年才回一次家。每年暑假，他都要回坂仔，故乡的山水已深深地溶入了他的血液中，不仅成为他快乐人生的起点，而且也是他快乐人生观的源泉。林语堂后来曾说："如果我有一些健全的观念和简朴的思想，那完全是得之于闽南坂仔之秀美的山陵，因为我相信我仍然是用一个简朴的农家子的眼睛来观看人生。如果我会爱真、爱美，那就是因为我爱那些青山的缘故了。如果我自觉我自己能与我的祖先同信农村生活之美满和简朴，又如果我读中国诗歌而得有本能的感应，又如果我憎恶各种形式的骗子，而相信简朴的生活与高尚的思想，总是因为那些青山的缘故。"②

在林语堂看来，一个人一生出发时所需要的，除了康健的身体和灵敏的感觉之外，只是一个快乐的孩童时期，——充满家庭的爱情和美丽的自然环境便够了。在这条件之下生长起来，没有人是走错的。他说："在童时的居处逼近自然，有山、有水、有农家生活。因为我是个农家的儿子，我很以此自诩。这样与自然得有密切的接触，令我的心思和嗜好俱得十分简朴。在我一生，直迄今日，我从前所常见的青山和儿时常在那里捡拾石子的河边，种种意象仍然依附着我的脑中。童年时这种与自然接近的经验，足为我一生知识的和道德的至为强有力的后盾；一与社会中的伪善和人情之势利互相比较，至足令我鄙视之。"③

1911 年，林语堂以第二名的成绩从厦门寻源书院毕业，并把自己的名字由和乐改为玉堂。17 岁的他来到上海圣约翰大学读书。

---

① 林语堂：《从异教徒到基督徒》，第二部"林语堂自传"（少之时），陕西师大出版社（2007），第 185 页。

② 同上书，第 183 页。

③ 同上书，第 183 页"。

年轻时的林语堂

几年前,父亲变卖了祖母传下的一幢小房屋,送二哥玉霖到圣约翰大学读书。如今二哥从圣大毕业并留校任教,他愿意资助五弟在上海读书。

圣约翰大学是圣公会办的学校,以教英文著名,当时在国际上已经有相当的声誉。林语堂先在圣大预备学校读了一年半,"把英文差不多学通了"。他原本希望像父亲一样,学成后当牧师,后来却对神学失去了兴趣,神学课程得的分数自然也很低。于是他改学文科,并选择了语言学作为自己的专业。有一次他尝试着用英文写短篇小说,没想到竟获得了学校的金牌奖。课余时间他则活跃在运动场上,打网球、踢足球、赛跑,并以五分钟跑一英里的成绩创下了学校的长跑纪录。

1916年,林语堂同样以第二名的成绩毕业于圣约翰大学。毕业时经学校推荐,他接受周诒春校长的聘请,到北京清华学校(即后来的清华大学)任教。他在中等科担任英文教员,同时埋头于语言学研究。

他重点研究的是改革字典索引的方法,并于1918年在《新青年》杂志发表《汉字索引制说明》。这是他用中文发表的第一篇文章,初步显示了自己的才华,受到广泛的关注。不久,他又在《清华学报》发

表了《分类成语辞书编纂法》，并和蔡元培、沈兼士、许地山等人发起成立了"国语统一筹备会"。他关心文学革命，支持提倡白话文，并很快与从美国归来、鼓吹文学革命的胡适成了同一战壕的战友。

1919年林语堂完成了自己的婚姻大事。婚后，他与廖翠凤一起赴美，在哈佛大学研究比较文学。到哈佛不久，林语堂的半公费津贴突然被取消了。后来他才知道，清华留美学生监督施秉元把留学生的津贴挪去做股票生意，结果投机失败而自杀。幸好林语堂出国前已与北大约定，回国之后到北大任教，于是他打电报给胡适，请他代向北大申请预支1000美元以接济生活。在胡适的"担保"下，这笔款项很快就汇到了林语堂手中，解了他的燃眉之急。

在哈佛读了一年比较语言学之后，林语堂无力再支付哈佛昂贵的学费、生活费。正好此时基督教青年会招募人员前往法国为华工服务。林语堂便向青年会提出申请，并获得哈佛同意，保留他的学籍，以在法国修课的成绩来弥补他在哈佛所缺的学分。林语堂携带妻子来到法国后，在凡尔登附近的一个小镇教华工读书识字。后来他们有了一点积蓄，便转移到生活费用较为便宜的德国，林语堂先进入耶那大学读书。

位于德国中部的耶那是一个风景美丽的小镇，正是林语堂理想中的乐园，自由自在的德国大学生活又是他所向往的。他和妻子一起去听课，一起去野外郊游，在这里度过了一段快乐的时光。

1922年2月林语堂获得哈佛大学的硕士学位后，便从耶那来到莱比锡大学攻读博士学位。莱比锡大学是德国的最高学府之一，该校中国研究室的中文藏书非常丰富，与柏林大学的书籍交流也非常方便。正是在这里，他开始认真研究中国音韵学，对《汉学师承记》、《皇清经解》、《皇清经解新编》以及高邮王氏父子、段玉裁、顾炎武等名家的考证、注疏都作了一番深入的研究探讨，为自己以后从事语言学、音韵学研究打下了坚实的基础。

在德国期间，林语堂一度在经济上又陷入困境，不得不再向北大借款1000美元，又是胡适伸出援手帮助了他，令他对这位颇有"侠士"之风的北大学长充满了感激之情。1923年春，林语堂以毕业论文《古代中国语音学》通过了博士论文答辩，获得了莱比锡大学的语言学博士学位。

1923 年夏天,林语堂学成回国。在家乡坂仔小住了一段时间后,他于秋天北上,如约到北京大学担任英文系语言学教授,讲授"基本英文"、"英文教授法"和"语音学"等课程;同时还兼任北京师范大学的英文讲师。到北大后,他才知道,当年北大汇给他的那两笔数额不小的救急款,都是胡适从自己的腰包里掏出来帮助他的,胡适自己却只字不提。林语堂后来还清了欠胡适的钱,并把他视为自己的挚友。

到北京大学后,林语堂在教学之余,继续从事古汉语音韵的研究,包括《广韵》、《音学辩微》等中国古代音韵学著作他都进行了深入的钻研。此外,他还陆续发表了德国大诗人海涅的诗歌译文,并开始杂文与随笔的写作。这一时期,林语堂给文坛留下最深印象的,是他发表在《晨报》副刊上的两篇关于"幽默"的文章。一篇是《征译散文并提倡幽默》(1924 年 5 月 23 日),另一篇是《幽默杂话》(1924 年 6 月 9 日)。虽然幽默一直存在于人类的文化生活之中,但在中国的传统文化中并无幽默的同义词。屈原的《九章怀沙》中虽然有"煦兮杳杳,孔静幽默"的提法,但此处的"幽默"意为"幽默无声",与幽默的文化现象并无关联。

直到 1924 年,林语堂在《晨报》副刊上连续撰文,将"幽默"确定为英语单词"humor"的汉译,才使"幽默"一词与诙谐、风趣相联系,并在中华大地上传播开来。林语堂对此解释道:"凡善于幽默的人,其谐趣必愈幽隐;而善于鉴赏幽默的人,其欣赏尤在于内心静默的理会,大有不可与外人道之滋味。与粗鄙的笑话不同,幽默愈幽愈默而愈妙。"①

不过,林语堂将"humor"译为"幽默",在当时曾引起许多文化名人的异议。鲁迅曾认为该词容易被误解为"静默"或"幽静",而觉此译法不妥;翻译家李青崖主张译为"语妙",但是"语妙天下"是句成语,有"光说不做"之意;语言学家陈望道拟将其译成"油滑",又觉得不够确切,且有轻浮之嫌;后来,语言学家唐栩侯将其译作"谐穆",认

---

① 林语堂:《幽默杂话》,《晨报》副刊 1924 年 6 月 9 日。

为一"谐"、一"穆"构成"humor"的整体。而最终,只有林语堂的译法被世人所认可,并一直沿用至今。

林语堂不仅首创把英文"humor"译为"幽默",而且大力倡导幽默。他认为,中国文学史及今日文学界的一个最大缺憾,就是缺少幽默,或者说不懂得如何运用和欣赏它,正经话太正经,不正经话太无体统。他说:"幽默也是雅俗不同,愈幽而愈雅,愈默而愈俗","幽默决不是板起面孔来专门挑剔人家,专门说俏皮、奚落、挖苦、刻薄人家的话","幽默的人生观是真实的、宽容的、同情的人生观。"①

当林语堂因提倡幽默而声名鹊起时,他则谦虚地表示:"我创造'幽默'这个译文,人家都叫我'幽默大师'。这个叫法一直沿用下来,并不因为我是一流的幽默家(我是最严肃的人),而是在缺乏幽默的假道学世界里,我是头一个鼓吹幽默的重要的人。现在这个名词用得很普遍,甚至产生动词的用法,'幽他一默',意指善意地给某人开个玩笑。"②幽默从此取代了古汉语词语的本义,成为一个众所周知的新名词,林语堂对此可以说居功甚伟。

此时《晨报》副刊由孙伏园主编,它成了林语堂发表文章的一个主要阵地。两年后,林语堂和孙伏园先后离京南下,成了厦门大学的同事,在南国海滨谱写了新的篇章。

---

① 林语堂:《幽默杂话》,《晨报》副刊 1924 年 6 月 9 日。

② 林语堂:《从异教徒到基督徒》,第三部"八十自叙"(论幽默),陕西师大出版社(2007),第 257～258 页。

三、林语堂和鲁迅(上)

上世纪 20 年代初的北京,正是新文化运动方兴未艾、各种思潮纷至沓来、思想界开始出现分化和重新组合的时期。

新文化运动的核心主要是北京大学的一批学者,主要由两部分人组成,一是章太炎的故旧门生,多为留日学生;一是陈独秀、李大钊、胡适等新进,多数留学欧美。后来陈独秀与李大钊脱离北大,胡适便成为后一部分人的代表。双方在学术和政治等许多问题的看法上不仅存在分歧,而且时有冲突,各派内部的意见也不完全统一。

1923 年秋天当林语堂从欧洲留学归来到北京大学任教时,他面对的便是这样一种错综复杂的思想文化氛围。1924 年 10 月,因《晨报》副刊刊登鲁迅《我的失恋》一诗,遭到报社干预,副刊主编孙伏园与报社代理总编辑刘勉己闹翻后愤而辞职。在鲁迅和周作人、孙伏园等人的发起下,一本名为《语丝》的同仁刊物于 11 月创刊。长期撰稿人除周氏兄弟外,还有林语堂、俞平伯、冯文炳、川岛等人,钱玄同、胡适、顾颉刚、徐志摩、孙伏园等也在该刊上发表过不少文字。尽管这些文学界名流的思想倾向、学术风格并不一致,但他们的文章"任意而谈,无所顾忌,要催促新的产生,对于有害于新的旧物,则竭力加以排击",在短短时间里便产生了重大的影响。

不到一个月,1924 年 12 月 13 日,以胡适为精神领袖的《现代评论》周刊也创刊了,它是一部分曾经留学欧美的大学教授创办的同人刊物,由陈源、徐志摩等人编辑、现代评论社出版发行,主要撰稿人有王世杰、高一涵、胡适、陈源、徐志摩、唐有壬等。《现代评论》主要刊登政论、时评,广泛评述国际局势和中国现实的政治、军事、经济状况;同时也发表文学作品和文艺评论,主要介绍西方的文艺观点,发表一些新进作家包括郁达夫、凌叔华、废名、老向、沈从文、蹇先艾、汪敬熙、张资平、杨振声、胡也频、刘大杰等人的短篇小说,以及闻一多、

徐志摩、胡适、朱大丹、王独清、刘梦苇、饶孟侃等人的新诗和少量的剧本，其中"新月派"作家的早期作品占有突出的地位。

京城两大报纸副刊——《京报》副刊和《晨报》副刊的思想倾向分别接近于《语丝》和《现代评论》，这在无形中就形成了两大阵营。林语堂尽管与胡适有着极为相近的思想和深厚的个人情谊，但他还是站到了以周氏兄弟为首的《语丝》阵营一边。

林语堂的选择与他自由主义的人生态度不无联系。《语丝》作为同人刊物，是一个发表自由言论的园地。正如周作人在《语丝》"发刊词"中所说的："我们只觉得现在中国的生活太是枯燥，思想界太是沉闷，感到一种不愉快，想说几句话，所以创刊这张小报，作自由发表的地方。"①后来他说得更明白，就是"不用别人的钱，不说别人的话"。②这种"不说别人的话"，不仅是自由主义知识分子一贯的主张，也是林语堂选择《语丝》阵营的原因。作为《语丝》的主要撰稿人之一，林语堂先后在《语丝》上发表了许多文章。仅以第1～80期计，就有19篇。而最多的则是周作人（96篇）和鲁迅（56篇）。

此时，林语堂在北京文坛是极为活跃的，不但大量撰稿，放谈政治，而且亲身参加了首都的政治斗争。1925年4月7日，他发表了《给玄同的信》，对"国事日非，深感忧虑"，主张"政治是众人的事，不是政治家的事，'必谈政治'不但应该，而且责无旁贷。"③6月24日，他写了《丁在君的高调》，批评著名教授丁文江对刚刚掀起来的民众运动"浇冷水"的做法是"不负责任的高调"。而在行动上，林语堂也是走在前面的。1925年6月，"五卅惨案"之后，北大教职工成立了"沪案后援会"，林语堂担任文书股主任。11月28日和29日，他两次与学生一起走上街头，拿竹竿和砖石直接和军警搏斗，把他学生时代投掷垒球的技术也用上了。这一次搏斗，使林语堂的眉头留下了一个永远的伤疤，他自己每讲起这件事，却总是眉飞色舞，感到自豪。后来，他干脆写起《祝土匪》的文章，以生于草莽、死于草莽的"土匪"

① 周作人：《语丝》发刊词，《语丝》第1期（1924年11月17日）。
② 周作人：《答伏园论"语丝的文体"》，《语丝》第54期。
③ 林语堂：《给玄同的信》，《语丝》（1925年4月7日）。

自居。他说:"言论界,依中国今日此刻此地情形,非有些土匪傻子来说话不可。"①学者只要脸面,"而去真理一万八千里之遥。说不定将来学者反得让我们土匪做。"

1924 年 11 月,北京"女师大"校长杨荫榆无故开除文预科三名学生,激起公愤,学生召开大会,不承认她是校长,并于 1925 年 1 月派代表向教育部提出撤换要求,由此掀起长达近一年的"女师大风潮"。语丝派和现代评论派围绕"女师大"风潮展开了"惊心动魄"的论战。学生们反对杨荫榆的专断、章士钊的复古,《语丝》同人大都表示支持。而《现代评论》以"精神独立"为标榜,虽然也批评过段祺瑞执政府,但在"女师大"风潮和"三·一八"惨案中,却以"公正"的"正人君子"面貌出现,与语丝派的态度形成了强烈的反差。

在"女师大风潮"中,林语堂始终和鲁迅站在一起,支持进步学生;而现代评论派则指责语丝派煽动学生闹事。1925 年五、六月间,杨荫榆变本加厉,进一步迫害学生,鲁迅作《忽然想到(七)》和《碰壁之后》,周作人作《女师大的学潮》予以抨击。结果引出陈源以"闲话"为题攻击语丝派,陈源在《粉刷茅厕》中说:"这次闹得太不像话了。……好像一个臭茅厕,人人都有扫除义务";另一位教授则攻击语丝派"形同土匪"。陈源打上门来,鲁迅首先应战,写了《并非闲话》;林语堂跟着出击,痛斥陈源《谬论的谬论》。

1925 年 9 月,林语堂由外地返京,得知教育部已发表《停办女师大令》,并免去了鲁迅教育部佥事的职务,便立即写了《回京杂感》等文,抨击章士钊总长的卑鄙做法,支持鲁迅等人对"正人君子"的揭露和批判。鲁迅发表了《公理的把戏》,林语堂则写了《"公理"的把戏后记》及《苦矣!左拉!》,对压迫人的"鸟总长"进行了尖锐的讽刺与批判。

正是在"女师大风潮"中,鲁迅发现林语堂是一个志同道合的"战友"。于是,1925 年 12 月 5 日和 6 日,鲁迅连续两次主动给林语堂写信,为他创办的《莽原》向林语堂约稿。15 日,鲁迅便接到了林语堂的复信和稿件,从此开始了两人长达近十年的交往。

---

① 林语堂:《祝土匪》,《莽原》1926 年第 1 期(1926 年 1 月 10 日)。

作为语丝派的急先锋,林语堂的思想有过反复。1925 年 12 月 8 日,林语堂写了《插论语丝的文体》,步周作人的后尘提倡"费厄泼赖"精神,鲁迅读了此文却不以为然。鉴于辛亥革命以来种种血的教训,再联想到吴稚晖的"不打死老虎"和周作人的"不打落水狗",鲁迅便撰写了《论"费厄泼赖"应该缓行》一文(发表于《莽原》1926 年第 1 期),明确提出要"痛打落水狗",主张凡是咬人之狗均在可打之列。这篇文章与其说是在批评林语堂,倒不如说是针对吴稚晖和周作人的。特别是周作人,此时他们兄弟已经失和两年多,鲁迅"为回避触目起见",不便也不愿意触及这块内伤,于是点了林语堂的名字展开评论。类似这样的思想交锋和讨论,在语丝派内部并非罕见。

学生们上街游行示威,鲁迅呐喊助战,林语堂跟着与军警搏斗,现代评论派污他们为"学匪"。林语堂就索性著文——《祝土匪》,表示"很愿意揭竿作乱,以土匪自居。"文章末尾还高呼一声"只不要投降!"这种"土匪"的气魄震动了古老的北京城。鲁迅比林语堂似乎更清醒一些,他一面斥责"中国有枪阶级的凶残,走狗帮凶们的卑怯",一面告诫青年们"不要一上战场就自以为有非常的神力,稍有成功又将幻想飞得很高,一旦坠落在地伤势就格外沉重"。

1926 年元旦刚过,杨荫榆被逐,新校长易培基到任。陈源匆忙在《现代评论》上声明,从今年起,"永远不管人家的闲事"了。然而,闲话家是闲不住的,陈源一面宣布撤退,一面又摆出要算总帐的架势,主要矛头仍然指向鲁迅、周作人和林语堂。此前,"章士钊们"虽然已经成了"落水狗",但丝毫没有改悔之意。这就激怒了曾经倡导"费厄泼赖"精神的周作人和林语堂。1 月 23 日,林语堂在《京报》副刊上登出自己绘制的《鲁迅先生打叭儿狗图》。漫画上的鲁迅,长袍八字胡,手持竹竿,猛击落水狗的头,那狗在水中挣扎着。

陈源对鲁迅《论"费厄泼赖"应该缓行》的文章很头痛,对林语堂的漫画也很恼火。他在给徐志摩的一封长信中挖苦影射林语堂,说他先是跟了周作人不赞成打落水狗,而后又跟着鲁迅主张痛打落水狗。林语堂会骂人也经得起人骂,3 月 10 日他又撰写了《泛论赤化与丧家的狗》,与鲁迅的《论"费厄泼赖"应该缓行》在思想上一脉相通。

1926 年 3 月 18 日,北京十余万群众举行游行示威,抗议帝国主义的侵略和执政府的卖国罪行,遭到军警的血腥镇压,当场惨死 47 人,伤 132 人,失踪 40 人,女师大的两名女生刘和珍、杨德群也中弹身亡。"三·一八"惨案发生后,刚就任女师大教务长两天的林语堂坚决站在爱国师生一边,他于 3 月 21 日挥笔写下了《悼刘和珍杨德群女士》,赞叹刘杨二女士"为全国女革命之先烈"、"死的光荣"、"死的可惜"。① 3 月 22 日周作人作《关于三月十八日的死者》,4 月 1 日鲁迅作《纪念刘和珍君》,三篇文章先后发表在《语丝》周刊上,相互呼应,闪耀着正义的光芒。

从 3 月 19 日到 3 月 26 日,段祺瑞执政府接连准备了两批通缉名单,共 48 人,林语堂和鲁迅均名列其中。进步知识分子纷纷躲藏起来,鲁迅先避居西城莽原社,后转日、德、法医院,长达一个多月;林语堂则躲进了漳州同乡、协和医院的著名医生林可胜家。

"三·一八"之后,陈源又忍不住说起"闲话",既斥责政府,又要追究受害者的"责任"。4 月 17 日,林语堂在给友人的信中以亲身体会说:"狗之该打,世人类皆同意。弟前说勿打落水狗的话,后来又画鲁迅先生打落水狗图,致使我一位朋友很不愿意。现在隔彼时已是两三个月了,而事实之经过使我益发信仰鲁迅先生'凡是狗必先打落水里又从而打之'之话。"②林语堂直斥闲话家是"妖孽",进而写出《讨狗檄文》。

4 月 24 日,奉系军阀以"宣传赤化"为罪名,封闭了《京报》馆,并逮捕了总编辑邵飘萍和林白水;26 日两人惨遭奉军杀害,北京笼罩着黑暗与恐怖。进步知识分子纷纷开始由北向南的大迁徙和大逃亡。

林语堂在林可胜大夫家躲藏了三个星期,而林可胜的父亲正是厦门大学的校长林文庆,此时正在为厦门大学的发展物色人才。在

---

① 林语堂:《悼刘和珍杨德群女士》(1926 年 3 月 21 日),《剪拂集》,上海北新书局(1928 年 12 月)。

② 林语堂:《打狗释疑》(1926 年 4 月 2 日),《剪拂集》,上海北新书局(1928 年 12 月)。

林可胜的推荐下，林语堂决定回厦门去。鲁迅随后也南下到了厦门，其他进步作家则分别南下到了上海、南京等地。至此，语丝派结束了在北京的战斗时代。这一时期，林语堂和鲁迅的关系是十分亲密的，他们不仅同是《语丝》的主要撰稿人，而且是反对北洋军阀斗争中的共同战友。

1926 年 5 月 10 日晚，林语堂在北京"大陆春"设宴向鲁迅等朋友告别。5 月 13 日，鲁迅等人在"宜南春"饯别林语堂。5 月 19 日，鲁迅赴女师大参加饯别林语堂的茶话会。5 月 24 日，林语堂向鲁迅辞行后携全家离开北京前往厦门，不久即出任厦门大学文科主任兼国学研究院总秘书。

林语堂回到故乡任教，对厦门大学充满了希望，他想把厦大文科和国学研究院办成国内一流的学术机构，而要实现这一目标，当务之急便是引进人才。刚刚离开北大的他不忘旧情，举荐了一批著名的学者前来厦大任教和从事研究，包括文学家周树人（鲁迅）、国学家沈兼士、古史学家顾颉刚、编辑家孙伏园、语言学家罗常培、中西交通史专家张星烺、考古学家陈万里等，为厦大引进了一批新文化名人。

1926 年 9 月 4 日，鲁迅先生乘永宁号客轮从上海抵达厦门，出任厦大文科教授和国学院研究教授。由于学校教工宿舍尚未造齐，鲁迅先暂住生物学院三楼，三个星期后搬到集美楼二楼，与孙伏园相邻而居。

在《两地书》中鲁迅写道："我来厦门，虽是为了暂避军阀官僚'正人君子'们的迫害。然而小半也在休息几时，及有些准备……"[1]其时，鲁迅与女师大学生许广平正在热恋中，许广平毕业要回广东，鲁迅来到与广东相邻的福建，准备随后与许广平汇合，也就是顺理成章的事了。鲁迅一到厦门就致信在广州的许广平，信中说："我 9 月 1日夜半上船；2 日晨 7 时到厦门，一路无风，船很平稳，这里的话，我一字都不懂，只得暂到客寓，打电话给林语堂，他便来接，当晚即移入学校居住了。"[2]此后，鲁迅又不断给许广平去信，讲述自己在厦门的

151

---

　　① 鲁迅、景宋：《两地书》（一〇二），《鲁迅全集》第 11 卷，人民文学出版社（2005）。

　　② 鲁迅、景宋：《两地书》（三六）。

工作和生活状况。

其时,厦大文科包括国文(中文)、外语、历史、哲学等四个系科。林语堂一上任便大胆调整各系课程,修订各科教学大纲,并敦请教授学者亲临课堂第一线讲授。包括鲁迅、沈兼士、张星烺、张颐、周辩明、陈定谟、史禄国(俄籍)等一批知名教授都被推上课堂施展才能。他们一般都担任两门以上课程,有的甚至同时开四门课,深受学生的欢迎。厦大文科一时名师云集,不仅大大提高了教学质量,而且产生了良好的社会效应。当年上海《时事新报.教育界纪事》(1926年8月4日)曾报道:"厦大文科自新聘林玉堂以来,亦积极整顿。"确实,从修订各科教学大纲到教学人事安排,都显示出了林语堂的战略眼光和对学科建设的重视。

在繁忙的行政工作外,林语堂还担任了《英文发音学》和《英文作文》两门课的讲授。他上课非常认真,而且讲解生动,妙语连珠,不时透露出幽默和诙谐。加之他具有深厚的中外语言文学修养,讲起课来常以中外语言结构和文学作品作对照,便于学生理解和记忆,颇受学生的欢迎。他还自己动手编写详细讲义,课前分发给同学预习。后来《英文发音学》讲义经修订在开明书店正式出版。

作为鲁迅在北京的"战友"和在厦大的引荐人,林语堂想方设法照料鲁迅,以尽自己的"地主之谊"。他多次到鲁迅住处探望,或陪鲁迅上街、散步,或给鲁迅介绍当地的风土人情,不时还把鲁迅请到自己家里用餐。鲁迅在厦门语言不通,林语堂更是随时随地给鲁迅当翻译。当时林语堂全家住在厦大白城,面临秀丽的海滨。《鲁迅日记》记有多次"访林语堂,在其寓夜餐"、"语堂邀晚饭"等内容。9月21日,恰逢"旧历中秋也,有月。语堂送月饼一筐予住在国学院中人,并投子六枚多寡以博取之"。① 应当说,林语堂对鲁迅的照顾还是相当周到的。但是,鲁迅在厦门毕竟是单身,生活上仍有许多不方便、不习惯或不适应的地方。他有时"在一个小店里买了面包和罐头牛肉吃",有时"叫厨子包饭",有时则跟孙伏园合伙雇一个厨子。

---

① 《鲁迅日记》(1926年9月21日)。《鲁迅全集》第15卷,人民文学出版社(2006)。

　　后来担任中央社社长的马星野曾回忆起自己在厦大见到林语堂和鲁迅先生的情形。他说，"当时林先生只有三十上下，经常穿长袍黑马褂，梳得亮亮的头发，俊秀英楚之态，不但光彩照人，而且慧气逼人。"①而鲁迅穿一件灰色的爱国布长衫，橡胶底黑布鞋。入冬，则穿暗蓝色的布夹袍。林语堂的夫人不但操理语堂的生活，甚至连穿什么也"包办"，而且语堂请来的鲁迅等教授朋友也由她帮助照顾。鲁迅在《两地书》中也说："玉堂的兄弟及太太，都很为我们的生活操心……"②

　　好在离开了北京的是非之地，鲁迅在厦门的这段日子里，他能纯粹地以教授、学者的身份出现。他在厦大开设了两门课程：中国文学史和中国小说史，并完成了《中国文学史略》的编著和杂文集《坟》的整理。他还写了五篇"旧事重提"，编入散文集《朝花夕拾》。

153

芙蓉湖畔的鲁迅塑像

　　在厦大期间，鲁迅在群贤楼作了到厦大后的第一次演讲，题目是"少读中国书，做好事之徒"。他告诫青年学生，要救国并不在多读中国书，而是要勇于做改革社会的"好事之徒"，成为真的猛士。社会一

---

① 林太乙：《林语堂传》。中国戏剧出版社(1994)，第49页。
② 鲁迅、景宋：《两地书》(五三)。

切事物,就是要有好事之人,才可推陈出新,日渐发达。鲁迅和林语堂还一起到集美学校去演讲。尽管他事先已听说"叶校长的办学很拘束,学生极不自由",校长以为学生应该专门埋头读书,鲁迅则以为学生也应该留心世事,在讲演中他照例说的是"聪明人不能做事,因为他想来想去,终于什么也做不成",①鲁迅的名言"世界是傻子的世界"也是在这次讲演中说的。

鲁迅并没有忘记自己的社会责任,他是一个战士,"不在沉默中爆发,便在沉默中灭亡"。在《三闲集》中,鲁迅写到:"夜九时以后,一切星散,一所很大的洋楼里,除我以外,没有别人。我沉静下去了。寂静浓到如酒,令人微醺。"他望着窗外骨立的丛冢,南普陀深黄的琉璃灯,微茫的海,黑絮的夜,心潮起伏。觉得"四远处有无量悲哀、苦恼、零落、死亡,都杂入这寂静中","这时,我曾经想要写,但是不能写,无从写。这也就是我所谓'当我沉默着的时候,我觉得充实,我将开口,同时感到空虚'。"②在鲁迅的第一部杂文集《坟》的"题记"中,鲁迅说明集子题名"坟"的原因,是要给那些"一心一意在造专给自己舒服的世界"的人们,"放一点可恶的东西在眼前,使他们有时小不舒服,知道原来自己的世界也不容易十分美满"。③

后来,林语堂也写了一篇与"坟"有关的文章,题目就叫《冢国絮语解题》。文章将黑暗社会比作"冢国"、"鬼蜮国",以"海洋的呻吟"、"草虫的悲鸣"来暗喻人民在残酷现实中发出的悲苦不平之声。文章说:"如果一个人遇着没有花前柳下可以坐谈,而且恰恰坐在坟中碑石上,也不便叫那个人就沉默下去以待毙。"④鲁迅与林语堂不约而同都在"坟"字上做文章,正是他们对现实社会的一种清醒认识,表明他们的心灵是相通的。

---

① 鲁迅:《海上通信》,《华盖集续编》,《鲁迅全集》第 3 卷第 400 页。
② 鲁迅:《怎么写(夜记之一)》,《莽原》第 18、19 期合刊(1927 年 10 月 10 日)。
③ 鲁迅:《"坟"的题记》,《语丝》第 106 期(1926 年 11 月 20 日)。
④ 林语堂:《冢国絮语解题》(1926 年 12 月 19 日),转引自董大中《鲁迅与林语堂》,河北人民出版社(2003),第 46 页。

在《鲁迅》一文中，林语堂曾谈到鲁迅离开北京南下到厦门大学前所处的景况："那是处于极复杂的环境中（用心理上的说话）的生活，在那时，如他对我所说的，要'作人'实在不容易。""一九二六年春天，张作霖快入北京的时候，当时的政府列出五十个过激的教授和（知识分子）的名单；（由那保守派的大本营拟出来的）预备通缉他。鲁迅当然是其中的一个，在那些过激的教授都离开北京之前不久，我问鲁迅，'你打算怎么办呢，现在？''装死'便是他的回答。""这回他可没有完全做到，因为他当时被劝南下，担任福建某大学（它的名字我不便说出来）的中国文学讲座。那不是确切地如通常所谓完全斩绝世事的纠缠，但我亦也不能一定说不如此。""他曾经对我说，他的主意是想在这个地方致献两年的工夫于学问的研究。"①

然而，鲁迅先生到厦大后不久，便发生了许多不愉快的事情，这使鲁迅感到厦大并非他来到之前所预想的那样可以待一两年了。他在给许广平的信中说，"因为玉堂邀请我一场，我本想做点事，现在看来，恐怕不行的，能否到一年，也很难说。""图书馆，我就住在那楼上，间壁是孙伏园和张颐教授"；"因为现在是图书馆主任请假着，由玉堂代理，所以他有权。一旦本人回来，或者有变化也难说"。②

鲁迅先生虽然在厦大并不顺心，想到广州中山大学去应聘，但他还是能理解林语堂的难处，并为语堂担心，劝他也离开厦大。鲁迅在致许广平的信中说："我这要忠告玉堂一回，劝他离开这里，到武昌或广州做事去。但看来大半是无效的，这里是他的故乡，他不肯轻易决绝，同来的鬼祟又遮住了他的眼睛，一定要弄到太失败才罢，我的计划，也不过聊尽同事一场的交情而已。"③"此处别的都不成问题，只在对不对得起玉堂。但玉堂也太糊涂——不知道还是老实——至今还迷信着他的'襄理'，这是一定要糟的，无药可救。"④"昨夜玉堂来打听广东的情形，我们因劝其将此处放弃，明春同赴广州，他想了一

① 林语堂：《鲁迅》，光落译，《北新》第 3 卷第 1 期（1929 年 1 月 1 日）。
② 鲁迅、景宋：《两地书》（五三）。
③ 鲁迅、景宋：《两地书》（七五）。
④ 鲁迅、景宋：《两地书》（六六）。

会说,我来时提出条件,学校一一允许,怎能忽然不干呢。"①终于有一天晚上,鲁迅"向玉堂提出:以本学期为止,即须他去的正式要求,并劝他同走。"②这一天,是1926年的最后一天,距鲁迅到厦门不到四个月。

从1926年9月4日鲁迅先生来到厦门大学任教,到1927年1月15日离开厦大往广州中山大学任教,鲁迅与林语堂在厦大相处了4个多月时间。这期间,尽管他们两人都碰到诸多不顺心的事,甚至屡遭排挤,但是相互间的友谊却愈加深厚了。林语堂后来回忆说:"我请鲁迅至厦门大学,遭同事摆布追逐,至三易其厨,吾尝见鲁迅开罐头在火酒炉上以火腿煮水度日,是吾失地主之谊,而鲁迅对我绝无怨言,是鲁迅之知我。"③鲁迅在致许广平的信中也说:"我很想尝尝杨桃。其所以熬着者,为己只是有一个经济问题,为人就怕我一走,玉堂立刻要被攻击,因此有些彷徨。"④两人相知相敬由此可见一斑,这样的友谊是多么值得珍重、值得怀念!然而,在后来的日子里,他们的友谊却经历了许多风风雨雨,并被蒙上了一些灰尘,使热爱他们的人们不胜唏嘘感叹。

---

① 鲁迅、景宋:《两地书》(六九)。
② 鲁迅、景宋:《两地书》(八三)。《鲁迅全集》第11卷,人民文学出版社(2005)。
③ 林语堂《鲁迅之死》(1936年11月22日),《宇宙风》第32期(1937)。
④ 鲁迅、景宋:《两地书》(六四)。《鲁迅全集》第11卷,人民文学出版社(2005)。

四、厦大国学院风波

古人云:"成也萧何,败也萧何"。当年林语堂和鲁迅从北京千里迢迢来到厦门,与林文庆及厦大国学院密切相关;而他们最终离开厦大,也是因为林文庆及厦大国学院的风波。

在林语堂和鲁迅从北京南下福建之前,北京大学和清华大学就于1924年相继成立了国学院。1925年,厦大部分教员学生也成立了国学专刊社,"以整理国故、发扬文化为己任",先后入社者有五十余人。其宣言称:"疋音不作,国闻凌夷,浅学者方以国学为艰深,为无庸,从而宰割之、魄鄙之,狂妄者资以煽惑,俾快厥肌,其势日千里,其害甚于洪水猛兽。"[1]这是厦门大学最早出现的振兴"国学"的呼声,与当时国内的"国学热"及几大名校国学研究机构的成立形成了呼应之势。

同年底,"为研究中国固有文化",厦门大学着手准备成立国学研究院,并于12月成立了筹备总委员会。但由于人才等方面原因,筹委会在初订了组织大纲后工作即停顿了下来。直到1926年夏秋,厦大从北京聘请了一批富有学术造诣的学者名流,包括林语堂、周树人(鲁迅)、沈兼士、顾颉刚、孙伏园、张星烺、陈万里等,分别担任国学院的教授和研究人员,国学院才真正开始有了生机。

在北大担任过国学门主任的沈兼士等人一来到厦大,便积极投入了国学院的筹备工作。包括制定章程、办事细则、研究生研究规则,着手季刊编辑事务、设置陈列室以及提出经费预算和人事安排等。国学研究院由校长林文庆兼任院长,沈兼士为研究院主任,负责具体工作;林语堂为研究院总秘书,鲁迅、顾颉刚、陈万里、张星烺为

---

① 《国学专刊出世之先声》,载《厦门大学周刊》第137期,1926年1月23日。

研究院教授,孙伏园为编辑,可谓"兵精将强",阵容可观。由于校舍紧张,国学院办公室暂设在学校生物馆三楼。

国学院筹备工作基本就绪后,于1926年10月10日举行了正式成立大会。校长林文庆在成立大会上发表演说:"鄙人于十余年前,因北京政府召集医学会议,曾在北京一次。在会议上,一般人对于医学名词,多用洋文,将中国固有名词,完全废弃,不禁生无限感慨!因念中国数千年来固有文字,竟衰退一至于此,真是令人痛心切齿!未几,适陈嘉庚先生请鄙人来长本校,鄙人即询其将来对于本校之宗旨,究竟注重国学,抑或专重西文?陈先生即答以两者不可偏废,而尤以整顿国学为最重要。故鄙人来校之后,对于国学,提倡不遗余力。此次特组织国学研究院,聘请国内名人,从事研究,保存国故,罔使或坠。"①

林文庆这番话,令国学院的教授们听了倍感欢欣鼓舞。尤其是"鄙人来校之后,对于国学,提倡不遗余力"这一句话,更让大家对这位在海外长大、在英伦求学的博士充满了敬意。

林语堂在成立大会上强调,要以科学精神与认真态度从事国学研究,他说:"欧西各国学者,对于各种科学的成功,虽至微之处,不敢稍事忽略,研究植物者,对于一草一木,必加深刻研究,而后植物学以成。研究动物者,虽片麟只爪,亦必加精确研究,而后动物学以就。吾人研究考古,亦必抱此精神,对于民间平常表现之一切动作,如歌谣等,皆当注意。……"②他还就风俗调查、考古发掘以及编辑中国图书志、办季刊等事宜作了说明。

国学研究院成立之后,决定招收研究生,并在上海等地报纸刊登招生广告,此举创厦门大学研究生教育之首。同时开展课题研究,组织学术讲演和考古活动,并决定出版"国学研究院丛书",刊物编辑等工作也开展得颇有声色,大大推动了学校学术研究。身为总秘书的林语堂忙得不可开交,他不但参与国学院的有关活动和工作,个人还承担了"汉代方音考"和与顾颉刚合作的"七种疑年录统编"等课题的

---

① 《国学研究院成立大会纪盛》,《厦大周刊》第159期,1926年10月。

② 同上文。

上世纪 20 年代的林语堂

研究；在国学季刊创刊号上他撰稿"西汉方音区域考"和翻译"论古韵"（珂罗掘伦著），并在国学研究院周刊第 1 卷第 2 期上发表"平闽十八洞所载古迹"一文。正如鲁迅在给许广平的信中所提及的"玉堂对于国学院，不可谓不热心。"①

然而不久，国学院的"先天不足"和"后天不济"便逐渐暴露了出来，它使国学院陷入了矛盾重重和"四面楚歌"的境地。

首先是国学院内部的矛盾。

林语堂在请鲁迅到厦大任教的同时，也邀请了北京的不少文化名人，其中有些是属于现代评论派或与现代评论派有密切关系的，这就埋下了人事上矛盾的根源。林语堂是个重感情的人，他把胡适和鲁迅一样看做是他的朋友，他站在两个朋友中间，一样地抛洒友情。在鲁迅、沈兼士等语丝派人士到来不久，现代评论派人士也接踵而至，并且越来越多。鲁迅对此感到忧虑，9 月 30 日他在写给许广平

---

① 鲁迅、景宋：《两地书》（四六），《鲁迅全集》第 11 卷，人民文学出版社（2005）。

的信中说:"此地所请的教授,我和兼士之外,还有朱山根。这人是陈源之流,我是早知道的,现在一调查,则它所安排的羽翼,竟有七人之多……他已在开始排挤我,说我是'名士派',可笑。好在我并不想在此挣帝王万世之业,不去管他了。"①

10月16日,他又在信中说:"本校情形实在太不见佳,朱山根之流已在国学院大占势力……从此《现代评论》色彩,将弥漫厦大。在北京是国文系对抗着的,而这里的国学院却弄了一大批胡适之陈源之流,我觉得毫无希望。"②

信中的"朱山根"是代名,原信作顾颉刚,是胡适的学生,北大年轻的古史学家,以《古史辨》一书而闻名学界。顾颉刚是由沈兼士荐引到厦大的,后来顾颉刚又荐引了陈万里、黄坚、陈乃乾,陈万里则又荐引了王肇鼎、容肇祖二人。这些人进入国学研究院后,顾颉刚为史地研究教授,陈万里为考古学讲师兼造型部干事,黄坚为陈列部干事,王肇鼎为编辑兼陈列部干事,容肇祖为编辑。鲁迅由于对以胡适、陈源为代表的"现代评论派"极为反感,因此对顾颉刚等人到国学院也很有看法。他说:"兼士至于如此模糊","敌人即无所顾忌,玉堂的国学院就要开始动摇了。……真是糊涂。"③

与这些人共事,鲁迅心里自然很不高兴。他在给许广平的信中说:"我在这里不大高兴的原因,首先是在周围多是语言无味的人物,令我觉得无聊,他们倘肯让我独自躲在房里看书,倒也罢了,偏又常常寻上门来,给我小刺戟。"④

"白果尤善兴风作浪,他曾在女师大做过职员,你该知道的罢,现在是玉堂的襄理,还兼别的事,对于较小的职员,气焰不可当,嘴里都是油滑话。我因为亲闻他密语玉堂,'谁怎样不好'等等,就看不起他了。前天就很给他碰了一个钉子,他昨天借题报复,我便又给他碰一个大钉子,而自己则辞去国学院兼职。我是不与此辈共事的,否则,

160

① 鲁迅、景宋:《两地书》(四八)。
② 鲁迅、景宋:《两地书》(五六)。
③ 鲁迅、景宋:《两地书》(六十)。
④ 鲁迅、景宋:《两地书》(四八)。

何必到厦门。"①

信中的"白果"即黄坚,时任国学研究院陈列部干事兼文科主任襄理。鲁迅不想与这些人在国学研究院共事,因此曾经向林语堂提出辞去国学研究院教授的要求。他在《两地书》中说:"我所辞的兼职(研究教授),终于辞不掉,昨晚又将聘书送来了,据说林玉堂因此一晚睡不着。使玉堂睡不着,我想,这是对他不起的,所以只得收下,将辞意取消。"②

其次,是国学院与理科的矛盾。

厦大创办之后,理科方面发展很快,尤其是生物学研究在海内外享有盛名,成为国内大学中以理科为特长的大学,厦大的经费、设备、校舍等各项资源、政策都向理科倾斜。国学院兴起后,引进了一大批知名学者、教授,甚至有"半个北大南迁厦门"之说。新教授的风光难免使原来厦大的教授们心态有些失衡,文科分去近一半的研究经费,更使理科人士难以接受。身为大学秘书兼理科负责人的刘树杞,原本对设立国学研究院就持不同意见。国学研究院成立后,他在校长支持下希望扮演顾问的角色,在鲁迅等人的反对下没能如愿。于是,对国学院的事情不热心、不支持甚至加以掣肘。

国学研究院成立时,沈兼士呈交研究院章程给林文庆审查,内有一条"研究院教授由主任提出请院长聘任",刘树杞将它改为"研究院教授由主任提出请院长核准聘任",引起沈兼士十分不满。校方原先分配生物院三楼一个房间为沈兼士的住所,8月25日沈兼士报到时,该住所已经住进了理科教授。沈兼士搬到二楼一间空房,刘树杞立刻在房门旁贴上"地质室"字条,并派人通知沈兼士,这个房间早已定为地质室。林文庆知道此事后,想把自己的校长图书室让给沈兼士住,刘树杞颇不高兴,策动理科教授反对,力称校长的图书不能搬迁,就是不想让沈兼士有个安定的住所。沈兼士在国学院成立后几天,就离开了上任不到三个月的厦大。

林语堂对这位理科负责人也颇有看法,他说:"另一件事,是鲁迅

---

① 鲁迅、景宋:《两地书》(四八)。
② 鲁迅、景宋:《两地书》(四六)。

真受过刘树杞的气……刘那时大概是兼总务,三易鲁迅的住房。最后一次,派他住在理学院大楼的地窖。这回真使鲁迅气得目瞪口呆,胡须尽翘起来。"①

据说当时鲁迅的屋子里有两个灯泡,刘树杞说要节约电费,非得让人摘下一个,也把鲁迅气得够呛。

鲁迅在《两地书》中第一次提到文理科之间的矛盾是 10 月 23 日:"理科诸公之攻击国学院,这几天也已经开始了","因国学院房屋未造,借用生物学院屋,所以他们的第一着是讨还房子。此事和我辈毫不相关,就含笑而旁观之,看一大堆泥人儿搬在露天之下,风吹雨打,倒也有趣"。②

顾颉刚对刘树杞也颇有意见,他在给胡适的信中说:

理科主任刘楚青(按:即刘树杞),五六年前我已在先生处知道。此次来总以为他是可以和我们合作的,那知并不然。他是理科主任,怂恿理科教员秉农山先生等出来要求收回房屋(国学院房屋尚未建造,暂借生物学院三层楼办公,三层楼本来是空的)。国学院里添了几种木器,国学院里几个人请了假,他们都攻击。考古学会中陈设了北邙明器,他们也骂'这也配算做国学'。这类的无理取闹,实在使得我们瞧不起。

刘先生兼任大学秘书,语堂先生是研究院秘书,那么,关于研究院的文件当然由语堂先生拆阅,但刘先生却要越俎代拆,并代校长作批。因此,国学院中除了内部的日常事务之外,语堂先生全不得过问。预算得由他减,购置得由他批驳。所以,国学院中无论什么事都以困于经费而不得进行,科学研究院(刘氏所立)却正在筹备,而且在筹备期中,各教授已支了薪水。这是什

---

① 林语堂:《忆鲁迅》(1976 年 7 月 18 日),收《无所不谈合集》,台北开明书局(1974)。
② 鲁迅、景宋:《两地书》(九三)。

么人都要不平的,以语堂先生之爽直,当然更不可堪。①

然而,校长林文庆对这位大学秘书兼理科主任却十分信任和重用,别人也无可奈何。

再次,是国学院与校方的矛盾。

早在国学院筹备期间,9 月 18 日,国学院就召开编辑部会议,林语堂、沈兼士、周树人、顾颉刚、孙伏园、潘家洵、陈万里、黄坚、丁山等人到会。会议议决出版《厦门大学国学研究季刊》(简称《厦大国学》),沈兼士还提出了庞大的国学研究计划,林文庆都表示给予支持,校方并承诺每月提供经费一万四千元,作为发展之用。然而不久,由于世界经济的不景气,陈嘉庚在南洋的树胶生意开始衰退,大幅削减了厦大的办学经费。校方也把国学研究院的经费从一万四千元减为四百元,这一突如其来的变化,无疑给国学研究院浇了一盆冷水。11 月 25 日,林语堂因此与林文庆交涉。林文庆认为国学院在 11 月 20 日已经出版了《周刊》,现在是经费削减时期,其它可以不用出版。这样一来,原先准备出版沈兼士、顾颉刚等人多年研究著作的计划都无法展开了,林语堂因此表示要辞职。鲁迅在《两地书》中写道:"近日因为校长要减少国学院预算,玉堂颇愤慨,要辞去主任,我因劝其离开此地,他极以为然。今天和校长开谈话会,我即提出强硬之抗议,以去留为孤注,不料校长竟取消前议了"。② 虽然由于林语堂的力争和鲁迅的当面抗议,校长取消了"前议",但鲁迅的不满之情已溢于言表。到 12 月,国学研究院仍然按计划出版了《厦大国学》创刊号;12 月 18 日林语堂也仍然为研究院独立举办的第二次学术讲演会主讲了题为"闽粤方言之来源"的报告。但经此事件之后,大家对国学研究院的信心自然大打折扣了。

顾颉刚后来在给胡适的信中抱怨说:

163

---

① 《顾颉刚就厦大第二次学潮致胡适函》,《胡适来往书信选》(上),中华书局(1979~1980)。

② 鲁迅、景宋:《两地书》(八一)。

　　我们到此地来，原以为此间有许我们研究的诚意。到后知道陈嘉庚先生营业不佳，百事节缩，遂至百事停顿，当时亦只有自叹命运不济而已。哪知事后我们知道，国学院经常费五千元，林校长是具条向陈嘉庚公司照领的，只是领来不给我们，又要我们体谅陈嘉庚先生，任何事不要做。甚至于薪水之外，每月只给办公费四百元，林语堂先生因此辞职。虽然校长挽留，并说明此后仍照预算办理，然校长与语堂先生之间已经产生一种恶感。①

　　林校长办国学院的没有诚意，可以举几例。张亮丞先生的《马可波罗游记》及《古代中西交通征信录》纯是近年的两部大著作，如果由厦门大学出版，便可提高厦大的地位。别人同他说了，他说费钱太多，不肯印。马寅初先生这次到厦又同他说，他也只虚应了。国学院《季刊》，一期要一千余元印费，他不肯出。我们说，稿子已编齐了。他说，"那么你们只出这一期罢，第二期待以后有钱再印好了。"我们为要征集风俗材料，要出周刊，他不肯答应，说，"哪里有许多文字？"我们说，"我们既要出周刊，文字方面我们自有把握。"他说，"何不并入《厦大周刊》？"其实我们如果并入《厦大周刊》便是国学院侵入了别方面的势力范围，更要受人攻击了。我们几人态度强硬，不得他的批准，就发印了。但款项上，他处处阻碍，一个月中只印成了两期。

　　总之，厦大一班人大病根，在于没有学问的兴味，只懂得学习技能，却不知道什么叫研究。国学研究院的成立由于他们学时髦，并不是学问上的要求。②

　　由于上述种种矛盾，尤其是国学院预算得不到保证，使得创办仅仅3个月的国学院面临生存的危机。而此前，在广东中山大学的盛情邀请和许广平的热情召唤下，鲁迅也早已萌生去意。

---

　　①　《顾颉刚就厦大第二次学潮致胡适函》，《胡适来往书信选》（上），中华书局（1979—1980）。

　　②　《顾颉刚就厦大第二次学潮致胡适函》，《胡适来往书信选》（上），中华书局（1979—1980）。

　　1926 年 10 月 20 日，孙伏园到广州去，鲁迅原想跟他同行，由于难于请假，鲁迅没有到广州去，不过他已经知道此地非自己久留之地了。鲁迅到厦大，是林语堂所邀，他对林语堂的处境，还是关心的。鲁迅认为，沈兼士走了，如果他也走，现代评论派的人就会对付林语堂，因为他先前已经听见别人在谈论："散后，一个教员和我谈起，知道有几个这回来的人物之排斥我，渐渐显著了，因为从他们的语气里，他已经听得出来，而且他们似乎还同他去联络。他于是叹息说：'玉堂敌人颇多，但对于国学院不敢下手者，只因为兼士和你两人在此也。兼士去而你在，尚可支持，倘你亦走，敌人即无所顾忌，玉堂的国学院就要开始动摇了。玉堂一失败，他们也站不住了。而他们一面排斥你，一面又个个接家眷，准备作长久之计，真是糊涂'云云。我看这是确的，这学校，就如一部《三国志演义》，你枪我剑，好看煞人。北京的学界在都市挤轧，这里是在小岛上挤轧，地点虽异，挤轧则同。但国学院内的排挤现象，外敌却还未知道（他们误以为那些人们倒是兼士和我的小卒，我们是给他们来打地盘的），将来一知道，就要乐不可支。我于这里毫无留恋，吃苦的还是玉堂，但我和玉堂的交情，还不到可以向他说明这些事情的程度，即使说了，他是否相信，也难说的。我所以只好一声不响，自做我的事，他们想攻倒我，一时也很难，我在这里到年底或明年，看我自己的高兴。至于玉堂，我大概是爱莫能助的了。"①

　　11 月 5 日，孙伏园回到厦门，带给鲁迅的消息是，中山大学要他去教书，但是还没有聘书。广州一时难行，鲁迅有点犹疑了，他说："其实我也还有一点野心，也想到广州后，对于'绅士'们仍然加以打击，至多无非不能回北京去，并不在意。第二是与创造社联合起来，造成一条战线，更向旧社会进攻，我再勉力写些文字。但不知怎的，看见伏园回来吞吞吐吐之后，便又不作此想了。然而这也不过是近一两天如此，究竟如何，还当看后来的情形的。"②11 月中旬，鲁迅收到了中山大学的聘书，但是他仍有些顾虑，他说："我已收到中大聘

----

①　鲁迅、景宋：《两地书》（六〇）。
②　鲁迅、景宋：《两地书》（六九）。

书,月薪二百八,无年限的,大约那计划是将以教授治校,所以凡认为非军阀帮闲的,就不立年限。但我的行止,一时也还不能决定。此地空气恶劣,当然不愿久居,而到广州也有不合的几点:(一)我对于行政方面,素不留心,治校恐非所长;(二)听说政府将移武昌,则熟人必多离粤,我独以'外江佬'留在校内,大约未必有味;而况(三)我的一个朋友将往汕头,则我虽至广州,又与在厦门何异。所以究竟如何,当看情形再定了,好在开学还在明年三月初,很有考量的余地。"①

11月20日,林语堂因为校方削减国学研究院预算而提出辞去秘书职位。25日,林文庆召开国学研究院谈话会,口头答应取消削减经费,林语堂软化,反而以中途难请教员为由挽留鲁迅。鲁迅则打定主意在学期结束就走,他说:"昨天我向玉堂提出以本学期为止,即须他去的正式要求,并劝他同走。"②"至于我则无论如何,仍于学期之末离开厦门而往中大。"③

鲁迅要离开厦大的消息,是从广州的报纸传到厦门的。学生们对于他的离开,确实有些反响,一些学生要求鲁迅教满他们一年才走。鲁迅说:"我离开厦门后,有几个学生要随我转学,还有一个助教也想同我走,他说我对于金石的知识于他有帮助。"④

12月31日,继沈兼士、孙伏园离开厦大之后,鲁迅也向校方提出了辞职。他写道:"前天,十二月卅一日,我已将正式的辞职书提出,截至当日止,辞去一切职务。这事很给学校当局一点苦闷:为虚名计,想留我,为干净,省事计,愿放我走,所以颇为难。但我和厦大根本冲突,无可调和,故无论如何,总是收得后者的结果的。今日学生会也举代表来留。自然是具文而已。接着大概是送别会,有恭维和愤慨的演说。学生对于学校并不满足,但风潮是不会有的,因为四年前曾经失败过一次。"⑤

166

---

①　鲁迅、景宋:《《两地书》(七三)。
②　鲁迅、景宋:《《两地书》(八三)。
③　鲁迅、景宋:《《两地书》(八六)。
④　鲁迅、景宋:《《两地书》(九三)。
⑤　鲁迅、景宋:《《两地书》(一〇四)。

"这几天，'名人'做得太苦了，赴了几处送别会，都要演说，照相。我原以为这里是死海，不料经这一搅居然也有了些波动，许多学生因此而愤慨，有些人颇恼怒，有些人则借此来攻击学校或人们，而被攻击者是竭力要将我之为人说得坏些以减轻自己的伤害。所以近来谣言颇多，我但袖手旁观，煞是有趣。然而这些事故，于学校是仍无益处的，这学校除全盘改造之外，没有第二法。

学生至少有二十个也要走。我确也非走不可了，因为我在这里，竟有从河南中州大学转学而来的，而学校的实际又是这模样，我若再帮同来招徕，岂不是误人子弟？所以我一面又做了一篇通信去登《语丝》，表明我已离开厦门。"①

鲁迅提出辞职后，厦大全体学生组织了送别会。会上学生演说，他也演说，虽然学生的演说表现颇为"愤慨"，但他认为"风潮是不会有的，因为四年前曾经失败过一次"。可是，过了几天，他改变了看法。他说："校内大约要有风潮，现正在酝酿，两三日内怕要爆发。这已由挽留运动转为改革学校运动，本与我不相干，不过我早走，则学生少一刺戟，或者不再举动，但拖下去可不行了。那时一定又有人归罪于我，指为'放火者'，然而也只得'听其自然'，放火者就放火者罢。"②

鲁迅明白，学生不愿他离开厦大，但他早已决定要离开，风潮发生，一定有人归罪于他。对于这种指责，他坦然以对。他的离开令一些人感到高兴，但是鲁迅的看法恰恰相反，他说："玉堂恐怕弄不下去，但国学院一时是不会倒的，不过不死不活，'学者'和白果，已在联络校长了，他们就会弄下去。然而我们走后，不久他们也要滚出的。为什么呢，这里所要的人物，是：学者皮而奴才骨。他们却连皮也太奴才了，这又使校长看不起，非走不可。"③

在学生们的眼中，刘树杞的一些所为大多针对国学院，国学院教员纷纷离开必然与他有关。因此，当鲁迅一走，学生们便无法忍耐，

①　鲁迅、景宋：《两地书》（一〇五）。

②　鲁迅、景宋：《两地书》（一〇九）。

③　鲁迅、景宋：《两地书》（一〇一）。

终于爆发风潮,这就是顾颉刚写给胡适的信中所说的:"厦大的风潮,起于理科与文科的倾轧,而成于鲁迅先生的辞职"。①

厦大风潮发生之前,鲁迅已经呈上辞职信,这是来到厦大不久就有的念头。1月6日,风潮发生,鲁迅因薪水还没结清和船期尚在等待,直到1月15日鲁迅才登船离开厦门,前往广州。在这段时间里,表面上看来平静无事,其实却是大有文章。鲁迅在《海上通信》中说:

> 我直到十五日才上船,因为先是等上月份的薪水,后来是等船。在最后的一个星期中,住着实在很为难,但也更懂了一些新的世故,就是,我先前只以为要饭碗不容易,现在才知道不要饭碗也是不容易的。我辞职时,是说自己生病,因为我觉得无论怎样的暴主,还不至于禁止生病;倘使所生的并非气厥病,也不至于牵连了别人。不料一部分的青年不相信,给我开了几次送别会,演说,照相,大抵是逾量的优礼,我知道有些不妥了,连连说明我是戴着'纸糊的假冠'的,请他们不要惜别,请他们不要忆念。但是,不知道怎地终于发生了改良学校运动,首先提出的是要求校长罢免大学秘书刘树杞博士。
>
> 听说三年前,这里也有一回相类的风潮,结果是学生完全失败,在上海分立了一个大夏大学。那时校长如何自卫,我不得而知;这回是说我的辞职,和刘博士无干,乃是胡适之派和鲁迅派相排挤,所以走掉的。这话就登在鼓浪屿的日报《民钟》上,并且已经加以驳斥。但有几位同事还大大地紧张起来,并开会质问;而校长却答复得很干脆:没有说这话。有的还不放心,更给我放散别种的谣言,要减轻"排挤说"的势力。真是"天下纷纷,何时定乎?"如果我安心在厦门大学吃饭,或者没有这些事的罢,然而这是我所意料不到的。②

---

① 《顾颉刚就厦大第二次学潮致胡适函》,《胡适来往书信选》(上),中华书局(1979—1980)。

② 鲁迅:《海上通信》,见《华盖集续编》。《鲁迅全集》第3卷,人民文学出版社(2005),第418页。

　　林语堂南下来厦大,原想能为桑梓教育和国学研究作出些努力,可是却不能如愿。他不仅曾遭到校内一些人的刁难与冷遇,而且国学研究院的经费也一再被削减,使他甚为不满。1927年初,厦大第二次学潮爆发后,一直延续至三月份。这时国学研究院已停办,林语堂亦辞职,并于3月间离开厦门大学赴武汉任职。

　　3月22日,顾颉刚终于也退还聘书辞职,和林语堂相继离开了厦大。他说:"当他们(按:指鲁迅和刘树杞)走时,我们总以为风潮可以告一结束了。不料又兴起了攻击校长的风潮。学生把他告到省政府。教员又要行委员制(这是听来的,说不定是谣言)。于是林校长便到南洋,向陈嘉庚先生告急。他去了之后,倒人人自危起来,因为嘉庚先生是性子很刚愎的,说不定要和集美一样关门。或谓这一次林校长回厦时,一定把语堂先生撵走。有人同我说,'林校长对于国学院同人,除了张亮丞先生和你以外,没有好感。希望将来你们不要被他们鼓动。'言下大有留我们二人而驱别人之意。但我立定主意,如果我们留下来,将来也是办不好的。何况闽南派并不比刘楚青好,将来的倾轧正多着呢!"①

　　轰轰烈烈的厦大国学院就这样悄无声息地结束了。直到近80年后,才又重新出现在世人面前。但此时的国学院已不是鲁迅和林语堂时代的国学院了。

---

　　① 《顾颉刚就厦大第二次学潮致胡适函》,《胡适来往书信选》(上),中华书局(1979—1980)。

五、林语堂与鲁迅（下）

1927 年初，在大革命的岁月中，鲁迅和林语堂先后离开了南国海滨的厦门，一个于 1 月去了"大革命的后方"广州，出任中山大学文学系主任兼教务主任；一个于 3 月去了新的国民政府所在地武汉，担任外交部秘书。"四一二事变"和"马日事变"后，武汉国民党中央也于 7 月 15 日作出"分共"决定，是为"宁汉合流"，使轰轰烈烈的"大革命"归于失败。

1927 年秋天，林语堂和鲁迅先后从武汉和广州来到了十里洋场的上海。9 月上中旬，林语堂先抵达上海。由于"对那些革命家也感到腻烦"，林语堂把上海当成自己的避难所，他希望选择自由的职业写作生活。但不久，由于蔡元培出任大学院院长，并把下属的中央研究院迁到了上海，对林语堂颇为了解和器重的蔡元培便把他招入麾下，担任研究院的英文主编兼国际出版品交换处处长，月薪 300 元，实际上扮演蔡元培英文秘书的角色。

10 月 3 日，鲁迅与许广平也从广州到达上海。当天晚上，林语堂闻讯立即前往旅社拜访，两人谈至深夜。第二天上午，林语堂再次前去拜访，中午由孙伏园兄弟作东，请鲁迅、许广平、周建人及林语堂一起聚餐。饭后 6 人合影留念，这是鲁迅到上海后拍摄的第一张照片，被称为是鲁迅和许广平的"结婚照"。

鲁迅到上海后，也被蔡元培任命为大学院的特约撰述员，月薪也是 300 元（一年后大学院撤销，恢复教育部，中央研究院独立出来，鲁迅仍为特约撰述员）。不久，在北京遭到奉系军阀查禁的《语丝》迁到上海，并由鲁迅接编。当年在北京就与鲁迅并肩战斗的林语堂自然继续积极为《语丝》撰稿，《语丝》第 4 卷共出 52 期，林语堂就发表了 11 篇文章，包括《萨天师语录》、《论创作与批评》、《给孔祥熙部长的一封公开信》等，直接或间接地对现实政治给予批判。

鲁迅、许广平与周作人(左一)、林语堂(后排中)等合影

1928 年 6 月,鲁迅与郁达夫在上海共同创办了《奔流》月刊,并由鲁迅亲自主持编辑工作。当年 11 月,林语堂在该刊发表了新创作的独幕喜剧《子见南子》,塑造了一位思想开放、不拘旧礼节的新女性。后来,位于孔子故乡曲阜的山东省立第二师范学校演出了这个戏,结果引起孔氏族人的抗议,向教育部控告校长"侮辱孔子",掀起了一场轩然大波,最后以教育当局将校长调离曲阜了事。鲁迅将涉及这桩公案的所有重要文章收集起来,汇编为《关于"子见南子"》,在《语丝》第五卷第 24 期发表。鲁迅在《结语》中写道:"所谓'息事宁人'之举,也还是'强宗大胜'的完全胜利也",①对当局表示了无言的抗议。

1928 年冬,林语堂在英文《中国评论周报》上发表了题为《鲁迅》的专文,后被译为中文在《北新》半月刊发表。这是林语堂所写的有关鲁迅的第一篇文章,也是中国人所写的向英语读者介绍鲁迅的第一篇文章。文章对鲁迅做了全面和中肯的评价,对鲁迅在险恶环境中所表现出来的勇敢和睿智给予了高度的赞扬。

然而,随着形势的发展和鲁迅的"转向",林语堂和鲁迅在思想观

---

① 鲁迅:《关于"子见南子"》结语,《语丝》第 5 卷第 24 期。

念和对自己社会角色定位等方面逐渐产生了不同的认识。鲁迅日益倾向于"革命文艺",倾向于"无产阶级世界观",倾向于站在共产党人的立场反对国民党;而林语堂对无产阶级文艺观却并不认同,他虽然对国民党的一些政策也有不同看法,但并不直接与当局对抗,而更多地体现为不合作、不同流。

与此相适应,两人对于中国人的"国民性"也有截然不同的看法。林语堂的国民性探究,是一种兼及正负的较为全面的研究和描述。他虽然认为中国国民性中有若干缺陷,却也对一些国民性特征譬如"中庸之道"予以欣赏。他推崇的"高地人生观",实则是一种融合了儒家的谦逊耿介和道家的超尘脱俗、自然简朴的人生理想和处世哲学。而鲁迅对中国的国民性,包括那些令他极难忍受的愚昧、麻木、怯弱、懒惰、狡滑、苟安、奴性、精神胜利、自欺欺人甚至"人吃人"等,一直予以猛烈抨击,且语多峻急,极尽讥讽。1929 年 1 月 24 日林语堂日记记载,两人曾讨论过这一问题,但终因观点不同而不欢而散。

思想认识的分歧也使两个人在感情上有了隔阂。发生在 1929 年 8 月 28 日的"南云楼风波",虽然只是一次误会,但却使两个人的友谊濒临破裂。对于这次风波,鲁迅在他的日记里是这样说的:"二十八日……晚霁。小峰来,并送来纸版,由达夫、矛尘作证,计算收回费用五百四十八元五角。同赴南云楼晚餐。席上又有杨骚、语堂及夫人、衣萍、曙天,席将终,林语堂语含讥刺。直斥之,彼亦争持,鄙相悉现。"①而另一个当事人林语堂 40 年后在《忆鲁迅》一文中说:"有一回,我几乎跟他闹翻了。事情是小之又小。是鲁迅神经过敏所至。那时有一位青年作家,……他是大不满于北新书店的老板李小峰,说他对作者欠帐不还等等。他自己要好好的做。我也说了附合的话,不想鲁迅疑心我在说他。……他是多心,我是无猜。两人对视像一对雄鸡一样,对了足足两分钟。幸亏郁达夫作和事佬。几位在座女人都觉得'无趣'。这样一场小风波,也就安然流过了。"②

---

① 《鲁迅日记》(1929 年 9 月 28 日)。《鲁迅全集》第 15 卷,人民文学出版社(2005)。

② 林语堂:《忆鲁迅》,《无所不谈合集》,台北开明书局(1974)。

对这一"风波"的起因，鲁迅和林语堂虽然持不同见解，但"和事佬"郁达夫在《回忆鲁迅》中明确指出，这是"因误解而起正面的冲突"。当时，鲁迅有了酒意，"脸色发青，从座位上站了起来"，"一半也疑心语堂在责备这第三者的话，是对鲁迅的讥刺。"林语堂也起身申辩，空气十分紧张，郁达夫一面按鲁迅坐下，一面拉林语堂夫妇走下楼去。郁达夫的结论说："这事当然是两方面的误解，后来鲁迅原也明白了，他和语堂之间是有过一次和解的。"①

尽管这是一场误会，但两个人思想深处的分歧还是存在的。没有思想上的分歧，这场偶然的误解也就不会发生了。这以后，两个人开始了第一次"疏离"。这一疏离长达 40 个月。直到 1932 年 9 月 16 日《论语》创刊后，两个人才又恢复了联系。

《论语》是一群自由主义知识分子的同人刊物，林语堂在《"论语"缘起》中说："《论语》社同人，鉴于世道日微，人心日危，发了悲天悯人之念，办一刊物，聊抒愚见，以贡献于社会国家。"②《论语》打出的是不左不右、不偏不倚的旗号，并在《论语社同人戒条》中宣称："不反革命，不评论我们看不起的人，不破口骂人，不拿别人的钱，不说别人的话，不附庸风雅，更不附庸权贵"等等。《论语》在某种意义上继承了《语丝》"任意而谈，无所顾忌"的编辑路径，又以生动活泼、幽默风趣的独特风格吸引了广大读者。刊物一问世即被抢购一空，不得不重印多次，林语堂的名字从此与《论语》紧密联系在一起。鲁迅从当年 11 月起开始在《论语》（第 8 期）发表文章，此后一发不可收拾，在第 11、12、13、17、19、25 期均有他的文章发表或转载，包括《帮忙文学与帮闲文学》、《从讽刺到幽默》、《"论语"一年》等。

1932 年底，林语堂的"匪心"又悄悄复活了，12 月 17 日，他和宋庆龄、蔡元培、杨铨（杏佛）等人一起发起成立中国民权保障同盟，并担任了临时执委会委员和"宣传主任"。同盟的宗旨是为争取结社、言论、出版、集会自由等民主权利而进行斗争。鲁迅积极参加了同盟

---

①　郁达夫：《回忆鲁迅》，《郁达夫全集》第 3 卷，浙江大学出版社（2007），第 330～331 页。

②　林语堂《"论语"缘起》，《论语》创刊号（1932 年 9 月）

从筹备到成立期间的一系列工作,并担任了上海分会的执行委员。在同盟中的共事给他们带来了许多见面的机会,也使人们在时隔三年多之后,重新在《鲁迅日记》中读到了林语堂的名字。

1933年春,在上海宋庆龄旧居欢迎萧伯纳时,
鲁迅(右一)与林语堂(右二)等合影。

　　自此以后,两个人的交往多了起来,并共同参加了同盟组织的一些活动。1933年2月17日,新春伊始,爱尔兰著名作家、诺贝尔文学奖获得者、世界反帝大同盟名誉主席萧伯纳到访上海。林语堂首先写信通知鲁迅,并与宋庆龄、蔡元培、鲁迅等一起参加了接待萧伯纳的活动。由于林语堂与萧伯纳同为"幽默"作家,对英语又特别精通,因此他比鲁迅更接近萧伯纳,并先后写了至少5篇文章记述萧伯纳来访的情景。鲁迅也在《论语》"迎萧"专号中发表了《水的矛盾》一文,还在日本《改造》上发表了《看萧和"看萧的人们"记》。而这次"迎萧"在宋庆龄寓所留下的合影照片,也成了他们两人在第一次"疏离"后又"相得"的最好见证。

　　正当林语堂名声直线上升的时候,1933年6月18日,上海法租界响起了几声沉闷的枪声,中国民权保障同盟总干事杨杏佛被杀害了。同盟内外的人们都很震惊,有的人不明真相,说林语堂胆小得连杨杏佛的悼念活动都不敢参加。连鲁迅也说:"这种时候就看出人来了，林语堂就没有去，其实，他去送殓又有什么危险！"①其实吊唁杨杏佛的仪式共有两次，一次是 6 月 20 日，即鲁迅以为林语堂没有去的那一次，还有一次是 7 月 2 日的送殡下葬仪式，林语堂参加了。这两次活动林语堂和鲁迅各参加一次，都是冒着危险去的。

《论语》创办之初，鲁迅对这份刊物是支持甚至是赞赏的。然而，随着时间的推移，鲁迅和《论语》主办者林语堂在文艺思想上的分歧逐渐显现了出来。在《论语》第三期，林语堂发表了《我们的态度》一文，正式提出要"以提倡幽默文字为主要目标"。鲁迅不同意这一主张，1933 年 3 月，他写了《从讽刺到幽默》、《从幽默到正经》两文，明确指出："'幽默'既非国产，中国人也不是长于'幽默'的人民，而现在又实在是难以幽默的时候。"②鲁迅认为在反动派屠刀下，没有幽默可言。在血与火的斗争中，鲁迅无畏地宣称："只要我活着，就要拿起笔，去回敬他们的手枪。"9 月，在《论语》创刊一周年纪念时，鲁迅应约写了《"论语一年"》，他尖锐地指出："慨自语堂大师振兴'幽默'以来，这名词是很通行了，但一普遍，也就伏着危机"。③ 林语堂则在两个多月后发表《论幽默》一文作为回应。他认为，"幽默本是人生之一部分，所以一国的文化，到了相当程度，必有幽默的文学出现。"④愈有智慧，愈能够产生幽默，"最上乘的幽默，自然是表示'心灵的光辉与智慧的丰富'，如麦烈斯氏所说，是属于'会心的微笑'一类的。"⑤林语堂对"幽默"的理解，显然与鲁迅很不相同，这使他们无法沟通，只能各说各话。

《论语》发行一年多之后，由于林语堂与发行人邵洵美意见不同，便改请陶亢德任主编。林语堂一边继续为《论语》撰稿，一边创办了一本全新的刊物——《人间世》。它以"自我"为中心，以"闲适"为格

---

① 冯雪峰：《回忆鲁迅》，转引自《鲁迅与林语堂》第 92 页。

② 鲁迅：《从讽刺到幽默》，《鲁迅全集》第 5 卷，人民文学出版社(2006)。

③ 鲁迅《"论语一年"》(1933 年 8 月 23 日)，《鲁迅全集》第 4 卷，人民文学出版社(2006)。

④ 林语堂：《论幽默》，《论语》第 33 期、35 期(1934 年 1 月)。

⑤ 同上文。

调,专门刊载一些平和冲淡、抒写性灵的散文小品。林语堂在《发刊"人间世"意见书》中说:"盖小品文,可以发挥议论,可以畅泄衷情,可以摹绘人情,可以形容世故,可以札记琐屑,可以谈天说地",①它不属于某一特定时代,不针对某一特定现实,也不传达某一种意识形态,而只就"人生社会"立言,只表达作者独自的见解。它的文字是纯天然的,是人的真性情的自然流露。显然,这样的文艺观,和以鲁迅为代表的左翼作家的文艺观是难以相容的。因此,《人间世》一出版,就遭到左翼作家的批判。鲁迅说,他"并非全不赞成《论语》",而对《人间世》则全不赞成。

正如陶亢德所说,鲁迅与林语堂的不同之处,是鲁迅对于现世界、现社会的丑恶,处处抗争到底,所以他视笔如刀,视小品文如匕首;林语堂则认为人生或世界不无静观自得之处,文学只是"性灵的表现",不可以充作政治的武器。

从1934年下半年起,左翼作家增强了对林语堂和论语派的批判,把他们视为和新月派、"自由人"、"第三种人"一样。批判的火力主要集中在林语堂文学上的趣味主义和自由主义,并斥责幽默刊物为"麻醉文学"。这就有了鲁迅和林语堂的第二次疏离。这一疏离,两人再无来往,林语堂的名字从此在鲁迅日记里完全消失了。

林语堂"很不幸",左翼作家批评他,右派文艺家也攻击他,把他和鲁迅列在一起,在《申报》上进行"声讨"。但他依然固守着《论语》和《人间世》,坚持自己"幽默与俏皮"的文风。鲁迅曾劝林语堂不要再搞这类小品了,可以翻译一些英国文学名著,但林语堂回信说,这些事"等老了再说"。于是鲁迅又疑心林语堂讽刺他"老了"。8月13日鲁迅给曹聚仁写信说:"这时我才悟到我的意见,在语堂看来是暮气。但我至今还自信是良言,要他于中国有益,要他在中国存留,并非要他消灭。他能更急进,那当然很好,但我看是决不会的,我决不出难题给别人做,不过另外也无话可说了。"②这话传到林语堂的耳

---

① 林语堂:《发刊"人间世"意见书》,转引自《鲁迅与林语堂》第106页。
② 《鲁迅全集》第12卷,人民文学出版社(2006),第505~506页。

朵里,他笑道:"亦近挑拨呢。我的原意是说,我的翻译工作要在老年才做。因为我中年时有意思把中文作品译成英文。……现在我说四十译中文,五十译英文,这是我工作时期的安排,哪有什么你老了,只能翻译的嘲笑意思呢?"

　　误会,又一次误会破坏了两个人的感情。一次次"误会"之后鲁迅对林语堂不再"以朋友待之",甚至不与同席。1934年,另一位语丝派健将在上海大观楼补办婚宴,林语堂夫妇最先光临,鲁迅旧帽遮颜,姗姗来迟,双脚踏上楼梯,一眼瞧见林氏夫妇,便掉身出门,终不见归。这两件事,从表面上看是鲁迅的狭隘,从深处看则表明鲁迅认为林语堂似乎是不可救药了。他先后写了《骂杀和捧杀》、《读书忌》、《病后杂谈》、《论俗人应避雅人》、《隐士》等文,对林语堂进行了嬉笑怒骂般的批判。其中1935年4月20日刊于《太白》上的《天生蛮性》,全文只有三句话:"辜鸿铭先生赞小脚;郑孝胥先生讲王道;林语堂先生谈性灵。"①把林语堂与前清遗老和伪满大臣相提并论,足见鲁迅对其的观感。但是林语堂对自己的文艺观点同样确信无疑,并声称"欲据牛角尖负隅以终身"。他除了写《作文与作人》、《我不敢再游杭》、《今文八弊》等文章来回敬反对者外,还于1933年至1934年7月,在赛珍珠的激励下,用英文完成了《吾国与吾民》的长篇论著。次年这本著作在美国出版,产生了极大的反响,使林语堂一鸣惊人,也使外国人看到了中国人的真实形象。

　　这时候,远在莫斯科的"第三国际",也注意到了上海文坛和文坛上的林语堂,并通过萧三多次给"左联"写信,指出在中华民族危亡的情势下,要团结像林语堂这样有影响有成就的作家。于是"左联"方面的"文学社"、"太白社"和持"中间立场"的"论语社"求得大同,签署了《我们对于文化运动的意见》。1935年底,鲁迅发表《杂谈小品文》,这大概算是最后一击,此后双方也就平静了下来。

　　1936年8月10日晚,林语堂一家乘"胡佛总统号"客轮前往美国。两个月后,1936年10月19日,鲁迅在上海去世,年仅56岁。林语堂在美国纽约惊闻故友逝世的消息后,于11月22日撰文《鲁迅

①　鲁迅:《天生蛮性》,《太白》(1935年4月20日)。

之死》以示悲悼,并盛赞鲁迅的伟大:

"鲁迅投鞭击长流,而长流之波复兴,其影响所及,翕然有当于人心,鲁迅见而喜,斯亦足矣。宇宙之大,沧海之宽,起伏之机甚微,影响所及,何可较量,复何必较量? 鲁迅来,忽然而言,既毕其所言而去,斯亦足矣。鲁迅常谓文人写作,固不在藏诸名山,此语甚当。处今日之世,说今日之言,目所见,耳所闻,心所思,情所动,纵笔书之而罄其胸中,是以使鲁迅复生于后世,目所见后世之人,耳所闻后世之事,亦必不为今日之言。鲁迅既生于今世,既说今世之言,所言有为而发,斯足矣。后世之人好其言,听之;不好其言,亦听之。或今人所好之言在此,后人所好在彼,鲁迅不能知,吾亦不能知。后世或好其言而实厚诬鲁迅,或不好其言而实深为所动,继鲁迅而来,激成大波,是文海之波涛起伏,其机甚微,非鲁迅所能知,亦非吾所能知。但使波涛之前仆后起,循环起伏,不归沉寂,便是生命,便是长生,复奚较此波长彼波短耶?"①悼文中,林语堂对鲁迅的敬意依然在字里行间闪现。

总之,从1927年到1936年,林语堂和鲁迅都到了上海。十年间,两人都以文为生,不过走的却是不同的路子。鲁迅直面惨淡的人生,把文学当作"匕首"和"投枪"刺向敌人;林语堂则借助幽默表现性灵与闲适,曲折地表示自己的不满,认为"愈是空泛的,笼统的社会讽刺及人生讽刺,其情调自然愈深远,而愈近于幽默本色。"这是不同的角度、不同的选择,而在角度不同的道路上行走,愈走愈远是无奈也是现实。

这两个曾经有过密切友谊的人在上海相聚了,但相聚有友谊,也有裂痕。他们为文的风格和人生道路的不同,从他们的出身就可以看出端倪。林语堂出生在乡村牧师的家庭,他从平和坂仔的偏僻乡村走向厦门、走向上海北京,赴国外留学,然后回国发展,生活有不顺心甚至有危险,但总体是向上发展的,在他的内心,欢乐多于忧愁,他坚持的是"人生要快乐"。而鲁迅出生在没落的贵族家庭,祖辈因科举犯案而令他从小饱尝人间冷暖,成人之后更看惯了诸多炎凉世态

① 林语堂:《鲁迅之死》(1936年11月22日),《宇宙风》第32期(1937)。

和人性的丑恶,因此他秉持的是"一生都不宽恕"。

　　作为同一个时代的著名作家,林语堂和鲁迅"以自己的方式行走在那段岁月,并以不同的风格放射出各自的光芒。"他们曾经相得,也曾经相离,正如林语堂在鲁迅逝世后所写的悼念文章中所说的:"鲁迅与我相得者二次,疏离者二次,其即其离,皆出自然,非吾于鲁迅有轻轩于其间也。吾始终敬鲁迅;鲁迅顾我,我喜其相知,鲁迅弃我,我亦无悔。大凡以所见相左相同,而为离合之迹,绝无私人意气存焉。……然吾私心终长辈视之,至于小人之捕风捉影挑拨离间,早已置之度外矣。"①

---

　　①　林语堂:《鲁迅之死》(1936 年 11 月 22 日),《宇宙风》第 32 期(1937)。

六、两脚踏东西文化

　　"两脚踏东西文化,一心评宇宙文章。"这是林语堂平生最得意的一副对子。林语堂成名之后,一个朋友讲他最大的本事就是对中国人讲外国文化,对外国人讲中国文化。林语堂对此颇为自得,并手录此联挂在自家书房"有不为斋"的墙壁上,成为书房里最重要的装饰之一。

　　确实,在 20 世纪早期的中国学者中,林语堂可谓是一位地道的跨文化使者。他跨越了中西文化之间的鸿沟,在不同文化的特定语境中,找到了把中国文化的思想转换成英语表达的途径,使得西方人对中国文化和社会生活能够有较深刻的了解,继而通过互动把彼此的差异性显示给对方。

　　得天独厚的学历背景与外语能力,为语言学家出身的林语堂提供了"两脚踏东西文化,一心评宇宙文章"的优越条件。于是,他充分利用自己的特长,自觉化身为连通东西方的跨文化桥梁,促进了中外文化的交流与互识,也成就了他自身的价值与意义。

　　"对中国人讲外国文化"的标志性成果,也是最为人们津津乐道的文坛佳话,当数他创造性地将英文"humour"译为"幽默",并创办了第一本提倡"幽默"的中文杂志——《论语》,因而博得"幽默大师"的雅号。"对外国人讲中国文化"则是他毕生用心更专、用力更勤、贡献更大的事业。他在美国和英国先后出版了三十几部英文作品,如《吾国与吾民》、《生活的艺术》、《京华烟云》等名著,其中绝大多数是以中国文化为题材的普及性读物。"把渊深的中国文化通俗化了介绍给世界",这是林语堂后半生的主要工作与成就所在,也是他身为中国作家而为西方人熟知的原因。

　　"对中国人讲外国文化",主要是林语堂 1936 年出国之前的事。1924 年 5 月,他刚从海外留学归来、担任北大教授八个月,便在《晨

林语堂

报》副刊发表《征译散文并提倡幽默》,主张"在高谈学理的书中或是大主笔的社论中,不妨夹些不关紧要的玩意儿的话,以免生活太干燥无聊"。① 他第一个把英文"humour"介绍到中国,并译为"幽默",得到学界的广泛认可。随后他又发表《幽默杂谈》,用对话形式对幽默的特点和作用做了进一步说明。

时隔十年,1934 年初,林语堂又发表了《论幽默》一文。在此之前他谈幽默,更多注重的是文学风格,立意让中国文学过于严肃的脸孔稍为放松;而《论幽默》则引证 George Meiedith 的名言:"我想一国文化的极好的衡量,是看他喜剧及俳调之发达,而真正的喜剧的标准,是看他能否引起含蓄思想的笑。"② 进而他把幽默定为"一种态

---

① 林语堂:《征译散文并提倡幽默》,《晨报》副刊 1924 年 5 月 23 日。

② 林语堂:《论幽默》,《论语》第 33 期、35 期(1934 年 1 月 16 日、2 月 16日)。

度,一种人生观",而并非愤世嫉俗的讽刺,更不是欠缺理智的谩骂,幽默的心境应是深远超脱,冷静温厚,同时"带一点我佛慈悲之念头"。

他把幽默当做文化的一种形式,强调"超脱",既反对中国传统文人的狭隘心态与尖酸刻薄,提倡宽容大度;也反对三十年代左翼文人的"急功好利",提倡远离政治。他的"超脱"还有自我心理调节的意义,如忘掉功名利禄,懂得"人生在世是为何,还不是有时笑笑人家,有时给人家笑笑",①以此保持开放的心灵,使枯燥的生活变得有趣一点,好过一些。

在林语堂看来,文化的含义是十分宽泛的,它不仅是指与政治、经济相并列的侠义的文化,而且是指与人性和人的生活、人的行为紧密联系在一起的广义的文化,"谈不到人生便也谈不到文化",这种广义的文化现象较之跟政治、经济紧密结合的社会思潮、思想变迁、学术发展等相比,要稳固得多,也更能体现出民族性。因此,他常常用比较的方法,拿中国人与美国人、英国人或日本人作比较。

1935 年,林语堂在《人间世》发表《谈中西文化》一文。他强调西方人注重的是个人主义,"你看看西洋女子之刚强独立跟中国女子之小鸟依人一比就明白了"。他认为,"西方主动,东方主静;西方主取,东方主守;西方主格物致知之理,东方主安心立身之道"。② 他还认为,英国人不讲究逻辑,但却适于生存,因为他们"能够在最适当的时候做出最适当的事情";"美国人是闻名的伟大的劳碌者,中国人是闻名的伟大的休闲者";③"东方人是近人情的,西方人是讲逻辑的;西方人多专门知识,东方人多人情事理;东方人求'实',西方人求'虚',爱在道理上追根究底;西方人善长篇大论,东方人只用一篇短文就说清了道理;等等"。④

---

① 林语堂:《论幽默》,《论语》第 33 期、35 期(1934 年 1 月 16 日、2 月 16日)。

② 林语堂:《谈中西文化》,《人间世》1935 年第 26 期。

③ 林语堂:《英国人与美国人》,转引自《鲁迅与林语堂》第 203 页。

④ 林语堂:《生活的艺术》,《林语堂文集》,作家出版社第 7 卷第 149 页。

林语堂向中国人介绍的,不仅是英美等国人民的物质生活方式,而且包括英美等国的政治制度。他说:"英国的政体本身便是一件矛盾的东西,名义上是君主政体,实际上却是民主政体,可是不知怎的,英国人并不觉得其中有什么冲突。英国人一面向他们的国王表示忠诚,可是跟着又假手他们的国会去规定王室的费用。""美国民主政体根本是基于'为最多数人谋最大幸福'这一理想",①"我对于美国的民主政体和信仰自由感到尊敬。我对于美国报纸批评他们的官吏那种自由感到欣悦,同时对美国官吏以良好的幽默意识来对付舆论的批评又感到钦佩。"②

林语堂对西方民主政体的肯定,是基于对中国两千多年君主专制本质的认识。他说:"孔夫子叫君子治国,所以我们也把官僚真当君子看待,绝不加以法律的制裁。西人不讲君子治国,所以把官僚当凶犯看待,时时绳之以法律,恫之以监狱,防之以舆论,动不动就要弹劾,把他送入牢狱去。西人是相信韩非的话,不期使人为善,只期使人不敢为恶。……我们把官僚当君子看待,一概听其良心,爱民也良心,征税也良心,占你的田奸你的姐也良心,结果只有一成廉洁自守,却有九成的民贼;西方把官僚当民贼看待,不讲良心,只讲法律,结果有一成民贼,却有九成像煞君子。这是东方西方政治之不同。"③

作为一位在国外受过多年教育的学者,他对中外教育制度和教育方法也做了多方面的比较,并提出了诸多改进的措施。他在寰球中国学生会的讲演中,表达了中国文化应当实现现代化的总体看法。他说:"今日中国,正处在新陈代谢,中西交汇的时期,是一种极凌杂,极荒芜的现象","儒家的道统,已经为世界潮流所打破,沉寂单纯的局面化为矛盾凌乱,我们应该在这新的解放自由的局面,希望重见思想的复兴。"他还说:"我们所求于大学的毕业生,并不是一位学问渊博的专家,只是一位知道学问的门径,及有学问的旨趣,而最重要的还是一位头脑清醒思路通达的人,对于普通文化事物,文学、美术、政

183

---

① 林语堂:《美国人》,转引自《鲁迅与林语堂》第 205 页。

② 林语堂:《我爱美国的什么》,转引自《鲁迅与林语堂》第 206 页。

③ 林语堂:《再谈螺丝钉》,转引自《鲁迅与林语堂》第 206 页。

治、历史有相当批评的见解"。①

　　总之,林语堂"对中国人讲外国文化",不仅是要让中国人具体感知外国人及其生活方式,更重要的是要对中国人起一种思想启迪、文化交流和情感融洽的作用。

　　与"对中国人讲外国文化"相比,林语堂在"对外国人讲中国文化"方面所作的努力和所下的功夫要多得多,他在中外文化交流史上的成就和世界文坛中的地位也主要来自后一方面。

　　上世纪 30 年代出国前的林语堂,对中国文化看不足的多,看好处的少。出国以后,随着年龄的增长和角色、地位的转变,他在中外文化的比较中更着重介绍中国文化的长处,并以宣传中国文化为己任。他说:"中国自有顶天立地的文化在,不必样样效颦西洋,汲汲仿效西洋。"②在《论东西文化与心理建设》中,他着重谈了中国人对待外国人和外来文化应具有的健康心理。他认为,正确的态度是要自尊,"对于我国文化,信心未立,见诸行事,便失大国之风。孟子言,人必自侮然后人侮之。……你愈妄自菲薄,愈招外侮。这于近年来中外接触的事件上,处处可以发现。""妄自尊大与妄自菲薄,都不是大国的风度。最要是与外人接触时,有自尊心,不必悖慢无理,也不必足恭逢迎,不卑不亢,是为大国的风度。事由必争便须争,若十九世纪半殖民地心理未解除,怕得罪洋大人,便一切外交都无可办。"③这可以看做是林语堂在中外文化交流上的基本态度。

　　林语堂"对外国人讲中国文化"的开山之便是《吾国与吾民》(My Country and my People)。《吾国与吾民》堪称第一部深入分析和论述古今中国的英文著作,曾在美国引起巨大反响。受美国作家赛珍珠的鼓励,林语堂用坦率幽默的笔调、睿智通达的语言娓娓道出中国人的道德、精神状态与向往,以及中国的社会、文艺与生活情趣。

　　① 林语堂:《论现代批评的职务》,转引自《鲁迅与林语堂》第 208 页。
　　② 林语堂:《论赤足之美》,《林语堂作品选》(四),河北人民出版社(1991),第 64 页。
　　③ 林语堂:《论东西文化与心理建设》,《林语堂散文经典全编》第 2 卷,九州图书出版社(2004),第 286～291 页。

《吾国与吾民》分"中华民族之素质"和"中国人民的生活"两部分，上部总论，下部分论。其中第一章借用西方历史学家和人类学家的观点，解剖中华民族"延长的童年"以及八百年一周期的历史循环等等。林语堂从文化因素上探讨中国能够数千年延续下来的原因，他认为主要因素有二：一是家族制度，"这种制度有明确的定义和优良的组织系统，使得人们不可能忘记自己的宗系。"统治秩序可以改变，而中国家族仍然是中国的家族。另一个因素是"中国完全没有固定的阶级。每个人都有机会通过科举提高自己的社会地位。""中国的家族制度使人口增加，从而使种族得以延续；而科举制度则使国家能对人口进行质量上的选择，从而使才能得以再次繁殖，世代相传。"①

书中其余各章对中国人直觉的思维方式、中国文化的人文主义特性以及中国语言对文学的制约，多有作者自己的体悟，再加文章写得十分洒脱，可读性很强，大受西方读者赞赏。全书讲得最精采、最有特色的部分是关于道教、道家对中国人的心灵及中国文化的决定性影响。也正是这一点，使得林语堂讲中国文化讲出了自己的味道。

《吾国与吾民》描绘的汉民族十五种"德性"，自然有美德也有恶行。而其中"三大恶劣而重要的德性：忍耐、消极避世（无可无不可）、超脱老猾（俏皮）"，都与道家人生观有很大的关系。

林语堂认为："道家精神和孔子精神是中国思想的阴阳两极，中国的民族生命赖之以活动。"②道家教会中国人欣赏生命，享受生命，懂得"生命是如此惨愁，却又如此美丽"。至于中国人注重直觉的思维方式、中国人乐天知命的生存态度，以及中国文学艺术崇尚自然的审美情趣，更是被归功于道家精神。在他看来，中国人出于天性的接近老庄思想甚于教育之接近孔子思想。

赛珍珠在这本书的序言中写道："它实事求是，不为真实而羞愧。它写得骄傲，写得幽默，写得美妙，既严肃又欢快，对古今中国都能给

185

① 林语堂：《吾国与吾民》，黄嘉得译，上海西风社(1936)。《中国人》，郝志东，沈益洪译，学林出版社(1994)，第47～48页。

② 同上书，第68页。

予正确的理解和评价。我认为这是迄今为止最真实、最深刻、最完备、最重要的一部关于中国的著作。更值得称道的是,它是由一位中国人写的,一位现代的中国人,他的根基深深地扎在过去,他丰硕的果实却结在今天。"①可以说,《吾国与吾民》一书是林语堂生命的转折点,此后他就由对中国人讲西方文化转为对西方人讲中国文化了。

由于《吾国与吾民》开了一个好头,赛珍珠邀请林语堂到美国写作,直接向美国读者介绍中国文化和人文精神。1936 年,林语堂在权衡利弊后决定举家赴美。由于美国读者最喜爱《吾国与吾民》中《生活的艺术》那一章,赛珍珠便建议林语堂着重扩展这一章。林语堂欣然接受这一建议,并在半年时间里两易其稿,写出了《生活的艺术》(The Importance of Living)一书。该书于 1937 年在美国出版后,连续 52 周高踞畅销书排行榜第一位,被翻译成十余种文字,受欢迎的程度超越《吾国与吾民》。林语堂将中国人旷怀达观、陶情遣兴的生活方式和浪漫高雅的东方情调予以充分的传达,向西方人描绘了一个可供仿效的"生活最高典型"模式。以至有书评家称,"读完这本书后,我想跑到唐人街,一遇见中国人就向他行个鞠躬礼。"

《生活的艺术》全书共十四章,行文幽默,不少章节相当精采,如"以放浪者为理想"、"人生像一首诗"、"嬉戏的好奇心"、"论梦想"、"论幽默感"、"悠闲的重要"、"生活的享受"等章节,都写得洒脱隽永,不乏奇思妙想。全书的中心论题是:世界过于严肃,需要一种智慧的欢乐的哲学,而中国人生活的艺术即是"快乐的科学"(Gay Science),值得推荐给过分忙碌的西方人民。

同样在海外弘扬中国文化,林语堂不同于一般学者之处在于,他不单有专著立论,还有小说、文学传记为之形象化,故影响广泛。林语堂推崇道家文化,其小说便努力体现道家生活理想,主人公也多为道家信徒。

《京华烟云》(Moment in Peking)是林语堂用英文写就的长篇小说,展现了现代中国社会、历史的风云变幻,被比做现代《红楼梦》。

---

① 赛珍珠:《吾国与吾民》序,黄嘉得译,上海西风社(1936)。《中国人》,郝志东、沈益洪译,学林出版社(1994),第 8 页。

这部作品的英文原名为 Moment in Peking。此书名在翻译成中文时,先后出现了几种译法:有人译为《北京一刹那》,也有人译为《北京一瞬间》,还有人译为《瞬息京华》。这些译名虽然和原著词义相合,但并未译出原著的神韵,因此林语堂对这几个译名都不满意。在作品即将付梓时,他自己将其译为《京华烟云》——将 moment 译为"烟云",既巧妙地交代了时间,又饱含历史的沧桑感,四个字浑然一体、端庄凝重。

1940 年,《京华烟云》英文版出版后不久,林语堂给郁达夫去信,希望他能将其译成中文。信中介绍了自己的创作构思:"全书以道家精神贯串之,故以庄周哲学为笼络。"①书分"道家的女儿"、"园中的悲剧"、"秋日之歌"三部,每部卷首引一段庄子语录。难怪林语堂的女儿林如斯说:"全书受庄子影响。或可说庄子犹如上帝,出三句题目教林语堂去做"。

后来,林语堂又创作了《风声鹤唳》(A Leaf in the Storm,1941)和《朱门》(The Vermilion Gate, 1953)两部小说,和《京华烟云》一起成为林语堂的"三部曲"。四十年后林语堂作《八十自叙》,称"道家是何等人物,都在《京华烟云》中木兰的父亲姚老先生、《风声鹤唳》中的老彭、《红牡丹》中的梁翰林身上表现出来"。其实,《京华烟云》中"道家的女儿"木兰、《风声鹤唳》中为友捐躯的博雅、《红牡丹》(The Red Peony,1961)中隐居山中的若水和白薇,乃至风流寡妇红牡丹,还有《唐人街》(Chinatown Family,1948)中信奉老子哲学的艾丝……这些林语堂着意塑造的"好人",也全都是道家信徒。

姚思安"对正派的老传统不在乎","天马行空思想自由",是道家;红牡丹忠实于自己的感情,大庭广众中为死去的情人哭灵,是道家;姚思安弃家云游天下、木兰隐居杭州、若水夫妇垂钓富春江边更是道家。一句话,道家是满腔热情地享受人生,"半在尘世半为仙"。

自觉地比较东西文化的异同,思考积淀在民族心理中的传统文化,力图通过改造国民灵魂来改造中国社会,是二十世纪中国知识分

187

---

① 《林语堂作品选》(二),"自传拾遗"(关于《京华烟云》)河北人民出版社(1991),第 111 页。

子关注的一个中心课题。从严复、梁启超、王国维、林纾到"五四"一代知识分子,都把西方文化作为一个参照系,探讨中国人的民族性格,并寻求中国文化的出路。比起东、西洋"中国通"的隔膜和偏见(如渡边秀方的《支那国民性论》、原兵卫的《支那心理之解剖》),中国知识分子有可能看得更深更远,因为"在他脉管里夹着自尊与羞耻的洪潮而奔腾环流的血,是中国人的血"。① 林语堂以强烈的社会责任感和清醒的批判意识,通过在东方与西方的碰撞中、在过去与未来的夹缝中的亲身体验,写出了自己对这块神秘的大地旋转时带来的晕眩与颤动的真实感受,从而也才能使外国人真正理解活生生的中国"传统"。

诚如林语堂逝世后台湾《中国时报》社论所言,"林氏可能是近百年来受西方文化熏染极深而对国际宣扬中国传统文化贡献最大的一位作家与学人。其《吾土吾民》及《生活的艺术》以各种文字的版本风行于世,若干浅识的西方人知有林语堂而后知有中国,知有中国而后知有中国的灿烂文化。"② 以《吾国与吾民》、《生活的艺术》、《京华烟云》等名著为代表的英文作品,不仅为林语堂个人赢得了很高的国际声誉(国际笔会总会副会长,诺贝尔文学奖候选人),而且向西方人展示了一幅空前宏阔而又细腻的中国文化的长卷,在中国走向世界的文化历程中具有重要的历史与现实意义。

---

① 林语堂:《吾国与吾民》,黄嘉得译,上海西风社(1936)。《中国人》,郝志东,沈益洪译,学林出版社(1994),第26页。

② 台湾《中国时报》,1976年3月27日。

七、从大学教授到大学校长

从青年到老年，从北京到厦门、上海，从中国到美国、德国乃至新加坡，从大学的学生、教授到大学的校长，林语堂的这一生，与国内、国际的许多所著名大学有着密切的联系，并留下了闪亮的痕迹或者"剪不断，理还乱"的情结。

在大学任教期间，林语堂对教学颇有自己的一套方法。1928年，他应上海东吴大学法学院院长吴经熊的邀请，在东吴兼任英文教授。当时在东吴读书的薛光前在《我的英文老师》一文中回忆道：

语堂先生教英文，有他一套特别的教授法，与众不同。但功效之宏，难以设想。第一，他上课从不点名，悉听学生自由。但很奇怪的，老师虽不点名，但同学缺课的，绝无仅有。非但如此，在别班上课的同学，也往往会来参加旁听，把一个教教室挤得满满的，座无虚席。可见当时先生教学的高明，自然吸引了同学的热情爱戴。

第二，他的英文课，不举行任何形式的考试（包括学期内和学期终的考试）。可是他一样计分，结果比正式考试更觉公平允当，同学心中无不个个服帖原因是：他虽不举行机械式命题的笔试，事实上每次上课，举行一次非正式的考试。我们同班的同学，共约一百二十余人。语堂先生上了三五堂课以后，几乎能认识一般的同学，见面时能直呼其名。他的所以能认识这许多同学，有一个秘诀，就是在课堂上，随时指名起立回答问题或互相对话，这是他对同学的测验、训练，也是考试。他更鼓励同学自由发问。每当学期结束以前，要评定成绩分数时，在他脑筋中，对每位同学的程度和学力，都有一个相当正确的轮廓。所以他只要唱名，请同学们轮流的站起，他像相面先生一样，略为一相，

就定下分数。难得有几位，他觉得没有十分把握，发生疑虑时，就请他们到讲台前，略为谈上几句，测知端详，然后定分。这种定分方法，可谓奇特，但依我们同学自己的经验，其公正的程度，还超过在一般用笔试命题来计分的方法之上。

第三，语堂先生的教英文，从不用呆板或填鸭式的方法，教学生死读死背。上课时，总是笑颜常开，笑话连篇。从不正襟危坐，有时坐在讲桌上，有时坐在椅子上，双脚放在椅子上，边讲边谈，幽默百出。使同学们情绪轻松，大家乐之不倦。因为是英文课，为增进同学的理解和会话能力，他总以英文讲解。采用的教本是"新闻文选"，就是报章杂志上刊登过出名的评论或记载，既生动，又有趣，更可实用。讲解时，从不一句或一段的注射式灌输。往往选择几个意义似同而实不相同的英文字汇。例如大笑、微笑、假笑、痴笑、苦笑等等。哭字也有种种不同的字汇，有大哭、假哭、饮泣、哀泣等等。诸如此类，他会一一指出异同，并由同学当场造句，或课外作习题。像这样活泼生动的教法，能使同学充分自由思索，举一反三，触类旁通，受益无穷。①

在厦大期间，林语堂既担任文科主任，又在外文系教英文。"听说他的课学生很爱听，课堂上总是笑声不断。他的外文特别好，教给学生的是很纯正的英语。"林语堂的侄孙女林梦海从父亲林疑今那儿获得了林语堂上课时的一些片断。厦大外文系因为林语堂的到来，而得以开设英文作文和英语发音等科目。林语堂评价学生的方式更令学生们向往，他认为一次考试是不能反映一个学生的能力和综合水平的，他给学生的评分更多地来自课堂，学生们在课堂上对问题的回答成了他评分的主要依据，强健的记忆力让他对学生的课堂表现记得清清楚楚，一个月或几个月以后的打分同样令学生心服口服。

除了教学，林语堂还为中学生编写了《开明英文读本》三册（1930年）。出版不久即风行全国，并且取代周超然编辑、商务出版的《英语

---

① 薛光前：《我的英文老师》，转引自林太乙：《林语堂传》，中国戏剧出版社（1994），第61～63页。

模范读本》，成为全国最畅销的中学英文教科书。此后，他再接再厉，又编写了《英文文学读本》（二册）和《开明英文文法》（二册），同样受到了读者的广泛欢迎和喜爱。

在大学学习和工作期间，林语堂对大学图书馆情有独钟，并一度兼任厦门大学图书馆的代主任。他说：一个学校的好坏，取决于图书馆。林语堂的图书馆情结，来源于他少年时代在厦门寻源学院求知的经历。当时，能使他稍有兴趣的，就是学校图书馆，虽然收藏的多是宗教书籍，但毕竟汇集了方方面面的宗教知识，常令他流连忘返。而这种情结，在他进入大学后有增无减。

1912年9月，十八岁的林语堂考进上海圣约翰大学。正如他自己所说："十八来沪入约翰，心好英文弃经书"。当时圣约翰大学图书馆规模虽然不大，仅收藏五千册图书，其中三分之一还是英文宗教书籍，但对于初出茅庐的林语堂来说却是大开眼界了，他除了听课、完成作业，其余时间都泡在图书馆里。在校几年，他几乎把所有的书都读了，并且也像培根所说的，有的书是浏览，有的书翻翻，但更多的却是细读精读，反复地读。若干年后，当林语堂回忆这段读书生活时，还能举出颇有印象的几部书，如达尔文的《进化论》、德国生物学家赫克尔的《宇宙之谜》、《生物创造史》和张伯伦的《十九世纪的基础》等。1916年林语堂大学毕业，虽然他对大学正规课堂教学不满，认为学到的知识不多，但大学图书馆却给他留下了相当不错的印象。

1916年9月，林语堂来到北京清华学校（清华大学的前身）教英文。业余时间他常赴琉璃厂寻访古旧书籍，由此懂得了不少版本知识和目录索引的重要性。自1917年5月起，他先后在《新青年》发表了《汉字索引制说明》、《论"汉字索引制"及西洋文学》，又在《图书馆学季刊》创刊号发表长篇论文《图书索引之新法》。他采取的主要是"首笔点划作上下形检字法"，为了能使它得到推广，他还请蔡元培和钱玄同分别作了序和跋。

1919年，林语堂漂洋过海，就读于美国哈佛大学比较文学研究所。哈佛大学吸引林语堂的，不仅是美丽的校舍和一流的教授，更是那拥有几百万册图书的卫德诺图书馆。林语堂夫妇最初选择借住的波士顿赫水街51号，就在图书馆后墙。房东太太向他介绍：这家图

书馆的藏书,如果一本一本的连接起来,可以有三英里长,令林语堂神往不已。后来他曾多次颇有体会的对朋友说:"我对过去在学校读书总感到不甚满意,但也弄不清所以然,一直等我进了哈佛大学,我才体会到在大学时代,我所损失的是什么。"他把自己在哈佛卫德诺图书馆读书、选书的经历凝结成一句话:"这个世界,卫德诺图书馆就是哈佛,哈佛也就是卫德诺图书馆。"①

1922 年,林语堂赴德国莱比锡大学攻读博士学位。该大学中国研究所图书馆所收藏的汉文书籍特别丰富。林语堂因为学比较语言学,对东西方文化需要作广泛的研究,他因此补上了过去欠缺的中国传统文化,包括涉略中国训诂大师、高邮王念孙父子和顾炎武等人的考据学、段玉裁的《说文解字注》等典籍,为自己打下了牢固的国学基础。后来他把自己的第一部长篇小说起名为《京华烟云》,其妥帖恰到、画龙点睛,也与此有关。学无止境,汉学书读多了,林语堂有时竟觉得莱比锡大学图书馆的藏书不足,而多次向柏林大学图书馆邮借所需图书,如《汉学师承记》、《皇清经解》、《皇清经解续编》和《四库全书提要》等大部头线装书,以弥补自己研究资料的空白。在莱比锡读书时,凡所读之书他都写有提要,从而引起"以短短几行字介绍某题目该读什么书"的设计,他就此协助大学图书馆编了一册"好读物"索引,作为图书馆读者入门的钥匙。这份目录备受读者欢迎,林语堂也从此开始了对目录索引的研究。

1923 年,林语堂学成回国,到北京大学任教。1924 年他创制了别树一帜的"汉字号码索引法",提出"首末笔画在字之外围,不可跟字母笔顺入于中部",并认定"凡一字必有四个号码以定其位置。"同年,他在《中国图书馆协会专刊》刊登了自己创制的"国音新韵检字"。鉴于他对目录索引的创意和贡献,未满而立之年的林语堂就当选为中国图书馆协会索引委员会会长。

1926 年,从北大来到厦大任教,7 月 25 日,他一到厦大,就参观了图书馆。此时担任厦大图书馆主任的裴开明赴美留学未归,林语

---

① 林语堂:《从异教徒到基督徒》,第三部"八十自叙"(哈佛大学),陕西师大出版社(2007),第 244 页。

堂十分乐意地接受了学校让他代理图书馆主任的请求。他热心改进图书馆工作，重视扩充馆藏，想方设法添置图书，除购置新书之外，还大力提倡教师和社会各界人士赠书。在他任职期间，曾接受鲁迅、孙伏园等教师和厦门青年会给厦大图书馆的赠书，他个人也将自己的著作《汉字末笔索引法》一书送给校图书馆。

他针对当时厦大有些系科需用者购书未向图书馆备案，曾出现购书重复的现象，为避免再度发生和便于稽查备案，他特请校长另订办法加以改革，后由校方函致校内各机关。此后凡添购各种书籍，均须先由图书馆查明有无重复，方能照办，这也是他统一计划和协调图书馆建设的重要之举。为了加强图书馆的科学管理，他还进行了整顿，新订规章二十条，包括普通规则、借阅图书规则和阅览室规则等。由于有章可循，使图书馆各项工作很快就秩序井然了起来。

直到十几年后，人们在对厦大图书馆的藏书之丰富艳羡不已时，仍然不忘林语堂的功劳。1942 年 10 月 9 日，浦江清在日记中写道："是日上午，蛰存领余参观厦门大学图书馆。西文书，凡语言、文学、哲学、历史、医学、生物皆富。物理、化学、数学书亦可。而关于中国文学之书籍亦多，出意料之外。据云语言、文学为林语堂、生物为林惠祥所购，故有底子。"①

后来，林语堂在上海教书、办杂志，在美国和欧洲做学问，著书立说，都得益于图书馆。1931 年 10 月，他应邀回母校圣约翰大学讲《读书的艺术》，介绍自己 20 年的读书治学经验。在谈到图书馆功能时他说："假定你们进了这十万元书籍的图书馆，依我的方法，随兴之所至去看书成效如何呢？有人要疑心，没有教员的指导，必定是不得要领，杂乱无章，涉猎不精，不求甚解。这自然是一种极端的假定，但是成绩还是比现在的大学教育好。关于指导，自有现成指导书及种种书目。如此读了两年可以抵过在大学上课四年。"②他还生动地比喻说："图书馆是神秘的丛林，每个探险者就是林间的小猴，为了寻找

193

① 浦江清：《清华园日记·西行日记》，三联书店（1987），第 170 页。
② 盛巽昌：《林语堂：一个学校的好坏，取决于图书馆》，《出版人：图书与阅读》（2009）。

合适的坚果,从一棵树跳到另一棵树,畅饮潺潺的溪流,品味果实的甜美。"①直到 1954 年,林语堂在新加坡南洋大学作演讲时,他仍不无幽默地说:"熏火腿的办法,或许是培养学生的一个好办法。要熏火腿,我们须将生肉放在室中,以烟熏之,久而久之,它必成为火腿。为辩论起见,我可以说,我们也可以将学生关在图书馆里,任他们在里面抽烟,或打瞌睡,但久而久之,他们会对学问发生兴趣,而成为学问丰富的人。"②

　　林语堂由于在海外几个大学图书馆的读书生涯中收益匪浅,因此不仅对大学图书馆至爱尤深,而且再三提倡要"自由地读书"。他把自己在图书馆自由读书与课堂听课进行比较,他说:"听课时许多东西都是自己知道的,有的又毫无用处,但你又不得不听;而读书可以寻找自己感兴趣的内容,自己不喜欢的完全可以抛弃一边;听课即使有精彩之处也很快就过去了,你无法笔录下来,以便有空时细细品味;读书则不然,有妙处可以停下来,尽心尽意地咀嚼。听课是被迫的,老师常常是一脸肃然,而学生也要正襟危坐,痛苦多而快乐少。读书正相反,可寻找自己喜爱的作者,与自己相似的灵魂对话,何况姿势可以随意,愉快多矣。"③

　　因为林语堂年轻时得益于图书馆甚多,日后当女儿林太乙从中学毕业要进大学时,他说:"进大学还不如进图书馆有收益。人文学科不进大学,完全能自学成才,你不要上大学,先入社会做事,学做人的道理。"女儿说:"爷爷拉下脸才供你上了大学,而现在有条件不费吹灰之力入学,怎么能不上大学?"林语堂说:"手持一部字典,什么知识都有了,任何学问都可以在图书馆自修。"又说:"耶鲁大学缺中文教员,我们可以去试试嘛。"林太乙更是惊诧:"大学生做不了,却去做大学生的教师?"林语堂说:"学生的中文程度很低,要是国语发音准

---

　　①　盛巽昌:《林语堂:一个学校的好坏,取决于图书馆》,《出版人:图书与阅读》(2009)。

　　②　柯南:《林语堂与南大》,《知识天地》(1976 年合订本)。

　　③　盛巽昌:《林语堂:一个学校的好坏,取决于图书馆》,《出版人:图书与阅读》(2009)。

确,懂点汉语语法,懂拼音,就够了。"①林太乙十八岁果然当上了耶鲁大学中文教员,也因经常在图书馆自修,博览群书,知识面广,日后还当上了发行全球的美国《读者文摘》(中文版)总编辑。

在大学期间,林语堂从南到北担任过许多大学的教授,包括北京的清华、北大、北师大,上海的东吴大学,福建的厦门大学,直到1954年,他总算当了一回大学校长。这一年他已60岁,应新加坡南洋大学执委会的邀请,林语堂从美国来到新加坡,出任刚刚创办的南洋大学首任校长。没想到,却引起了一场轰动四方的风波。

林语堂

南洋大学的创立,是星马教育史上划时代的事件。1953年1月16日,当时担任福建会馆主席的陈六使首先提出创办南大的主张,并宣布福建会馆捐献五百英亩地皮作为南大校址,他个人则认捐五百万元作为南大基金。此举得到华人社会的积极响应,为南大筹募基金的运动,如火如荼地在星马各地展开。华社各阶层、侨社各团体

---

① 盛巽昌:《林语堂:一个学校的好坏,取决于图书馆》,《出版人:图书与阅读》(2009)。

的人士,纷纷通过乐捐、义演、义卖等种种形式来捐助南大,使南大基金捐款总数很快就达到千万元以上。

与此同时,南大执委会开始物色校长。最初的人选包括林可胜、梅贻琦和胡适。但林可胜抱观望态度、梅贻琦回信婉拒、胡适没有复信。于是,执委会又与正在纽约担任台湾驻联合国代表团顾问的林语堂进行了接触。林语堂当时在国际文坛已具有相当高的知名度,虽然他并不以学术著名或以办大学教育著称,但他当年在厦门大学担任文科主任期间,曾经成功聘请多位著名学者(包括鲁迅)到厦大任教。加上林语堂是闽南人,而以陈六使为首的南大执委会成员也大多是闽南人,不仅语言相通,而且有乡谊之情,如果由他出任校长,将来相处应更加亲切融洽,因此不失为一个合乎理想的人选。

1953 年 12 月 13 日,连瀛洲作为陈六使的"专使"专程前往美国,拜会在纽约定居的林语堂,以显示对"校长"的尊重和礼聘林语堂为南大校长的诚意。林语堂也极为高兴,只是他对南大经费问题仍有一点担心和忧虑。他认为"必基金充足始可致南大于稳固不败之地",否则则南大"恐沦为寻常又一大学",这是他不愿看到的。几次询问之后,执委会似乎有所承诺,林语堂这才答应了下来。在林语堂写给陈六使的信函里,可以约略看出他当初对创办南大的一些思路:①

六使先生道席:

> 奉诵来札,过蒙奖饰,且拟委以南大重任,愈增惶愧。弟何人斯,曷克当此!且老马伏枥久矣,大不想吃六山草,此项衷情,屡向瀛洲先生言之。瀛洲先生却会真诚感人,乃与之作数夕谈。弟于吾国文化、侨胞福利、亚洲将来,未尝不萦怀,乃以兹事基大且繁,不得不详细考虑,一则任重道远,恐不称职;二则凡事创业艰难,筑室道旁,三年无成,权不专,信不坚,则事不成;三则南大之办,非仅关教育,盖亦寄保存发展吾国文化之愿望焉,必有雄厚基金物力,始能贯彻始终,争得学术界地位,成为亚洲东南第一学府。苟非诸公远瞩,志在必成,或恐沦为寻常又一大学,桔

---

① 《林语堂致陈六使函》,《星洲日报》1955 年 3 月 21 日。

过江南而为枳,斯不足观。与瀛洲兄晤谈后,深知我公热诚为我侨胞谋幸福者如此。而深谋远虑见识过人者又如彼,窃为星洲华侨幸,故已许附骥尾,追随努力,事有可为,则志在必行。余告瀛洲兄面详。

即请道绥

弟林语堂顿首
民国四十三年正月九日

林语堂考虑来南大就职,主要有以下几个原因。第一、移居美国已经 20 余年,职业已经到了一个瓶颈。"他非常渴望变更他二十五年旅美生活方式,回到东方去。"①第二、被侨胞和陈六使的办学诚意所感动。② 第三、他认为在文化荒漠的南洋,有传播和维护中华文化的必要,"在荒土播下文化种子"是他的理想,而南大正好可以负起这个历史使命。他说:"目前世界在动荡困难之时期,吾人有机会在外国办一间中国大学维护吾人之文化,吾人此来,系衷心为延续中华文化在海外之发扬。"③第四、他有一定的政治立场。

林语堂受聘为南大校长后,并未立即上任,从 1954 年 2 月至 5 月,他与陈六使、连瀛洲书信往返七八封之多,反复申明其应聘条件,包括须筹足基金二千万叻元,校董不能干涉大学行政等,直到他得到满意答复后,才决定于秋天"携眷来星。"来星途中,一路考察美国、欧洲各国著名大学设施、教育制度与物色人材,最后于 10 月 2 日抵达新加坡。

林语堂抵达新加坡后,受到华人社会的热烈欢迎。随同林语堂抵达者有其夫人廖翠凤,二女儿林太乙(任校长室秘书)、女婿黎明(任行政秘书)、三女儿林相如等。10 月 3 日晚,南大执委会主席陈六使举行欢宴为林语堂夫妇洗尘。他在致词中把连瀛洲专程赴美聘

---

① 郭存孝:《林文庆与新加坡南洋大学的趣缘》,《历史的碎片》,百花文艺出版社(2004)。

② 《南洋大学创校史》,南洋文化出版社(1956),第 10 页。

③ 《南洋大学创校史》,南洋文化出版社(1956),第 117 页。

请林语堂,比喻为"三国时刘备三顾茅庐请孔明出山"。林语堂在答谢词中则表示"决心将南洋大学办好,且要办成第一流之学府"。林语堂与南大执委会商妥的年薪是新币三万六千元,办公费六千元,共四万二千元。

然而,林语堂抵新后不久,便因为校舍建筑工程和学校预算问题与南大执委会产生了分歧。林语堂来新之前几个月,南大校舍已经动土,各种建筑物的设计也基本定了下来,它与林语堂认为的理想大学显然有一段距离。林语堂提出异议时,却得不到回应。林太乙回忆说:"父亲一到就马上遇到困难。最先是建筑方面。他获悉建筑地盘的契约有舞弊的情事,开土机也显然用以做不必要的工程藉以增加利润。大学董事部也违反对他的诺言,不事先征询他对兴建校舍的意见,迳行批准图书馆的一项极坏的设计,光线固然很差,藏书的地方也极少。而且已经率先开工建造。不独如此,他们也不事先征询工学院院长的意见就开始建造工学院大楼。"①林太乙所说的"舞弊",是指南大执委会有人包办了校舍建筑工程,其他事项则是彼此缺乏沟通的问题。

实际上,林语堂和南大执委会之间的主要分歧是软体议题,即南大应办成一所什么样的大学?校长和董事会的权力范围在那里?前者是办学理念,后者则是权力结构问题。

第一个问题双方在表面上并无太大分歧,但骨子内却没有共识。他们对办大学的目的认识不同,对办一流大学的看法也有很大差距。1953年南大筹委会发表的创立南洋大学的宗旨,第一条就是为华校中学毕业生广开深造之门,说白了,创办南大主要是为了解决新马华校毕业生升学的问题;所谓国际一流大学则是较次要和较长远的目标。而林语堂对于"把南洋大学办成亚洲东南亚第一学府"则满怀希望,并把它视为自己的使命。

第二个问题则牵涉到大学董事会和校长的职权划分。林语堂上任之前,已经注意这个问题可能发生冲突。1954年1月9日他在给

---

① 林太乙:《林语堂传》,中国戏剧出版社(1994),第269页。

连瀛洲的"备忘录"里[1]，列出的第一点就是："校董与校长之间，真诚相对。校董负筹备基金之责，校长负大学行政全责。"第六点是："校董不得干涉大学行政，校长负大学成败荣誉恶名之全责。"这两点前后相应，说明了分权的必要。但是，南大作为华人社会创办的组织，不仅是以"南洋大学有限公司"之名成立的，而且创办人似乎也是把它当作一家公司来管理。因此对公司的控制权和管理权非常看重，也不愿将机构的两权进行分离。陈六使虽是一位白手起家的经济奇才，但是每件事都亲力亲为，不懂得授权。用这种管理方法来管理一所大学，就很难避免不发生问题。

林语堂认为南大董事会既没有筹足经费，在核准经费上又"越权"。他提出的大学预算案，成了双方冲突的真正导火线。[2]林语堂开出的南大开办费总额达 561 万元，其中包括建筑费 224 万元，图书费 163.67 万元，仪器设备费 115.9 万元，其他设备费 28.5 万五元，教职员来校旅费及津贴（包括搬家津贴、旅行津贴，书籍及行李运费津贴）23.9 万元，备用金 50 万元。1955 年 1 月至 8 月间的经常预算，总额 48.86 万元，其中最大的一项是薪金，计 32.28 万元，另为教职员养老公积金、教职员旅费、行政费及邮电文具等开支。

1955 年 2 月 17 日，南大执委会举行第五次会议，讨论林语堂所提出的预算案。陈六使认为预算案数目实在庞大，"恐南大无力负担"，南大是大众的事业，一切开支应尽可能节约。对于建筑校舍的责权是属于执委会还是校长的问题，会议也产生了争论。会议决定成立一个七人开支小组委员会，负责南大的开支事宜，成员包括陈六使等人。林语堂得知消息后，第二天便在南大办事处向中西各报记者发表书面声明。声明说："本人见报载，新加坡执委会关于本大学之水准及执委会与校长间职权分配之态度极为诧异，此息若确，则本

---

① 《林语堂致连瀛洲函》，转引自何启良：《南洋大学史上的林语堂》，李元瑾主编：《南大图像：历史合流中的省思》，新加坡南洋理工大学中华语言文化中心、八方出版社（2007）。

② 柯南：《林语堂与南大》，《知识天地》（1976 年合订本），第 7 页。

人及教职员为了创办第一流大学之一切辛苦努力,将尽归乌有"。①

此后,南大执委会与林语堂举行了多次谈判,仍无法达成一致。林语堂发表声明说,陈六使对基金应筹足二千万元,校长应有行政全权,校董不得干涉校政,校舍建筑应由校长"指导",教授应延聘"蜚声国际领袖士林"之人才各点,俱已竭诚接受,且召集执委会议,详细讨论一致通过记录在案,有本人之备忘录及陈君之书面答复。声明末后有附件,把他与陈六使数次往来函件中有关南大水准、职权、基金、教授及建筑五点的概要节录出来。

2月21日,南大开支小组举行首次会议,检讨林语堂的预算案,决定日内与林校长举行会谈。但是林语堂表示不与开支小组洽商,认为该小组是不合法的。

当时星马各界关心南大的人士,对于校长与执委会之间的争执,都感到非常焦虑,因为该事件对华文教育的前途影响重大。各界纷纷发表意见,希望双方以大局为重,消除歧见,使南大得以顺利开办起来。对于预算案的问题,大家都认为南大的开办是靠各阶层民众出钱出力,应以尽可能节约开支为原则。然而虽经各方努力斡旋,仍无结果。

3月28日,在北马华侨社团领袖林连登斡旋之下,事情开始出现转机。林语堂对林连登先生非常尊重,他说:"连登先生年高德劭,众望所归,且是我同宗长辈,本人愿一切纯听长辈判定,为是为非,绝对服从。"②

4月2日,华文报章报道"南大事件突呈急转趋势,林语堂有引退之意"。③ 4月5日,林语堂以及和他一起到校的十余位教职员的引退得到证实。4月6日双方发表联合声明:"南洋大学校长林语堂博士及该校全体教授,为谋打开因南大当局与执委会间意见过于悬殊所造成之僵局,几经考虑后,业于本日提出总辞职,彼等所蒙受之损失,将请该会予以合理解决。""南大执委会对林校长及全体教授提

---

① 柯南:《林语堂与南大》,《知识天地》(1976年合订本)。

② 《星洲日报》1955年3月25日。

③ 《星洲日报》1955年4月2日。

出总辞职一事，至感遗憾，然迫于客观环境，故经审慎考虑后已接受上述总辞职之要求。""南大执委会、林校长及全体教授均认为南大建校工作，必须力尽继续进行，勿使中断。"此后，校方向林语堂等人支付了 32.4 万元的遣散费作为补偿。① 林语堂于 1954 年初受聘出长南大，10 月 2 日抵新加坡履新，到联合声明发表，他在新加坡的时间刚好是半年。而历时四十多天的南大预算案纠纷，至此也告结束。

从陈六使当初聘请林语堂寄予的厚望到认为这只不过是"做生意聘请经理"，从林语堂"任重道远"的雄心到"一切辛苦努力，将尽归乌有"的失望，短短的几个月，变化如此之快和如此戏剧性，确实没有人预料得到。

作为南大初创时期的第一任校长，林语堂当初从美国乘兴而来，没想到 6 个月后双方却不欢而散，彼此互相指责，各有说辞。1956 年出版的《南洋大学创校史》针对林语堂"用人唯亲、政治立场、生活品味，以及离开时拿走一笔数额庞大的遣散费"等等，颇多指责之词。国内林语堂研究者王兆胜对林语堂在南大的日子倒是有些"了解的同情"，他推测说"如果不是有可能在有生之年创办一所'林语堂式'的真正的世界一流大学，林语堂是决不会在 60 多岁的高龄，放弃自己的写作，从美国远走新加坡出任一个普通大学的校长的。"②

从某种意义上说，林语堂是一位先行者。但是，在发觉实际情况与自己的构想相差甚远时，他却没能快速去调整、适应，而仍然坚持"己见"。后来他果断辞职，算是"聪明之举"，正如他自己所说："本人是一大阻碍，因为南大可以没有林语堂，但不能没有陈六使。"③

林语堂离开南大后，南大依然问题重重。在长达十四年时间里，南洋大学始终没有正式的校长，而依靠行政委员会维持运转。林语堂与南大执委会决裂的主要原因——校长和董事会的权力分配问题

201

① 《星洲日报》1955 年 4 月 5 日。

② 转引自何启良：《南洋大学史上的林语堂》，李元瑾主编：《南大图像：历史合流中的省思》，新加坡南洋理工大学中华语言文化中心、八方出版社（2007）。

③ 《南洋大学创校史》，第 161 页。

始终没有真正解决,钱权不分的管理格局也依然没有改变。

1959 年,由百里斯葛等人组成的评议委员会在《南洋大学评议会报告书》中,对南大管理层的这一缺陷提出了一针见血的批评。《报告书》指出:

> 大学正式文告尝称'南洋大学的设立乃是模仿中国最佳大学而设计',但是我们找不到任何证据显示一间好的中国大学是依照有限公司方式组织的。南大的一般组织在任何地方的任何大学无此类似。……其账目保管且不在大学而在中华总商会。同样地,据我们所知,建筑事项亦照样地完全不属于行政委员会处理。
>
> 我们认为把财政及建筑事项的管制权从普通的行政委员会手中移开,和既缺乏美国意味的校长又无马来亚大学意味的副校长,乃是导致南大今日极大混乱以及在处理大学事务方面缺少统一性的最大原因。[1]

报告书的批评显然是针对南大董事会的组织而发的。直到十年后,1969 年 4 月,南大才聘用黄丽松出任第二任校长。然而,黄丽松也只当了三年半校长便提前离职而去;黄丽松之后的薛寿生、李昭铭,担任校长的时间则更短,一个做了两年多,一个只做了一年。"之后南大似乎又回到了旧日的老路,只任用代理校长,最后由教育部派去的高级职员,以秘书长的身份接掌南大。"[2]这些校长"走马灯"式地更换,均与南大董事会的领导方式有关系。南大第二任校长黄丽松也是一位对办学有理想的学者,但他"在南洋大学当校长时显得不开心,因为他觉得南大远比不上新大,不是他理想中所要建构的南大,因此在 1972 年提早离开南大,到港大任校长。"[3]那句"不是他理

---

① 《1959 年南洋大学评议会报告书》,《南洋大学走过的历史道路》,马来亚南大校友会(2002),第 63 页。

② 《风雨弦歌:黄丽松回忆录》(2000 年)。

③ 《星洲日报》2003 年 7 月 27 日。

想中所要建构的南大",不也正是林语堂当初失望的原因?

对林语堂来说,"南大事件"是他一生中的挫折。虽然离开南大时他曾说"永远不会忘记新加坡",但是实际上他却想要忘记它。在《八十自述》里,他对南大的经历一字未题,南大在他的记忆里似乎已经消失了。"我们死后,功过将留存世间。无论毁誉,我们都听不到了。"或许这就是林语堂对自己在"南大事件"中的道家式感悟?①

---

① 南大内容部分,可详阅柯南:《林语堂与南洋大学》,《知识天地》(1976年合订本);何启良:《南洋大学史上的林语堂》,李元瑾主编:《南大图像:历史合流中的省思》,新加坡南洋理工大学中华语言文化中心、八方出版社(2007)。

八、林氏家族与厦大

　　林语堂热爱自己的家乡,并自称是"山乡的孩子",在他的自传和许多著作中,都满怀深情地描绘家乡的水光山色和风俗人文。他认为"山的力量巨大得不可抵抗",说自己"天真、率直、自然"的品性来自于大山,坂仔的秀美山水和他的乐天派父亲以及严格的基督教家庭一起溶入了他的血液。

　　林语堂的父亲林至诚,是一位穷人出身的牧师,不仅为人正直,而且极富同情心。他"爱一切的人",非常关心村民的疾苦,十分乐意参与村民的红白大事,并善于调解民间纠纷。为了村民的利益,他甚至敢于顶撞税官、乡绅、富户。同时,他也是一个"无可救药的乐观派,锐敏而热心,富于想象,幽默诙谐"。他用闽南语布道,亲切而生动,即使没有文化的农民也都爱听。他走到哪里,哪里就会飘荡起一阵开心的笑声。林语堂后来回忆说:"我记得他最分明的,是他和朋友或同辈分的牧师在一起时,他那悠闲的笑声。"①林至诚也经常把笑声带回家里,他"幽默成性,在讲台上说笑话,在饭桌上也和孩子谈笑"。在林语堂后来的人生道路上,父亲的笑容时时浮现在他的脑海里,永远无法抹去。

　　这是一个热闹、快乐的基督教家庭,家中洋溢着平等、民主和宽松,父亲让子女们从小在自由自在的氛围里无拘无束地成长。林语堂在兄弟中排行第五,原名和乐,四个哥哥分别叫和安、和风、和清、和平,都有一个"和"字。这不仅体现了"和为贵"的中国传统文化理念,也透露出父亲对"家和万事兴"的美好愿望,当然也体现了闽南人那种平和闲适、乐观旷达的文化性格。

---

　　① 林语堂:《从异教徒到基督徒》,第三部"八十自叙"(童年),陕西师大出版社(2007),第225页。

　　林至诚十分重视子女的教育，不仅亲自授课，讲解古诗文，甚至挥泪卖掉祖宗房子供孩子上学之用。他鼓励子女学英文，读西方书刊，盼望子女有朝一日能读上圣约翰大学、牛津大学、柏林大学，是一个"不可思议的理想主义者"。在这个家庭中成长的孩子，在父辈的精心培养、教会的积极引荐以及自身的不懈努力下，大多数都进城读书或上了大学，他们以及他们的子女后来也大多成为社会各界的精英人才。

　　林语堂的大哥林景良（又名和安，字孟温），从厦门救世医院医科学校毕业后，曾在鼓浪屿荣华中学任国文教员。中年举家迁回漳州，在东门街（今新华东路）路口开设"保元大药房"，为群众施诊看病。后来购房于北廓顶（今大同路），取名"葆园"，在那里颐养天年。

　　二哥林玉霖（又名和风），在上海圣约翰大学毕业后，因成绩优异留校工作，后赴英国剑桥大学留学，回国后到母校圣约翰大学及厦门大学任教。抗战胜利后回到福建，在厦门大学英文系任教授，直至上世纪六十年代初退休。

　　三哥林憾庐（又名和清）和大哥一样，毕业于厦门救世医院医科学校。虽然他并不喜爱学医，可是他体谅父亲的难处，把到上海圣约翰大学读书的机会让给了弟弟们。三十年代初林语堂在上海先后创办《人间世》、《宇宙风》等刊物，深感分身无术，林憾庐便到上海来帮他分担杂志的编务，并活跃于上海文坛，与鲁迅、郁达夫、杨骚、白薇等作家常有来往。1936年，林语堂要携全家去美国，他手头在编的字典未编完，《宇宙风》由谁接编也很成问题。这时，林憾庐挺身而出，开始半路出家学编字典、办刊物。林憾庐接编《宇宙风》后不久抗战就开始了。为了使这本刊物成为宣传抗战的文化阵地，林憾庐带着刊物先迁广州，后迁桂林，抱病编辑《宇宙风》。1943年因心力交瘁而病逝，好友巴金亲手掩埋了他，并写长文《纪念憾翁》悼念这位让他感动、给他力量的朋友。"你太慷慨了，你为我打开了你那海似的心，让我的心灵在你的鼓舞、安慰、帮助下成长起来。""这些日子都是你的笑声引起我的笑声，你的镇定和乐观增加了我的勇气，你的豪侠的精神净化了我的心灵。……我原是一个渺小的人，但我现在也知道为大义献身；我原是一个心贫的人，但我如今也愿意做一块火柴给

人间添一点温暖"。后来巴金在写长篇小说《火》时,还将林憾庐作为主人公,以纪念这位"忠诚的爱国者"。①

林语堂的六弟林幽(又名玉苑),与二哥、五哥一样,也毕业于上海圣约翰大学,后来赴美国印第安纳州汉诺威大学留学,获英文及社会学科学士,回国后曾担任厦大英文系讲师。林语堂来厦大时,一度兼任国学院编辑部编辑。后长期在上海从事文化工作,并和林语堂一起承担《人间世》、《宇宙风》的编务,是"林家文化铺子"的重要一员。②

在林氏一家中,不只林语堂对厦大影响深远,他的整个家族几乎都与厦大结下了不解之缘。在林语堂到厦大之前,他的二哥林玉霖就已经在厦大英文系任教。并曾受陈嘉庚的委托担任学校的监工,厦大最早的那五幢教学楼——群贤、集美、同安、囊萤、映雪就是他监管建筑的。林语堂到厦大担任英文系教授后,林玉霖改任学生指导长,并继续负责监管工地。林语堂离开厦大后,林玉霖一度也离开了厦大。抗战胜利后返回厦大直到六十年代退休。林语堂的大哥林景良,在1926年林语堂到厦大时,为了支持林语堂的事业,也来到厦大,担任国学研究院编辑部编辑。除了林氏兄弟外,林语堂的太太廖翠凤也间接在为厦大出力,她经常做好饭好菜请鲁迅等林语堂的朋友到家里改善生活。鲁迅在给许广平的信中就曾说过:"玉堂的兄弟及太太,都很为我们的生活操心……"③

不仅林语堂的同辈人为厦大出过力,林家的第二代、第三代人也继续为厦大做贡献。林语堂的侄子林疑今(曾用名林国光),既是厦大外文系的知名教授,也是著名的翻译家和作家。林疑今出生于

---

① 转引自《厦门日报》2005年4月12日D2版。

② 除上述四兄弟外,林语堂的四哥林和平早夭。大姐林瑞珠(又名仪贞),仅粗通文字,早早就嫁给鼓浪屿一位商人。二姐林美珠(又名美宫),美丽活泼,聪明过人,曾就读于鼓浪屿毓德女中,后因家境困难辍学,嫁给近邻西溪的一位乡绅,婚后次年即患鼠疫亡故。林语堂与大其五岁的二姐感情最深,为她的不幸早逝,晚年仍伤心落泪。

③ 鲁迅、景宋:《两地书》(五三)。《鲁迅全集》第11卷,人民文学出版社(2005)。

1913 年,和五叔林语堂一样,对外语有着天然的爱好和领悟。1929—1931 年在上海东吴第二中学读书时,就曾试译小说《西部前线平静无事》(即《西线无战事》)。1934 年毕业于上海圣约翰大学,获文学学士学位,并以同届毕业生第一名的优异成绩获得"金钥匙奖"。大学毕业后赴香港任教,1936 年赴美国留学,在哥伦比亚大学研究院攻读英美文学,获得文学硕士学位。1941 年回国后,任职于中央银行经济研究处,协助编辑由该处出版的英文季刊。1947 年起,先后在交通大学、沪江大学、复旦大学教授英文。1959 年起到厦大任教,曾担任厦大外文系主任,英美文学研究室主任等职,对英美文学有很深的研究和造诣。他在厦大教学岗位上一直坚守到八十高龄,1992 年因患癌症在厦门病逝。

从上世纪三十年代起,林疑今翻译了大量外国文学名著,是我国最早翻译和研究美国文学的学者之一。早在三十年代初,他就翻译介绍了海明威的名著《永别了,武器》,该书从 40 年代起一版再版,流传至今,在众多版本的竞争中独占鳌头。1939 年他与友人葛德纯一起把《老残游记》译成英文,由商务印书馆出版,向西方人介绍这部中国名著。在厦大任教时他还曾翻译出版了托马斯·品钦的《拍卖第 49 批》等作品。他在翻译方面之所以能取得如此骄人的成就,应该说和他的家学渊源有关。他的父亲林玉霖、五叔林语堂都是从事英语翻译与教学的教授,并都曾执教于厦大。在家族的众多成员中,他是林语堂最器重的晚辈之一。

林疑今的长女林梦海、林梦如(即林玉霖的孙女、林语堂的侄孙女),都曾长期在厦门大学工作。林梦海 1965 年考入厦门大学化学系,毕业后到山东工作。1978 年考取厦大化学系硕士研究生,毕业后留校任教。曾担任厦大化学系教授、博士生导师。先后主讲《结构化学》、《量子化学》、《量子化学计算方法》等课程,并参加过多项国家自然科学基金重大课题研究,著有《量子化学计算方法与应用》等著作。

林疑今的次女林梦如毕业于厦门双十中学,后一直在厦大图书馆工作,是一位兢兢业业的图书管理员。30 年前,当我在厦大读书时,在位于集美(二)的教师阅览室里,几乎每天都能见到这位个子高挑、脸带笑容的图书管理员,并得到她细致、温馨的服务,至今仍记忆

犹深。在接受记者采访时,林梦如说,上世纪五六十年代,国内经济状况不好,她们家总有海外的亲戚在偷偷地接济她们,虽然父母不敢说,但她们心里都知道是林语堂在帮助她们。

林语堂夫妇和三个女儿。

　　林语堂有三个女儿。长女林如斯(又名凤如),小时候就在《西风》杂志上发表过诗作。在美国陶尔顿中学毕业后,先在哥伦比亚大学选课,抗战期间曾于1943年回国参加战地救护队,在林可胜医生主持的昆明军医署服务,并与同在军医署的汪凯熙医生相恋。没想到在婚礼前却与美国青年秋克私奔,婚后两人性格相悖,经常争吵以至离异。后随父母返回台湾,在故宫博物馆担任馆长"英文助理",编译出版过《唐诗选译》。但情绪极不稳定,烦燥不安,近似精神分裂症。1971年在台北故宫自杀身亡,使七十多高龄的林语堂精神上受到极大打击,晚年病情明显加重。

　　次女林无双(原名玉如,笔名太乙),在美国陶尔顿中学毕业后,在父亲的鼓励下,年仅18岁就到耶鲁大学教中文。以后陆续修完哥伦比亚大学文学专业的课程。毕业后一度赴台湾编辑《天凤》杂志,后担任美国《读者文摘》中文版总编辑,时间长达23年之久。她才华横溢,得其父真传,著有《丁香遍野》、《春雨春雷》、《明月几时有》等六部小说,编辑《语堂文选》等多部文集。曾受联合国文教组织委托,将中国古典名著《镜花缘》翻译成英文,在英美两国出版;还曾与丈夫黎明(在香港新闻署工作)合编《最新林语堂汉英词典》。其传记作品《林语堂传——我心中的父亲》、《林家次女》是研究林氏家族的重要史料,在内地出版后颇受读者欢迎。

三女林相如,毕业于哥伦比业大学化学系,后进入哈佛大学研究院深造,获生物化学博士学位。曾长期担任香港大学临床医学系主任、教授,退休后到美国休斯敦大学继续研究工作。先后出版多种学术专著。

林语堂当年有个心愿,就是帮助侄儿侄女们成才立业,"一房至少一个"。而侄儿辈也没有辜负他的期望,一个个都颇有作为。如大房的侄儿林惠元,年轻时就在林语堂身边接受他的精心培养,虽然只有高中毕业的学历,却在上海当过编辑,出过诗集。他还是一个爱国的热血青年,抗战爆发后,返回故乡漳州担任龙溪民众教育馆馆长及抗日后援会常委,积极宣传抗日与查抄日货。1933年5月5日,他抓住采购仇货之台籍商人简孟尝医师,将其游街示众,并没收其公济医院财产。不料却被调闽参加"剿匪"的十九路军特务团长李金波以"通匪嫌疑"而逮捕,并在不加审讯的情况下立即枪决,年仅26岁。此事大大损害了十九路军的抗日英名,在海内外引起了极大的反响,宋庆龄、蔡元培代表中国民权保障同盟于5月31日致电十九路军陈铭枢、蒋光鼐、蔡廷锴等将领,要求彻底昭雪。蔡元培、柳亚子、杨杏佛、鲁迅、郁达夫等上海文化界知名人士还联名发表宣言,阐明事件真相。6月2日,林惠元亲属也在上海举行记者招待会,林语堂以中国民权保障同盟成员和亲属双重身份出席招待会,并在会上说明了林惠元被枪杀的经过,为林惠元讨回公道。

林惠元的弟弟林惠瀛,就读于同济大学土木工程系。曾在闽南的漳州、厦门一带担任工程师,修建了不少道路桥梁。后来赴新加坡定居,任当地一所中学的校长,成为一名出色的教育工作者。

二房的侄儿除林疑今(又名宝泉)外,其余几位包括林宝鼎、林宝钟、林宝铺、林宝彝、林宝爵、林宝镶等人,大多在国内读完大学后赴

美国留学,回国后分别成为大学教授、银行家、高级职员与医学专家。

三房的大侄儿林依仲(翊重)在父亲林憾庐去世后,接编了《宇宙风》杂志,后来曾担任台湾"行政院科技委员会"秘书长,其妻钟丽珠是台湾知名记者、作家。二侄儿林依祝,赴台湾后在一家银行担任高级职员,后移居加拿大,兴之所至也喜欢写些文章,在海外华人文学界小有名气。

六房的侄女林韵然年轻时在马尼拉学医,后来到了美国,考上公务员,在一个医学基金会工作。新世纪初在上海创办了中美友好儿童医疗合作基金会,资助中国儿童医院。

至于第四代,除林梦海、林梦如在厦门大学工作外,在国内的不多,子孙后代大多数散居于美国、加拿大、印尼、菲律宾、新加坡、台湾、香港等国家与地区,现在已传至第五、六代了,人数多达一两百人,绝大多数都是学有专长、事业有成的学者、教授、企业家。

除了林氏家族外,廖翠凤娘家也为厦大贡献了人力资源。廖翠凤的二哥廖超照从上海圣约翰大学毕业、获医学士学位后,赴美国宾夕法尼亚大学攻读医学硕士研究生,回国后出任厦门大学校务主任,并拟担任筹建中的厦大医科副教授。后因厦大医科停办,他便转任校卫生处主任,并兼校医。在厦大公布的 1924 年—1925 年职员及各种委员会名单中,他还是学校卫生委员会的委员长。上世纪 80 年代,廖翠凤的侄子廖永明也从外地调到厦大任教,他由此搬进了廖家别墅,恰好就住在林语堂那间冷寂了五六十年的新娘房里。当时,二姑结婚用过的婚床还在房间里,廖永明便把婚床藏进了一楼。如今,年近九十的廖永明和老伴仍住在这间 25 平方米的房间里。尽管这栋故居已标明是危房,但楼上楼下依然还住着不少廖家人。

岁月沧桑,林语堂在大陆的声誉越来越大,而廖家别墅却在一个多世纪的风雨中日见衰落。我取出随身携带的相机,正在故居门前选角度准备拍摄,来了一男一女两位东北人,他们是到鼓浪屿旅游、慕林语堂之名而一路寻找来的。小伙子看着庭院里的两幢别墅,有些纳闷,便问我,哪幢别墅是林语堂当年结婚的新房呢?我指了指

44号,他们便满心欢喜地拍了起来。这对新婚夫妇想必看过《林语堂自传》,知道林语堂与廖翠凤坚贞爱情的动人故事,他们希望能从中吸取爱情的力量,使自己的爱情生活更加富有诗情画意,也更加牢固,更加美满。

九、台北阳明山:林语堂故居

　　台湾的林语堂故居坐落在台北郊外阳明山的山坡上。游客在游览了著名的阳明山景区之后,驱车顺着盘山路而行,在远离都市喧嚣、人烟稀少的仰德大道边,就能找到林语堂的故居。这是一个并不显眼的院落,推门进去,就是林语堂当年生活的地方。

　　林语堂于1936年8月移居美国,1966年6月因思乡情切回到台湾定居。在美国多年他没有为自己置一处房产,他说:"许多人劝我入美国国籍,我说,这儿不是落根的地方;因此,我宁愿月月付房租,不肯去买一幢房子。"①

　　初到台北时,林语堂在阳明山上租了一幢白色的花园住宅。后来,台湾当局表示要为他修建一幢房屋,他接受了。于是,他就在白屋斜对面亲自设计了一幢白墙蓝瓦的别墅作为安居之所。林语堂对自己的新居充满了憧憬,他说:"我要一小块园地,不要遍铺绿草,只要有泥土,可让小孩搬砖弄瓦,浇花种菜,喂几只家禽。我要在清晨时,闻见雄鸡呜呜啼的声音。我要房宅附近有几棵参天的乔木。"②

　　林语堂在设计自己的居所时撷取了东方情调与西方韵味:中国传统的四合院建筑结构,长廊却是西班牙式的螺旋形白色廊柱,在绿树掩映下,中西合璧,清新典雅,现代感与古典美兼具。欧风建筑正是林语堂年轻时所梦想的上海楼房形象,而故居的地点则选择貌似福建故乡山景的阳明山。有人这样描写林语堂故居:"蓝色的琉璃瓦搭配白色的粉墙,其上嵌着深紫色的圆角窗棂,意境典雅精致。从西式拱门走进,穿过回廊,可见透天中庭,西班牙式螺旋廊柱被和煦的阳光轻轻地拉长身影。"在庭院的一角,有翠竹、枫香、苍葳、藤萝等植

---

① 转引自李勇《林语堂自传》,团结出版社(1999),第315页。
② 转引自林太乙:《林语堂传》,中国戏剧出版社(1994),第254页。

物与造型奇特的石头,营造出可爱的小鱼池,映衬出中国特有的文人情怀。林语堂对自己设计的居所十分得意,谓之"宅中有园,园中有屋,屋中有院,院中有树,树上有天,天上有月,不亦快哉!"①施工建造该庭园的就是后来国父纪念馆的设计者王大闳。

林语堂故居内庭院

213

　　林语堂在这里度过了他人生的最后十年。这里的一桌一几,一草一木,都在表明原主人的生活智慧和人生哲学,无言地诉说着他的笔耕生涯。当人们静静地走进林语堂故居,不免都带着几分崇敬、几分激动和几分探秘的心情,去体味文坛巨匠的生活,瞻仰一代大师的风采。

　　故居中最引人关注的便是林语堂的书房。书房中铺着红色的地毯,摆着黑色的沙发,墙壁上是他与张大千、钱穆的合照,门口处就是他的写字台,桌面上放着笔、稿纸、文镇、放大镜、书籍和茶壶、茶杯,仿佛作家刚刚起身离去,书桌前还留着他的墨迹余香。这张写字台是他亲自设计的,在台子前面凹进去一块弧形,使他略显肥胖的身躯在写作时可以更加舒适一些。他认为,要写出好文字,首先姿势要舒

————————

　　①　林语堂:《来台后二十四快事》,《无所不谈合集》,台北开明书局(1974)。

服。他在书桌前的经典姿态是,脚踏着半开的抽屉,一手拿书,一手持烟斗,嚼着牛肉干、花生仁,品着热咖啡,身心都沉浸在无尽的乐趣中。

书房中,两面墙壁前是宽大的书柜,保存着他的 4000 多种藏书。三个大窗户之间,是友人所赠、称颂其人品文德的一幅楹联:"文如秋水波涛静,品似春山蕴藉深"。窗前一排低矮的书架上排放着他晚年投入很大心血完成的《林语堂当代汉英词典》的部分手稿。

1968 年林语堂(左)与张大千话旧

走进林语堂的书房,便如同走进了他的心灵世界。书房是作家的灵魂居所,只有在这里他们才能有自己的"座位",才能安顿自己的生命和灵魂。因此,人们在世界各地参观作家故居的时候,最关注的就是他们的书房,就是他们阅读、思考、创作和安顿灵魂的地方。而每个作家书房的不同陈设,也是他独特个性的展示和写照。在林语堂看来,"文人"应当是:"带点丈夫气,说自己胸中的话,不要取媚于世,这样身份自会高点。要有胆量,独抒己见,不随波逐流,就是文人的身份。所言是真知灼见的话,所见是高人一等之理,所写是优美动人之文,独往独来,存真保诚,有骨气,有识见,有操守"。他认为"这

样的文人是作得的"①。

回到台湾定居后,林语堂虽然接受了当局为他建房的"恩惠",但却婉辞了让他担任考试院副院长的邀请。他依然笔耕不缀,先后用中文撰写发表了 300 多篇文章,大多被收入《无所不谈合集》。他的学术活动和社会活动也十分繁忙,先后出席了在台北举行的世界中文报业协会第二届年会、亚洲作家第三次大会、在汉城举行的国际大学校长协会第二届大会、国际笔会第 37 届大会等重要会议,还继罗家伦之后被推举为"中华民国"笔会会长和国际笔会副会长,并因《京华烟云》一书被提名为诺贝尔文学奖候选人。

1970 年林语堂主持第三届亚洲作家会议

215

1967 年春,77 岁高龄的林语堂受聘为香港中文大学研究教授,赴港主持《当代汉英词典》的编撰工作,资料的收集、查核、抄写等工作则由一小组人员在台北进行,林语堂经常往返于港台之间负责协调和总纂。这部词典被他本人视为写作生涯的"巅峰"之作,1972 年10 月由香港中文大学出版,全书共 1800 页,耗费了他五年的时间和心血。出版时正值大陆"文革"、两岸隔绝之际,但因该词典的权威性、实用性,大陆当即影印内部发行,供广大外事人员使用。

---

① 林语堂:《做文与做人》,《论语》第 57 期(1935 年 1 月 16 日)。

　　林语堂晚年离开美国,虽然没有回到故乡,总算也回到与漳州一衣带水的台湾。台湾人的祖先大部分是闽南移民,不仅血缘相同、风俗相似,而且语言相通。也许这就是林语堂选择台湾终老的最主要原因。虽然离开家乡几十年,但林语堂在自己的许多文章中都融入了闽南话和闽南文化的元素。定居台湾后,林语堂把听乡音当成了他最大的欣慰和人生享受。他甚至按闽南话语音写了一首五言诗,甜美地回忆和描述家乡的民风民情:"乡情宰(怎)样好,让我说给你。民风还淳厚,原来是按尼(如此)。……查母(女人)真正水(美),郎郎(人人)都秀媚。今天戴草笠,明日装入时。脱去白花袍,后天又把锄。(黄)昏倒的困(睡),击壤可吟诗。"

　　闽南话对于林语堂来说,似乎就是一种寄托,它时刻提示着游子家在何方。他对闽南话爱到极致,尽管他的普通话很好,英语更是水平高超,是为数不多的、大部分作品都用英语写作的中国作家,但林语堂时刻忘不了的仍是乡音。闽南话作为最初的母语深入他生命的深处,和他的血液一起流淌。于是听乡音成为他的一大快事,在《来台后二十四快事》中,他把听乡音的快乐摆在第二、三位:"初回祖国,赁居山上,听见隔壁妇人以不干不净的闽南语骂小孩,北方人不懂,我却懂,不亦快哉!""到电影院坐下,听见隔座女郎说起乡音,如回故乡,不亦快哉!"①

　　在《说乡情》中,他动情地说:"我来台湾,不期然而然听见乡音,自是快活。电影戏院,女招待不期然而说出闽南话。坐既定,隔座观客,又不期然说吾闽土音。既出院,两三位女子,打扮的是西装白衣红裙,在街上走路,又不期然而然,听她们用闽南话互相揶揄,这又是何世修来的福分。"他把听乡音上升成为修来的福分,颇有感激涕零的感恩心理。

　　1969年1月9日,在台北阳明山麓林家花园的客厅里,一对喜烛点燃,林语堂夫妇悄悄庆祝结婚五十周年。林语堂认为婚姻并不是以善变的爱情为基础的,而是爱情在婚姻中滋长,男女互补所造成

---

　　① 林语堂:《来台后二十四快事》,《无所不谈合集》,台北开明书局(1974)。

的幸福,是可以与日俱增的。当年他与翠凤结婚后,征得翠凤的同意烧掉了结婚证书。他说"结婚证书只有离婚才用得上",烧掉结婚证书表示了他们永远相爱、白头偕老的决心。婚后他和廖翠凤一起到了美国、德国,后来几乎走遍了整个世界,正是这千万里的磨难和互相关照,林语堂才有了那个著名的领悟:"婚姻就像穿鞋,穿的日子久了,自然就合脚了。"

1973 年林语堂夫妇由香港返回台北

　　林语堂认为廖翠凤属于接纳万物、造福人类的"水",而自己却是凿穿万物的"金"。有人问他们半个世纪"金玉良缘"的秘诀,老夫妇抢着说,只有两个字,"给"与"受"。在过去的一万八千多天里,他们相互之间尽量多地给予对方,而不计较接受对方的多少。正如林语堂所说:"婚姻犹如一艘雕刻的船,看你怎样去欣赏它,又怎样去驾驭它。"

　　1976 年 3 月 26 日,82 岁的林语堂在香港永远停下了他的脚步,而将一串串光辉的脚印定格在中国文化的巍峨殿堂之上。才学广

博、学贯中西的林语堂,一生大约写了60本书、上千篇文章。据不完全统计,世界上出版的各种不同版本的林语堂著作约700种,其中中文版和外文版各300多种。

根据林语堂的遗愿,是年3月29日他的灵柩移回台北,4月1日安葬于阳明山麓林家庭院的后花园里。在优美的白花环抱下,方正简朴的林语堂墓显得格外肃穆清幽。墓旁边的松柏之上,飞鸟长鸣,令人有"鸟鸣山更幽"之感。

在这里生活了10年之久的林语堂,生前喜欢于傍晚落日余晖之际,安座藤椅,叨着烟斗,远眺观音山落日美景,体悟人生潮起潮落。如今他将永远长眠在这里了!

"让我和草木为友,和土壤相亲,我便已觉得心满意足。我的灵魂很舒服地在泥土里蠕动,觉得很快乐。当一个人优闲陶醉于土地上时,他的心灵似乎那么轻松,好像是在天堂一般。事实上,他那六尺之躯,何尝离开土壤一寸一分呢?"林语堂实践了他在《生活的艺术》中抒发的愿望。

1985年,林语堂的遗孀廖翠凤把阳明山的故居及林语堂生前藏书、作品、部分手稿和代表性遗物捐赠给台北市政府。同年5月,台北市政府成立了"林语堂纪念图书馆",对公众开放。1987年4月8日,廖翠凤在香港走完了她90年的人生旅程,陪伴着林语堂西归了。

2001年,林语堂故居以纪念馆型态对外开放,并由台北市政府文化局委托佛光人文社会学院管理。四年后,2005年10月10日,恰逢林语堂诞辰110周年,林语堂故居交由东吴大学接手管理。此前,东吴大学由于管理"钱穆故居"三年多而获得诸多好评。移交典礼上,东吴大学副校长马君梅从佛光人文社会学院校长赵宁手中,接过象征林语堂精神的故居纸模型、长袍、烟斗等三样宝物,并宣布10月开放免费入园,让大家感受一代文人的故居风采。"林语堂故居"管理处执行长、东吴大学英文系教授马健君表示,林语堂生前最爱吃夫人廖翠凤做的家乡味点心,如卤猪脚、卤鸡翅鸡脚,未来到林语堂故居参观的游客,也可在故居餐厅吃到,管理处还打算把林语堂四十余部作品的书名与书中角色入菜,以飨社会大众。

2006年3月26日,在林语堂逝世30周年的日子里,台北文化

界知名人士及林语堂的故友、亲属伴着潇潇春雨，在阳明山麓的林语堂故居，为他举行了一个小型追思会。专程前往参加追思会的中新社记者徐长安、耿军报道说，客厅内飘散着浓浓的咖啡香，那是林语堂生前喜欢的味道；全天播放的约翰·鲁特的"安魂曲"，默默地为林语堂祝福；西侧墙面书写着林语堂的铭言："两脚踏东西文化，一心评宇宙文章。热爱故国不泥古，乐享生活不流俗。"

台北市文化局局长廖咸浩高度评价林语堂先生："实现了由完全西化到对中国传统文化的肯定、由不了解到相当了解中国文化的转变，林先生对文化的判断是具有智慧的。在竞争加剧、节奏加快、压力加大的今天，林先生所提倡的'留白'、'悠闲'给我们以启迪：人类不能在忙碌中创造艺术和欣赏艺术；人，要留有思想的空间。"

东吴大学校长刘兆玄肃立在林语堂先生的像前轻声说："大师，我们感谢您对文化、学术的贡献。"作家张晓风、简静慧等依次献上80支洁白淡雅的马蹄莲，感念这位华文世界的文化开拓者。在东吴大学音乐学院学生的小提琴伴奏声中，追思者选择林语堂晚年皈依基督教后经常传唱的《奇异恩典》为他祈福。①

林语堂甥媳张陈守荆在追思会上回忆："舅舅生前曾讲，害怕产生怀疑、仇恨，整本《圣经》讲的就是一个字——爱！"张陈守荆也是林语堂晚年的秘书和干女儿。她刚担任林语堂秘书时才30多岁，而林语堂已70多岁了。张陈守荆回忆说："那时我很惶恐。我在厦门大学读的是中文，面对博学的林先生，我觉得自己学问不够。林先生却不这么认为，他总让我信心十足。熟悉语言的他每天拨时间教我英文、德文，让我受益匪浅。"

张陈守荆告诉记者："林语堂常说，上帝叫人彼此相爱，爱自己，爱家人。他认为，这份爱应扩充为：爱国家、爱社会，进而爱邻国，那么世界就不会有战争了。""世界和平，人人有爱"。这就是林语堂，一个"很纯真、很厚道"的老人生前最大的愿望！

---

① 中新社台北 2006 年 3 月 26 日电。

十、厦大：林语堂纪念室

林语堂走了。他的一生跌宕起伏,经历了欧风美雨的洗礼,也经历了 20 世纪中国文坛的风风雨雨。

厦门大学有林语堂吗? 这是一位名叫沙月的游客来到厦门旅游时的疑问。来厦门之前,他听说厦大有一个"林语堂纪念馆",此次到厦门,他心中便有一个愿望,就是要找一个时间去凭吊林先生。

厦大的半年,是林语堂一生的重要经历,也是厦大的一段黄金时期。林语堂于厦大,应该是历史的巨橡。趁着到厦门自由活动时间,沙月带上同行的小邓,花了一元钱车费,直奔厦大而去。较之十年前,厦大校园婀娜多姿,很有名校风采了。海风习习,凉阴处处。那座被导游远远指点过的中西合璧的大楼,正矗立在他们的左前方。

有校史纪念馆,还有鲁迅纪念馆,咦,林语堂纪念馆呢? 2002 年还有的? 在一个岔道口,沙月碰到一个像教授模样的老人,很热情,见到他们到处张望,便主动询问:"你们在找什么?""找林语堂。"

"哪个林语堂?"那位教授模样的老人反问沙月。沙月一下子想起了当年厦大的文理科之争、语丝派与现代评论派之斗,他不禁有些疑惑,半个多世纪了,难道硝烟还在?"对不起,我们想问,厦大的林语堂纪念馆在哪里?"

"没有听说过。你们可以去博物馆打听打听。"告别了老人家,沙月和小邓举步前行,在图书馆附近碰到了一支游客队伍,一个戴着太阳帽的女导游举着三角旗,在前边导引。聪明的小邓连忙走到导游身边,他满心想,导游带游客来游览厦大,没有理由不讲到林语堂吧? 可是,小邓一脸失望的走了回来,他告诉沙月："导游说,她没有听说过有林语堂纪念馆。"

　　沙月心想,真是邪了!他们在武汉的都知道,而身在胜迹之地的人居然不知道。他猜想只有一个理由,就是因为某种特定的原因,生生的就把"林语堂"这一页给隐藏了。老的,太世故,不愿意说;小的,太年轻,真的不晓得。

　　当年风华正茂的林语堂,怀着怎样的情怀和报效桑梓的赤子之心回到家乡,为厦大崛起而倾尽心力呀!那是厦大历史上的一段辉煌时期,即"鲁迅——林语堂时期"。厦大,怎么能没有林语堂的记忆呢?

　　博物馆里展览的是青铜器时代以来的古董和图片,没有林语堂;博物馆后面一幢幢很有特色的大楼默立在夕阳的温柔中,没有林语堂;最可悲的是,那些被问到的厦大人的心里,没有林语堂!与校史纪念馆、鲁迅纪念馆并排的一幢建筑,闲空着,为什么不明明白白的做一个"林语堂纪念馆"呢?沙月感到十分困惑。

　　这是一个真实的故事。虽然沙月误把厦大图书馆里的"林语堂纪念室"当作是林语堂纪念馆而四处寻找,但是,他的疑问、他的困惑不也正是所有热爱林语堂的人们的疑问和困惑吗?厦大为什么不明明白白的做一个"林语堂纪念馆"呢?

　　从1926年7月到1927年3月,林语堂在厦大工作的时间虽然只有半年多,但他对厦大的贡献却是巨大的,他留给厦大的影响更是绵长的。这些贡献和影响至少体现在三个方面:

　　首先,他为厦大的发展引进了一批当时中国最优秀的人才。1926年夏天,时年32岁的林语堂"拖家带口"来到厦大,这距他阔别第二故乡厦门、出外求学已整整14个年头,学成之后回报桑梓的愿望一直萦绕在他的心头。林语堂不仅自己来到厦大出任文科主任和教授,而且把北大的一批名师请到了当年荒郊野外的厦大来。包括文学家鲁迅、国学家沈兼士、古史学家顾颉刚、语言学家罗常培、哲学家张颐、中西交通史家张星烺、考古学家陈万里、编辑家孙伏园和作家章川岛,一整批学者名流接踵而至。他们的到来使厦大文科盛况非凡,"一时颇有北大南迁的景象"。这几位大师当年肯暂别京城来到这出门还得坐小舢板的南方小城,林语堂的影响力可见一斑。

"这批人的到来让厦大国学院自创办之日起就处于很高的起点,而这种高起点、高标准对厦大的文科影响是十分深远的。"林语堂的侄孙女、大半生都在大学讲坛的林梦海教授,比普通人更深地明白一流大师对于一所大学的意义,她也比旁人更深切地体会到林语堂为照顾这批大师是如何地煞费苦心:平常请吃饭,中秋送月饼,陪着出门,陪着去演讲,陪着做翻译。[①]

直至今天,在厦门大学校史上,鲁迅和林语堂都可以称得上是最有名的一对教授。而鲁迅正是林语堂推荐来的!人们羡慕地说:厦大当年为聘请大师不惜投下的重金,让今天的厦大坐拥取之不尽的丰厚回报:这一方校园因了文学巨匠的足迹,而多了一份特殊的底气与涵养!

鲁迅那篇脍炙人口的精美散文《从百草园到三味书屋》,正是在厦门大学任教时写下的。以至有人"嫉妒"地说,厦大真是一个养人的地方,连鲁迅这样的斗士,到了厦大也温情了不少,竟写起了童年的小虫与花草。他在《两地书》里关于女生、吃香蕉和闽南话的描述,同样十分风趣:"听讲的学生倒多起来了,大概有许多是别科的,女生共五人。我决定目不斜视,而且将来永远如此,直到离开厦门。嘴也不大乱吃,只吃了几回香蕉,自然比北京的好,但价亦不廉,此地有一所小店,我去买时,倘五个,那里的一位胖婆子就要'吉格浑'(一角钱),倘是十个,便要'能(二)格浑'了。究竟是确要这许多呢,还是欺我外江佬之故,我至今还不得而知。好在我的钱是从厦门骗来的,拿出'吉格浑''能格浑'去给厦门人,也不打紧。"[②]谁说鲁迅先生不会幽默呢?简直让人忍俊不禁!

其次,他和国学院同仁把文科的科学精神和现代研究方法带给了厦大。1926年10月10日,厦大国学研究院成立,林语堂出任总

---

① 年月:《林语堂:把半个北大搬到厦大》,《厦门日报》2006年3月26日。

② 鲁迅、景宋:《两地书》(四八)。《鲁迅全集》第11卷,人民文学出版社(2005)。

秘书长,这一天恰好是他 32 岁的生日。厦大国学院是继北大国学门、清华国学院之后、20 世纪初叶中国为数不多的几所国学专门研究机构之一。1926 年《厦大周刊》上那篇"国学研究院成立大会纪盛"的文章,记载了当年的盛况。

国学研究院主任沈兼士在讲话中对传统的国学研究方法提出了批评,他说:"在昔我国人士对于国学,除讲究八股文外,绝少贡献。虽有书院设立,其所研究材料,类皆偏颇不全,且无精确考证。""从前研究古学,态度不外两种,一则信人,一则信己。所谓信人,即凭各种传说,而持为考据;所谓信己,则又凭有限之常识而已。此种研究,在此科学昌明时代,殊无价值可言"。

他进一步提出:"故现时欲研究古学,必得地质学、人类学、考古学、古生物学等等,作为参考,始有真确之可言","欲研究古学,非从书籍记载之外,一方再以实物引证不为功。""本院于研究古学之外,并组织风俗调查会,调查各处民情、生活、习惯,与考古学同时并进。考古学则发掘各处古物,风俗调查则先从闽省入手"。

林语堂在演讲中也指出:"考之从前孔子时代,对于民间多种歌谣,无不重视,不肯轻忽,故三百篇之流传,亦基于此。……吾人现在欲研究古学,当仍效孔子时代之态度,从根本研究。今本院成立,聘请国内学者为研究教授。一方调查闽南各种方言社会以及民间一切风俗习惯;一面发掘各处古物。"他要求学习欧西各国学者对动植物研究的科学精神,对研究对象进行精确细致的深入研究。

张星烺在演讲中也批评"从前中国各种学说,类多囫囵吞枣,不求甚解,不如西洋学说条分缕析,一目了然。"他提醒大家,"试观欧西各国,近今对于一切事物,无不悉心研究,力求明确,而于中国之事,尤考求不遗余力,我中国反自行忽视,将来危险,正未可量。"①

学生们报以一次次热烈的掌声。无论是林语堂,还是沈兼士、张星烺,他们所一再提倡的现代科学精神和分科研究方法,以及把历史资料与地下考古文物、与民谣、民情、民俗相结合进行跨学科研究和精确考证的研究方法,都给其他老师和学生们以深刻的启迪。

---

① 《国学研究院成立大会纪盛》,《厦大周刊》第 159 期,1926 年 10 月。

国学院成立不久,就提出了10个研究选题,并计划出版10部专著,其中有鲁迅的《古小说钩沉》和《六朝唐代造象》,林语堂的《汉代方音考》和《七种疑年录统编》。国学院还有一个重大计划,就是编纂《中国图书志》,这是一部包括春秋、地理、医学、金石等十三类书目的洋洋巨著。顾颉刚在《厦门大学国学研究院周刊》"缘起"中明确指出:之所以在这新旧绝续之交研究国学,乃是"现代的学术潮流所昭示","凡是现代的人们要想获得确实的知识,便不能不依了现代学术界所公认的方法去做。国学的材料虽是中国的,但整理这些材料的方法乃是世界的。所以我们既不能用自己的独断立出学问的主张,也不能唯唯听命于过去学术界的权威而埋没了自己的理性。我们只该勉力搜集许多材料,就搜集到的材料而加以分析和综合,探求这些事物的真相。"为此,他提出,不但要在故纸堆中找材料,也要在自然界中找材料;"要掘地看古代人的生活,要旅行看现代一般人的生活。"①

尽管国学院各位教授的研究主题不同,研究范围也很宽泛,但共同体现出了一种相同的研究方法和研究思路,它是科学的、现代的、与世界接轨的。国学院存在的时间虽然十分短暂,半年之后林语堂等名师便相继离去,但是他们带来的现代科学精神和研究方法却留了下来,并对厦大文科的发展和诸多学科的研究方向产生了重要的推动作用和深远的影响。前辈们勇于探索的精神也被一代代厦大人所传承和发扬光大。

上世纪30年代就读于厦大历史系的庄为玑教授,便自述曾受到厦大国学院诸位学者的影响,直接引导他用学科交叉研究的方法对泉州古代海外交通史进行研究,以再现古刺桐港昔日的辉煌。1933年就任厦大历史系主任的郑德坤也延续导师顾颉刚的研究理念,从版本学、神话学、历史地理学等多学科角度对《水经注》进行全面的研究,发表了一系列研究成果。同时,他传承导师的遗教,视方志和族谱为史学尚待开发的金矿,并引导系里的年轻学者开展方志研究,为

① 顾颉刚:《厦门大学国学研究院周刊》"缘起",《厦门大学国学研究院周刊》第一卷第一期(1927年1月5日)

史学研究开辟了新的路径。

2006 年 12 月 22 日，厦大国学研究院挂牌复办，出生于福建的理学家朱熹成为研究主题，这与林语堂当年所倡导的国学研究应当注重地方特色是一脉相承的。国学院学术委员朱水涌说："林语堂所提倡的以西方分析精神来研究国学，即便到今日还是先进的，学术研究就该高度综合又高度细致。"①

第三，他以自己一生的跨文化学术研究为厦大树立了榜样。在 20 世纪初叶，在西风东渐的华夏大地上，林语堂不仅对中国人讲外国文化，而且漂洋过海，到资本主义最发达的美国，对外国人讲中国文化。而且讲得头头是道，讲得外国人口服心服，这确实是他的"真功夫"。无论是对中国人讲外国文化，还是对外国人讲中国文化，林语堂都常常用比较方法，比较两种文化的异同，以促进中西文化取长补短、融合贯通，发展成为更理想的人类文化。

在《东西思想法之不同》、《论东西文化的幽默》、《英国人和中国人》等多篇文章中，他都充分运用了这种比较方法。而在《吾国与吾民》这部"向外国人讲中国文化"的开山之作中，他更是从文化比较的角度深入探讨了中国人的种种特性。他在该书《引言》中说："男孩子的调皮，女孩子的梦想，儿童们的笑声，他们嗒嗒嗒的脚步声，妇女们的哭泣，男人们的忧伤——这在全世界是相似的，只有从男人们的忧伤与女人们的哭泣中，我们才能真正认识一个国家。民族之间所不同的仅仅是社会行为的方式。"②尽管中国人的特性中有种种糟糕的特点，但林语堂并没有因此而回避。他说："我可以坦诚相见，因为我与这些爱国者不同，我并不为我的国家感到惭愧。我可以把她的麻烦都公之于世，因为我没有失去希望。中国比她那些小小的爱国者要伟大得多，所以不需要他们来涂脂抹粉。她会再一次恢复平稳，她

225

① 年月：《搜寻大师生命里的厦门地图》，《厦门日报》2007 年 12 月 5 日。

② 林语堂：《吾国与吾民》引言，黄嘉德译，西风出版社（1936）。《中国人》，郝志东，沈益洪译，学林出版社（1994），第 28 页。

一直就是这样做的。"①

在 20 世纪的中国学者中,林语堂被誉为是"两脚踏东西文化,一心评宇宙文章"的文化巨匠和中西文化交流的使者。他的著述体现了一种明慧达观、宽宏和谐、独立自由、通情达理的理想文化人格,他的文化思想对构建人类和谐文化具有丰富的启发意义。

数十年后,林语堂对中西文化进行比较研究的创造性思维在厦大人文学院结出了丰硕的果实。研究戏剧出身的周宁教授早年在攻读博士学位时,就曾以《中西戏剧话语模式比较》的博士论文开始了自己对中西文化的比较研究。此后一发不可收拾,从上世纪 90 年代至本世纪初,他先后发表了《牧歌田园:二十世纪西方想象的另一个中国》、《鸦片帝国:浪漫主义时代的一种东方想象》等一系列关于中西文化比较研究的文章;1998 年他主编了《2000 年中国看西方》和《2000 年西方看中国》(团结出版社出版);2009 年,又主编了《世界的中国形象研究》大型丛书(共 9 种,人民出版社出版),开创了跨文化形象学的新学科。

在《中国的世界命运》、《风气东西洋——中西文化的遭遇与冲突》等一系列演讲中,周宁更是以自己幽默的语言、渊博的知识、睿智的观点,赢得了听众的不断赞叹。据称在他演讲的报告厅内经常座无虚席,掌声、笑声迭起。在演讲中他说:"我们之所以在探究'中国的世界命运'时把目光投向过去的历史,是要从历史中找寻自己,找寻中国人的文化身份。世界历史不同阶段中国的世界地位不同。只有在全球化历史中,才能理解中国和平崛起的意义。"他在演讲中对比分析了 15 世纪中、西的航海活动,指出西方当时主要是哥伦布和麦哲伦的航海活动,中国则是郑和下西洋,西方的航海活动更具有冒险精神与扩张精神,这正是中国所缺乏的;他强调"守不住海洋的人,也守不住陆地",这种富有前瞻性的海洋观,令人深思。他在演讲中还讲述了茶叶与鸦片对中、西的影响:中国茶叶传入西方和西方鸦片传入中国,同样经过了三个阶段,但是产生的作用却完全相反。在某种意义上,它改变了国家的命运。

---

① 林语堂:《吾国与吾民》自序,黄嘉德译,西风出版社(1936)。《中国人》,郝志东,沈益洪译,学林出版社(1994),第 10 页。

从上世纪 20 年代到本世纪初叶,时空跨越了两个世纪,而跨文化研究的精神却依然如故;从林语堂到周宁,一个当年的厦大文科主任,一个今天的厦大人文学院院长,跨文化研究的传统却一脉相承!是偶然,还是必然呢?

1965 年,林语堂 70 大寿之际,台湾"中央社"同人特别做了一首词祝贺他的华诞,词中有"论语翻新人间世,幽默媲美萧翁"之句。林语堂依原韵写了一首《临江仙》词致谢:

> 三十年来如一梦,鸡鸣而起营营,催人岁月去无声,倦游云子意,万里忆江城。
>
> 自是文章千古事,斩除鄙吝还兴,乱云卷尽縠纹平,当空明月在,吟咏寄余生。①

"三十年来如一梦,催人岁月去无声。"当年的一次次出发、一次次探索,成就了人们今天所熟知的林语堂:两脚踏中西文化,一心评宇宙文章。一位学者指出,在中国文化史上,很难再找到第二个人像他那么深地走进中国,同时又那么远地走向世界。但不管走多远,他依然留在厦大人心间,他那句"整个世界就是大学堂"的名言依然鼓励着厦大人向未知领域出发、探索……

建国后相当长一段时间,林语堂在大陆几乎鲜为人知,或知之而非真正的林语堂。林语堂被刻意遗忘的原因主要有三:

一是他和鲁迅发生过论争,甚至吵过架。其实鲁迅和林语堂曾有过很深的私交,几次论争大多也是对事不对人,即使对人也主要是由于"路线分歧",私底下两人仍彼此看重对方。1936 年 5 月,鲁迅在回答美国记者斯诺提出的谁是当今中国最优秀的杂文作家时,列举了周作人、林语堂、陈独秀、梁启超和他自己;令人扼腕的是,上个世纪 30 年代林语堂与鲁迅之间的论争,后来却被"上纲上线",弄成了不同阶级的代表人物,似乎成了势不两立的仇敌。实际上,夸大他

---

① 林太乙:《林语堂传》,中国戏剧出版社(1994),第 250 页。

们两人的恩怨,更多的是后人出自于这样那样的政治需求。

二是林语堂在 1936 年以后长期生活在美国,而在 1949 年新中国成立后中美长期断交。林语堂正是在美国出版了《吾国与吾民》、《生活的艺术》和《京华烟云》等一系列名著,向西方人讲述中国,成为一名出色的中国文化的"发言人"。诺贝尔文学奖评委会里惟一一位懂中文的评委、瑞典人马悦然坦陈,自己就是读了英文版的《生活的艺术》后,才对中国文化产生浓厚兴趣的。可以说,林语堂造就了不少西方的汉学家。

三是 1966 年至 1976 年林语堂定居台湾,曾受到台湾当局的"厚爱",并住在当局出资为他在阳明山修建的别墅里。而此时大陆正处于"文革"时期,两岸的隔绝让人们对林语堂知之甚少、欲说还休。直至 80 年代初期,在大陆出版的几十种中国现代文学史,仍戴着"有色眼镜"看待林语堂,冠以他"帮闲文人"、"反动文人"的帽子。①

上世纪八十年代后期,台湾"解严",两岸的文化交流逐渐增加。1987 年,长春文艺出版社在大陆率先出版了林语堂的成名小说《京华烟云》,列为"拿来参考丛书"之一。陕西人民出版社则出版了《林语堂论》,一方面对林语堂的作品表示赞赏,一方面又说他"远远脱离了中国的社会现实和人民生活"。②

1988 年 1 月 15 日,上海《联合时报》发表记者黄平对全国政协委员、著名报人徐铸成的采访记。徐铸成对厦门大学建有鲁迅纪念馆而不见林语堂纪念物感到不解,因为林语堂当年是厦大文科主任,又是国学研究院的创办者,鲁迅正是他向厦大推荐请来的;鲁迅在厦大任教只有三个多月,而林语堂在厦大的时间更长一些,但厦大却没有林语堂的任何纪念物,徐铸成认为颇不公道,为林语堂发出了不平之鸣。③

---

① 宋智明:《大师精神怎能忘记》,《厦门日报》2007 年 12 月 5 日。

② 林太乙:《林语堂传》,中国戏剧出版社(1994),第 297 页。

③ 黄平:《徐铸成采访记》,上海《联合时报》1988 年 1 月 15 日(收《鲁迅研究》1988 年第 7 期)。转引自房向东:《孤岛过客——鲁迅在厦门的 135 天》,湖北长江集团、崇文书局(2009),第 260～261 页。

　　直到上世纪九十年代初，大陆学界才开始逐渐还原一个真实的林语堂，开始"全面地、科学地评价林语堂及其文学活动、文学创作"。"林语堂"这个名字也渐渐被人们所熟悉、所惊叹，人们才知道他是一位学贯中西的大学者，是现代性灵散文的提倡者与写作者，是曾经以长篇小说《京华烟云》提名诺贝尔文学奖的大作家。于是，许多出版社竞相重印林语堂的作品。

　　1995 年，林语堂百年诞辰之际，厦门大学以图书馆的名义举行了一次学术研讨会，纪念这位享誉世界的知名作家和本大学的前文科主任。当时碍于规模限制，活动只邀请了几十人。设在厦门大学图书馆一隅的"林语堂纪念室"，也是为纪念林语堂百年诞辰设立的。与鲁迅纪念馆相比，纪念室的规模要小很多。纪念室的展品是由林语堂的侄孙女、林疑今教授的女儿林梦如为主布置的。她说，展览室里最珍贵的文物就是那张黑漆的大书桌，它是林语堂当年在上海时的旧物，是真家伙，十分珍贵，林语堂当时在上海就是在这张桌子上思如泉涌，文采飞扬，写下诸多名篇佳作的！厦大一位"土著"教授参观后感慨地说："这绝对是目前厦大最有分量的一张大书桌，甚至是全福建最有文学价值和文物含量的一张大书桌！"①

　　2000 年 2 月 23 日，位于林语堂祖籍地——漳州芗城区天宝镇五里沙村的林语堂纪念馆开始动工兴建。一年半之后，2001 年 10 月 8 日，林语堂纪念馆正式落成并举行了开馆典礼。

　　林语堂纪念馆地处 319 国道东侧，这里天蓝水碧，十里蕉香。纪念馆占地 7 亩，依山而建，主体为二层环型建筑，正面古色古香，环型结构却近于西化，体现林语堂中西合璧的思想。馆舍正面墙上，由中国书法家协会主席沈鹏题写的"林语堂纪念馆"六个大字金光闪闪。馆前安放着由著名雕塑家李维祀教授设计制作的 2 米高林语堂坐式青石塑像，神态安详，栩栩如生。纪念馆有 81 级花岗岩台阶，暗喻林语堂 81 年光辉的生命，参观者拾级而上，油然而生崇敬之情。纪念馆一层为活动室，二层为展览室，布局简洁，空间感强。馆内展示林

229

①　郑启五：《林语堂与鲁迅在厦大的恩怨录》（新浪博客 2010 年 10 月 11 日）。

语堂各种版本的著作 200 多部、不同时期的照片 100 多幅,还有林语堂手迹及使用过的物品等。照片被分成《山地的孩子》、《在国内》、《在海外》等专题,包括林语堂小时候在故乡的菜园里、林语堂夫妇在鼓浪屿的住宅及林语堂在厦门与鲁迅、许广平的合影等,参观者可以从中了解到林语堂从漳州山乡走向世界的生命历程。

位于漳州五里沙的林语堂纪念馆

这座纪念馆是中国大陆第一家林语堂纪念馆。纪念馆里有一组题为"林语堂的幽默"的照片特别引起参观者的兴趣。这一组照片是由九幅林语堂头像组成的,九幅头像虽然各有差异,但都同样闪烁着智慧的目光,流露出洒脱的神情,体现了这位幽默大师的精神风貌。人们从他的笑脸上读到了快乐,每个人的心也跟着快乐了起来。2002 年 4 月 1 日,林语堂纪念馆举行林语堂雕像揭幕仪式时,林语堂的二女儿林太乙和三女儿林相如曾特地从海外赶回来为父亲的雕像揭幕。

2006 年 10 月 24 日,位于林语堂出生地——平和县坂仔镇的林语堂故居修缮工程竣工,并重新对外开放。故居"同"字型的平房结构仍保留着过去的式样,5 间共 120 平方米的房间还摆着当时的一些陈设。一张书桌、一把椅子,都依稀可见林语堂先生当年所经历的岁月。林语堂先生的侄孙女、厦门大学教授林梦海看到祖辈的故居重新开放,不禁感慨万千。她说:我们一进来就感到非常温暖、非常感激! 觉得平和坂仔的乡亲确实花了很多心血,他们征集了很多旧的资料。因为时间变迁,经过那么长时间以后,很多东西都遗失到乡间,他们就去把这些东西找回来,然后根据原来的风貌恢复起来。盖成今天这个样子,我觉得非常不错!①

　　2007 年 11 月,在平和林语堂故居旁边,一幢崭新的林语堂文学馆宣告竣工并正式对外开放。12 月 5 日,漳州市举行了林语堂国际学术研讨会。来自美国、德国、日本、瑞典、澳大利亚、蒙古等国家以及台、港、澳地区和中国社科院、北京大学、华东师范大学等高校、研究机构的专家学者汇聚一堂,探讨林语堂在哲学、宗教、文学、艺术、民俗等领域的丰硕成果,深入探究闽南文化对林语堂文化思想的建构作用,以及林语堂文化思想对民族文化乃至世界文化的影响。人们踏寻一代文化大师的足迹,感悟林语堂的人格魅力,体验闽南文化的浓郁风情,有力地推动了林语堂学术研究的深入开展。

　　林语堂出生于漳州,是从漳州这块土地走出的享誉世界的文学大师,是漳州人民的骄傲。他的文化思想对中华文化乃至世界文化产生深远的影响,是一笔宝贵的精神财富。同时,林语堂也是闽南文化的集大成者,闽南的山水、文化习俗、民居文化以及茶文化,都对林语堂产生了深远影响。林语堂对家乡的眷恋体现了他思想深处与闽南文化的血脉联系。

　　"真是今非昔比!"林梦海在林语堂国际学术研讨会上接受记者采访时感慨地说,"如今,林语堂及其文化价值越来越受到重视!""我们很高兴看到家乡重视林语堂与漳州的缘分,正致力做大做强'林语堂'这块品牌"。其实这一方面是漳州儿女的自豪和应尽的文化责任,另一方面也见证了林语堂研究的学术氛围的日益开放,旧的狭隘观念已经被突破,林语堂的文化成就及爱国情怀正在得到人们越来

231

――――――――――――――――――
　　①　洪津津、朱克勤:《平和坂仔林语堂故居重新开放》,厦门广电集团(2006 年 12 月 25 日)

越多的认识和理解。

反观厦门,除了 1995 年在厦大图书馆建立了一个林语堂纪念室外,几乎毫无建树,连林语堂在厦门鼓浪屿的故居——廖家别墅也已成为了危房。一位记者就此指出,重视林语堂与厦门的缘分,做大做强"林语堂"这块品牌,其实也是厦门儿女应尽的责任。

人们期待着,有一天能在厦门鼓浪屿或厦大校园里见到林语堂纪念馆,能在日光岩下或白城海滨踏寻林语堂的足迹,重温林语堂人格的魅力;期待着大师风范引得名流毕至,母校盛情使得群贤称道,期待着进一步拓展林语堂学术研究的领域,使林语堂一生推崇的和谐文化更加深入人心。

来自林语堂家乡的一位研究者清醒地写道:"在林语堂和鲁迅曾经工作过的厦门大学,鲁迅纪念馆颇有阵势,而仅有一间的林语堂纪念室藏在角落,也许从这个格局可以看出林语堂和鲁迅在国内不同的待遇。只是,两个文豪在那个年代的生活和成就是无法用房子的大小来衡量的,无意也没有必要在他们之间分个高低,只要记住,在那个时代,曾经有那么两个文豪,和其他作家一起,辉映出岁月的亮色,就已足够。林语堂和鲁迅,都将不朽。他们的文字将是他们的丰碑,留存岁月。"①

---

① 黄荣才:《林语堂与鲁迅》,《闽南风》2010 年第 8 期。

下篇

林惠祥：
只为真知岂为名

一、厦大：人类博物馆

厦门大学依山傍海，景色秀丽，风光旖旎。尤其是环芙蓉湖四周，以"芙蓉"命名的一幢幢宿舍楼，红墙绿瓦，飞檐翘脊，显得格外引人注目。芙蓉湖南岸，紧靠着路边，有一栋花岗岩修建的、中西合璧的三层大楼，名为博学楼，著名的"厦门大学人类博物馆"就设立在这里。

芙蓉湖畔的厦门大学人类博物馆

2010 年，一个温暖的南国冬日，我来到这座中国大学历史最悠久的博物馆。整座馆舍掩映在绿树丛中，馆外广场上几株紫荆盛开着艳丽的花朵，徐悲鸿先生题写的"厦门大学人类博物馆"馆牌仍高挂在拱门上方，显示出它的悠久与厚重。馆舍前不久刚刚装修一新，走进第一间展室，映入眼帘的就是著名人类学家林惠祥的半身铜像。我站在铜像前，阅读着"林惠祥教授生平"的简短文字介绍，不禁对这位曾经为厦大人类博物馆的创立呕心沥血的学者感到肃然起敬。作为中国人类学与民族学的开拓者,他当之无愧的成为厦大在这两个研究领域的祖师,从他算起,厦大人类学、民族学的传统已经传承到了第四代。

林惠祥教授青铜雕塑

236

厦大建立博物馆的计划由来已久。早在 1926 年秋,鲁迅先生在厦门大学任教时厦大就举办过考古文物展览会,后来国学院还成立了文物陈列部。1931 年,从中央研究院回到母校厦门大学任教的林惠祥教授,为了满足讲授人类学课程必须参照实物的需要,在自己位于顶澳仔的居处建立了人类学文物标本展览室。1934 年,在这个展室的基础上,林惠祥成立了私立厦门人类博物馆筹备处,收集、发掘和整理我国东南地区和东南亚的考古和民族文物标本,不仅开放供厦大师生教学参考,也供校外人士参观。

1937 年抗日战争爆发后,林惠祥携带他收集的珍贵文物,举家到南洋避难。新加坡沦陷后,由于他不愿为日本人做事,因此生活十分艰难。但当一位欧洲人乘机想从他手中收购文物时,他却严词予以拒绝。为了躲避日本人的纠缠,他迁至偏僻的乡下,隐姓埋名,以种植蔬菜、木薯为生。有时连火柴也买不起,只好靠敲石取火,生活的艰辛到了难以想像的地步。但就是用草绳做裤带,勒紧肚子,他也坚持决不变卖一件文物。1945 年日寇投降时,林惠祥说,若再拖半年,恐怕这条命就熬不过去了。①

1949 年 11 月,厦门刚解放不到两个月,林惠祥就向厦门大学军代表提出关于设立人类博物馆的建议,并表示愿意将自己一生辛勤搜罗和收藏的珍贵文物、图书数千号(每号一件至数十件不等)全部捐献给学校。他在建议书中写道:"人类博物学的研究法近于自然科学,需用标本为实证。提议人因多年教授人类学的经验,深感有这种需要,自十余年前即有志倡办人类博物馆,曾自费搜罗标本……种类分为史前遗物(出自中国东南各地及台湾、南洋)、历史时代古物(中国)、现代民族风俗品(台湾、南洋、印度、日本)三大类,颇有学术上的价值。自抗战前数年,即供在厦门大学教学之用,其目录曾记载于《厦门大学一览》(1935 年)。本人因目见当时私立厦门大学经费困难,乃节省自己的生活费,用来旅行、采集和购买,并拟向南洋募集标本,打算略具规模献与国家。不意因日寇侵略,携带其大部分逃亡南洋,在南洋续有增加,于前年回国后在厦门大学公开展览一次,参观者颇多。如厦门大学设立人类博物馆,愿意贡献为基础。"②

当时由于东南沿海战事还在继续,林惠祥的建议只好暂时被搁置起来。1951 年,著名经济学家王亚南出任厦门大学校长后不久,林惠祥再次向学校提出设立人类博物馆的建议。被誉为"懂得经济价值也懂得人的价值"的经济学家王亚南自然也懂得人类学的价值,于是欣然接受了他的建议,并于当年 4 月 18 日将报告转呈华东教育部。年底经中央人民政府高教部批准,决定成立厦门大学人类博物馆。1952 年春,学校成立了筹备处。经过一年时间的筹备,1953 年 3 月 16 日,厦门大学人类博物馆正式开馆,中央美术学院院长徐悲

237

——————

① 林华明:《永远的怀念》,《纪念林惠祥文集》,厦门大学出版社(2001),第 20 页。

② 林惠祥:《厦门大学应设立"人类学系"、"人类学研究所"及"人类学博物馆"建议书》,转引自《纪念林惠祥文集》,厦门大学出版社(2001),第 62~63 页。

鸿特地为博物馆题写了馆名。该馆是我国历史最悠久的一座人类学博物馆,也是福建省第一家博物馆,不仅在南中国及东南亚享有盛誉,而且被联合国教科文组织收录为国际著名博物馆之一。

厦大人类博物馆初创时期,馆舍设于生物馆三楼,人手少(只有三人),经费紧(每月经费只有 70 多元)。身为馆长的林惠祥遇到可心的文物,经常用自己的工资为馆里添购作为标本。他的工资收入虽然较高,每月有两三百元,但因为购置文物,家里甚至出现到了月底没钱买米的窘况,连买菜有时也是赊欠的。①

为了节省经费,博物馆里的几乎所有模型、展柜,都是由林惠祥亲自设计、监制甚至制作的。有一次,他和一位技术员用粘香末雕塑从猿到人进化的模型,其中爪哇猿人就是林惠祥个人的杰作。在雕塑这尊猿人时,他既是模特又是雕塑师。他脱掉上衣,一边手持木棒,张着大嘴,模仿猿人的样子,不时使劲使肌肉凸起,一边对着镜子,亲自动手塑造模型,为此留下了一张老照片保存至今。他还常常和工作人员一起俯身在地上,制作立体地理模型。

后来,博物馆的规模逐步扩大,馆舍迁至博学楼,拥有了两层楼和 36 间陈列室,人员也有所增加。厦大人类博物馆第二任馆长陈国强回忆说,"林惠祥先生在博物馆亲自为参观者讲解,亲自为人类博物馆写'陈列品说明书'。他用的稿纸,常是已经用过一面的废纸。他常对我和馆内人员说:'我们应当一个钱当两个用,少用钱,多工作。他还把自己的用具从家里拿到学校供办公用。"②

上世纪七八十年代,当我在厦大读书时,无论是从宿舍去教室,还是到大礼堂看电影,或是在校园里散步,都曾无数次地经过这座博物馆。然而它留给我的印象却始终模糊不清:与校园里的其他红墙绿瓦的建筑相比,这幢"白楼"的外观显得比较单调,甚至有些"木

---

① 王文静:《林惠祥高校创办博物馆第一人》,《厦门日报》2006 年 3 月 28 日。

② 陈国强:《我的老师》,《纪念林惠祥文集》,厦门大学出版社(2001),第 11 页。

林惠祥模仿猿人姿态教雕塑工制作猿人模型

239

然"；拱门、方窗虽然十分古朴，窗棂看上去却似乎锈渍斑斑；铁栅栏做的大门坚实而沉重，但几乎很少打开；探头往里一看，走廊上也是黑漆漆的。

　　在我的记忆中，这座博物馆似乎很少对外开放，馆里的陈列也比较简单，去参观的人很少。当时历史系的办公室和专业课教室设立在博物馆三楼，但要去三楼得先从博物馆碑廊的侧门绕着走，先进院里，右拐上台阶，才能到达。

　　一位当时在历史系就读的学生回忆说："那个狭长的院落里，除了各式各样的花儿草儿，就是高高的芒果树和龙眼树，每年夏天，在三层顶楼上课的时候，我们都会瞄着青色的芒果，想它成熟的样子。树上偶尔停一两只嗓门极大的鸟，聒噪的时候，老师特无奈地望着外面，却没有丝毫的办法。每次我看到老师那一脸无奈的表情，都会忍俊不禁。"

　　上世纪六七十年代，在一次次政治运动的漩涡里，这座凝聚着林惠祥教授许多心血的人类博物馆似乎没能发挥出它应有的作用。即

绿树丛中的厦大人类博物馆

使在改革开放初期,这座渐趋"老化"的博物馆似乎也被人们所淡忘。

2005 年 9 月,学校终于开始对人类博物馆进行修缮改造和重新布展,我国著名的博物馆布展专家费钦生亲自负责文物的布展设计和施工。

2006 年 4 月 4 日,在庆祝厦门大学 85 周年校庆的日子里,这座在我国及东南亚久负盛名的人类博物馆整修一新后正式开馆,并精选了近 800 件藏品对外展出。福建省文物局、福建省博物院、上海市博物馆、厦门大学的有关领导及林惠祥先生的亲属共同为博物馆开馆剪彩。厦门大学领导在开馆仪式上说:"厦大人类博物馆充分展示了人类及其文化的进化以及中国文明史发展过程,这种陈列在国内博物馆属于先进之列。重修后的厦门大学人类博物馆不仅展示我校在人类学领域取得的成就,更重要的是要激励我们锐意改革,开拓进取,再创佳绩。"①

---

① 潘世墨:《在厦门大学人类博物馆重修开馆仪式上的讲话》,2006 年 4 月 4 日。

　　林惠祥教授的女儿林华明以一位老归侨、老侨务工作者的身份
出席开馆仪式,并代表参加典礼的林华清、林华素、林华岩等亲属发
言。① 她深情回顾了林惠祥教授为华侨、归侨所作的工作和对考古
学的痴爱之情,她说:为了创办这个博物馆,父亲把自己长期搜集和
收藏的 2 千件珍贵文物全部捐献出来了,这些文物几乎是他的所有
家当。父亲只是个学者,他只能靠工资,自费去挖掘,甚至自己到处
去买收藏。那时还没有公家,全部是靠自己。在和平时期,他可以用
自己工资去挖掘和收买那些东西;当日军侵略到这里时,他不得不逃
难,把东西带到香港,后来又从香港带到马来西亚。即使战争打得很
残酷的时候,他也不忘他的考古研究,一路走还一路考察。

　　林华明说,父亲的心愿就是要把厦门大学人类博物馆建设成全
国一流的博物馆,建设成青少年的教育基地。看着重修后的博物馆,
她相信,父亲的心愿一定可以实现。②

　　与重修开馆仪式同时举行的,还有林惠祥先生的铜像揭幕仪式。
菲律宾厦大校友会理事长邵建寅和林华明一起为铜像揭幕。铜像的
雕塑者是曾经为邓小平塑像的一位上海知名雕塑家。走进父亲曾经
工作过的地方,看着父亲的雕塑,林华明不禁感慨万千,她为自己的
父亲感到自豪。

　　修缮后的厦门大学人类博物馆馆舍面积达 2400 多平方米,共有
七个展室和一个碑廊,收藏了 1 万多件珍贵文物及上世纪五十年代
前的图书资料 1 万多册,包括中国文明史各阶段的文物标本、史前遗
存、模型实物,历代的陶瓷、青铜、玉石、货币、甲骨、字画,以及体现来
自西亚、南亚的海洋文明史宗教石刻,如宋元时代的伊期兰教、婆罗
门教等宗教碑刻。馆藏的中国少数民族与民俗文物、东南亚大洋洲

241

---

　　① 林惠祥共有五男五女,其中大女儿林斐为新加坡知名画家,三女儿华
明曾任厦门市政府侨办主任,四女儿华清为厦门实验小学特级教师;大儿子林
品、二儿子林汉曾是新加坡《南洋商报》、《星洲日报》资深记者;三儿子华山、四
儿子华水曾担任厦门大学副教授;此外,还有二女儿安娜,五女儿华素,五儿子
华岩。

　　② 《林惠祥雕塑昨天揭幕》,厦门广电集团(2006 年 4 月 5 日)。

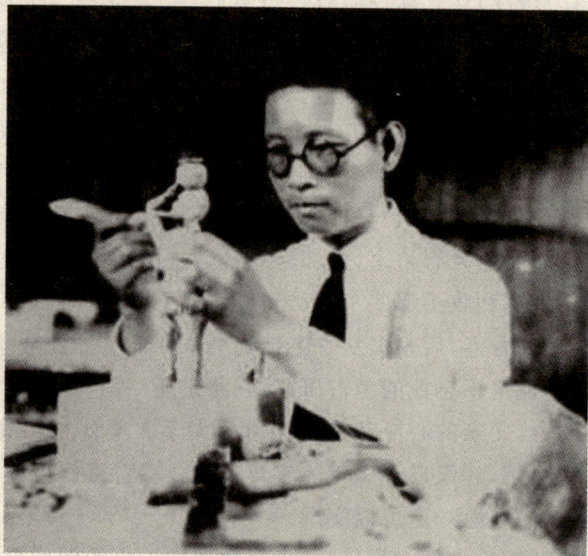

林惠祥先生制作高山族人像模型

民族考古文物,如台湾高山族的贝珠衣、双联杯以及独木舟、刀枪等,都极具民族特色。另外,许多涉台文物以及东南亚旧石器标本,在中国博物馆中都是少见的藏品。在这些馆藏文物中,不少就是林惠祥教授及其遗孀黄瑞霞捐赠的私人藏品。

尤其是馆中珍藏的800多件台湾文物,包括史前文物和民族文物两大部分,基本上便是林惠祥教授在台湾收集的。厦门大学人类博物馆副馆长邓晓华教授评价说,厦大人类博物馆是大陆珍藏台湾文物数量最丰富、内容最权威、品质最完好的博物馆,至今没有一家博物馆可以超越。在厦大人类博物馆的史前文物中,台湾圆山遗址文物是在大陆仅能看到的一批台湾新石器时代的珍品,它是林惠祥教授于1929年和1935年两次冒着生命危险到台北调查发现并捐献的。这些台湾文物充分证明台湾是中国不可分割的一部分。[①]

该博物馆深深吸引了来自海峡对岸的考古专家。据《厦门日报》

---

① 邓晓华:《验证闽台同源厦大博物馆文物令台湾学者惊讶》,中国新闻网2006年5月19日。

报道,台湾大学考古人类学系教授、著名台湾史前文化专家连照美女士看到馆藏的台湾文物后十分惊讶,连称"出人意料"。已故的台湾"中研院"副院长、世界著名考古学家张光直院士到馆里来过数次,他曾提出关于台湾原住民来自大陆东南沿海一带的著名观点,厦大人类博物馆收藏的这些台湾文物恰恰为张光直的论点提供了论据。在台湾大学和台湾"中研院"的展馆中,虽然也收藏有圆山遗址的文物,"中研院"文史馆还设立了一个专门展厅展出台湾的史前文物,但这些文物均特别标注是当时"中央研究院"研究员林惠祥收集的。

邓晓华介绍说,这些台湾史前文物有着极高的学术价值。他曾经去台湾参观过卑南文化遗址,那里的文物和厦大收藏的台北圆山出土的小石锛、石斧、有段石锛、有肩石斧等器物一模一样。更重要的是,这些器物和福建建阳、闽侯、长汀等地出土的器物形制和大小都非常相似。"地点不一样,但出土的器物却一样,这是最有力的证据,证明早在远古时代,台湾和大陆便有着密切的关系,大陆和台湾是同源的。"

厦大人类博物馆里的台湾原住民文物也十分丰富,包括服饰、艺术和日用器皿等多个方面。其中有一件泰雅族贝珠衣是泰雅人头领在重要仪式场合穿着的盛装,非常珍贵,所辍的贝壳珠达6万多颗。据说流传在大陆的贝珠衣共有几十件,绝大多数是由林惠祥收集的,当时的"中央研究院"根据各大学教学和研究的需要通过"教育部"进行调配。此外,博物馆还有泰雅人精美的披肩,色彩鲜艳,纺织精美,说明当时泰雅族的纺织业很发达,对织物、颜料利用的技术高超。

厦大人类博物馆的"镇馆之宝"是一张"清初彩绘台湾地图"。这张台湾古地图是大陆现存最早的一卷手工绘制地图,绘制时间在乾隆五十二年之前,地图的尺寸、地形和现在的军用地图相差无几。这张彩绘地图是手卷式的,山水画风格,实用性很强。从地图上可以看到,从福建移居台湾的居民点有同安厝、龙岩厝等,说明闽台亲缘关系由来已久。这张清初台湾地图是由清朝政府绘制而不是民间绘制的,因此文物价值很高,1950年由林惠祥在厦门购得,现已被列为国家一级文物。

博物馆里有一艘高山族独木舟,是上世纪50年代厦门渔民陈乌

糖在台湾海峡捕鱼时捞回并捐赠给博物馆的。这艘独木舟是用树干挖空制成的,即使船翻了也不会沉下去。看上去虽然不起眼,但却是当时台湾高山族的重要交通工具之一。博物馆门口还安放着四门铁炮,这些铁炮造于清代嘉庆年间,是设置在岸上、用来守卫厦门的海防炮。此外,博物馆还有郑成功造火药的石臼、郑成功军队的饮马槽等文物。①

馆内展厅分布由"从猿到人模型"、"南洋旧石器"、"新石器时代文物"、"台湾新石器"、"两晋南北朝隋唐五代文物"、"泉州海外交通史迹"、"福建古外销陶瓷"、"畲族文物"、"高山族文物"、"南洋民族文物"等部分组成。此外,还有中原和其他地区出土的商周秦时代的青铜器、铁器、陶器,以及一部分古字画和碑廊等。

在二楼展厅中,最醒目、最庞大也最吸引人的藏品便是来自西南的五面铜鼓。铜鼓俗称"诸葛鼓",是我国南方少数民族世代相传的特殊乐器和礼器,也是富有传奇色彩的民族历史文物,传说是诸葛亮征伐南蛮时教后者制作的。其实在东汉已有文字记载,原为古骆越族发明,其后西南各族都有制作,用于召集族众从事战斗或举行活动仪式。馆藏铜鼓中有两面是清代任四川总督的泉州人苏廷玉带回福建的。

铜鼓迄今已有2700多年的历史。主要分布于我国南方的云、贵、川、粤、桂、琼、渝、湘等省市区。现今居住在南方的少数民族仍然使用铜鼓,其功能不仅限于乐器的范围,他们将铜鼓视为"神器",年年施祭、岁岁施拜。这些铜鼓多数是以家族和集体的方式珍藏和保存,一般要逢重大节日、丧葬或祭祀祖先等活动才拿出来。启用铜鼓时,有隆重的祭铜鼓仪式和严格的议程。使用铜鼓和祭祀的方式又各具特色,成为各民族铜鼓文化的"活化石",也是先辈留给后人的一份宝贵的精神文化遗产。②

① 王文静、王瑛慧:《验证闽台同源厦大博物馆文物令台湾学者惊讶》《厦门日报》海峡周刊,2006年5月19日。
② 蒋英:《厦门大学馆藏铜鼓印象》,《贵州师范大学学报》2007年3月15日。

厦门大学馆藏的西南少数民族铜鼓

　　厦大人类博物馆的很多掌故都和第一任馆长、著名人类学家林惠祥教授有关。这座人类博物馆正是在他无偿捐献私人收藏的基础上筹建起来的，那些他含辛茹苦收藏并且伴随他颠沛流离的珍贵文物，最终在这座博物馆里找到了最好的归宿。也正因此，人们说："陈嘉庚倾资办学，林惠祥倾资办馆，均为时人所敬仰。"①

　　正午时分，当我在刚刚下课的学生们的喧闹声中，离开这座在紫荆花的繁花落叶中默默度过了几十个春秋的博物馆时，我对这座中国最早的大学博物馆不禁充满了敬意，对创建这座博物馆的林惠祥教授更是充满了由衷的爱戴与感激……

245

---

① 《先生遗愿终成现实》，《厦门日报》2006 年 3 月 28 日。

二、从鹿港到厦门

上世纪 80 年代末,当台湾歌手罗大佑的一曲《鹿港小镇》唱响海峡两岸,鹿港的淳朴与沧桑也深留在大陆民众的心中。在台湾怀旧寻幽,彰化鹿港无疑是一个绝佳的地方。古色古香的文物,出神入化的传统技艺以及丰富多彩的民俗传承,无不展示着鹿港曾经的风华,引人向往。

这座位于台湾中部西海岸的小镇,虽然人口只有八万,却有着显赫的文化与历史。"一府二鹿三艋舺"是台湾早期汉文化鼎盛发展时期的标杆,分别指的是台南、鹿港和台北万华,其中鹿港是当时文化与商业的重镇。清乾隆四十九年(1784 年),鹿港与福建泉州晋江县的蚶江正式设口对渡后,大量汉民涌入鹿港,商船云集,店铺栉比。至道光末年的六十多年间,被称为老鹿港的"黄金岁月"。其后,鹿港因受到战争的影响以及浊水溪泛滥、港口河沙淤积和日据时期铁路未能路经等多种因素的影响而逐渐走向衰微。

170 年前,林惠祥的祖辈正是从台湾海峡西岸的泉州蚶江,漂洋过海来到了台湾鹿港,并在台湾延续了第二代、第三代的香火。林惠祥的高祖父林恭瞻(1792—1873),是晋江县蚶江镇莲埭村人。莲江林氏传到他这一代,已是第十六世。作为明经进士,他曾在乾隆年间被朝廷授修职郎并晋封为奉政大夫,连其夫人王浸娘也被诰封五品太宜人。这位高祖父相当高寿,活了 82 岁,并有七个儿子。①

这七兄弟中的老大林宽宝便是林惠祥的曾祖父,他出生于 1816 年,林氏家族在道光年间从"泉州总口"、"与台湾鹿仔港对渡"的蚶江渡海到鹿港经商便是由他开始的。大约在鸦片战争前后他来到台

---

① 林祖武:《林惠祥家族史略》,《纪念林惠祥文集》,厦门大学出版社(2001),第 27 页。

湾,主要从事航海经商,家境颇为殷实,共生有五男二女。不幸的是,1860 年年仅 44 岁的林宽宝便英年早逝。后来其胞弟林岳亭带领五个儿子(包括次子、五子、七子、八子、十子)渡台传衍生息,曾被"钦加特授赏戴蓝翎衔。彰邑五品军功候选知府职,诰授奉政大夫"。同治元年(1862)彰化县令保举林岳亭在军前出力,此后他"随同文武剿匪克复彰化城以及各处地方"。①

林惠祥的祖父林信羽,出生于 1844 年,是 5 兄弟中的老二。他带着胞弟哲焙和两个儿子渡台,住在鹿港街。不知是由于航海中的事故或是染上沉疴,竟于 1870 年不到 30 岁便撒手西归。夫人纪为娘,生有三男一女,丈夫去世后,她含辛茹苦拉扯着四个孩子,宣统元年(1909)被诰授"旌节孝"。

林惠祥的父亲林敏方,出生于 1869 年,年幼时父亲便已去世,靠着母亲拉扯成人,大约在辛亥革命前后从大陆到台湾做闽台贸易生意,育有五男一女。林惠祥在《自传》中说:"曾祖赴台湾从事航海经商,因而起家,至我父已衰落,然仍至台湾经营小商业,而家眷仍居泉州。"②甲午战争后,日本迫使清政府签订《马关条约》,割让台湾为日本殖民地,强迫台湾民众改隶日籍。林敏方虽然不得不挂了日籍,但对祖国仍尽国民应尽之义务。

1901 年,林敏方 33 岁时,二儿子林惠祥在家乡蚶江出生了,他自然十分高兴,因为大儿子已早殇。小惠祥自幼聪明好学,9 岁时入私塾受业。甲午战争后,由于台湾已被日本割据,闽台间的贸易经常需要日文交流,望子继业的父亲便把 11 岁的惠祥带到日本人在福州创办的东瀛学堂(小学)读书。由于他学习刻苦,成绩优异,经常名列全班榜首。课余他喜欢看旧小说,数量达数十种。后来他回忆说:

247

① 林祖武:《林惠祥家族史略》,《纪念林惠祥文集》,厦门大学出版社(2001),第 27 页。

② 林惠祥《自传》,转引自《纪念林惠祥文集》,厦门大学出版社(2001),第53 页。

"(我)中文进步颇速,盖全由此。"①除书本学习外,他也很注重锻炼身体,练习武功。16 岁那年,他以全班第一的成绩在东瀛学堂毕业。时任东瀛学堂校长的日本人横尾广辅要引荐林惠祥去日本商行做事,他却婉辞了。

此后,他结识了一位擅长古文并写得一手好文章的福州新同学,于是一边在家自学古文,一边入私塾补习英文。仅两个月英文便大有长进,塾师连连称奇。深受鼓舞的林惠祥一鼓作气考入了基督教会设立的青年会中学。该校教材全部都是英文的,就连中国地理也采用英文。第一学期结束,林惠祥的学业成绩依然在班上名列第一。但他觉得学校的学习进度太慢,不能满足他的求知渴望,加之当时父亲经营比较困难。于是他便退学回家自学。父亲为此有些惋惜,对他说:"自修即有学力,亦无资格文凭。"他则认为:"有真才实学便好,何须资格文凭。"②

248

从此,他专心在家自修,每日学习时间长达 14 小时以上。他以青年会中学的英文教材为课本,以字典为教师,仅两年就自修完青年会中学五年的课程。其间,他还遍读《左传》、《东莱博议》、诸子百家、两汉骈文和诗赋等,由散文而骈文而诗赋,每日习作一篇。两年后,他不但中文写作猛进,以《韩信论》获得当地一个文化机构组织的征文比赛第一名,同时他还尝试着翻译英文小说。横尾广辅赏识其才学,推荐他回母校东瀛学堂教汉文,19 岁的林惠祥婉言谢绝了。后来横尾广辅又劝说他赴日留学,并愿意帮助他联系台北板桥林氏富商给予资助,林惠祥同样没有同意,其原因就在于日本侵占了台湾,使血气方刚的林惠祥觉得屈辱。

后来,林惠祥随在榕经商却无利可图的父亲到台湾,在台北为一位富商记账,他觉得极为烦闷。不久他在远嫁菲律宾的妹妹建议下,和邻乡的华侨一起乘船赴菲律宾,在马尼拉一位亲戚开的米厂任书记员,业余时间则用来大量阅读各种社会科学书籍,同时修习英文。

① 林霭、苑香兰《只为真修岂为名》,《纪念林惠祥文集》,厦门大学出版社(2001),第 39 页。

② 同上。

他从日本中浦化人由学徒苦学成功的事迹和美国一位诗人由马车夫自学获得成功的事例中得到了许多启发和鼓舞,并引以为自己的学习榜样。

1921年,林惠祥从报纸上获悉陈嘉庚先生捐资兴办的厦门大学,可以免学费和膳费,他感到十分高兴,便决定弃业就学。为此他加强了代数、几何的自修,并于当年回国报考。然而等他回国时,考试早已逾期,他只好参加补考,中英文虽然合格,但数理科却不及格,因此不能被录取为正式生,也无法获得免费待遇,而只能以同等学力作为厦门大学的旁听生。尽管如此,能够再续学业的林惠祥已是十分高兴。在从厦门乘船赴集美厦大临时校舍读书的途中,林惠祥吟诗言志:

> 一叶扁舟自在行,从今实业定我生。
> 千金货殖飘然去,只为真修岂为名。①

在厦门大学读书期间,林惠祥十分用功,每晚宿舍熄灯之后,他仍经常秉烛夜读。由于品学兼优,先后两次获得甲等奖学金,文才渐露的他还被同学们推选为校刊编辑。第一学期结束时,由于成绩优秀他被转为特别生。第一学年结束后,他的数学考试补考及格,被录取为正式生,在历史社会学系读本科。读至大学第三年,经系主任徐声金介绍,他利用课余时间兼任厦门中华中学史地、社会学等科目的教员。他在《自传》中回忆道:"该校颇多台湾来之学生,然彼等不知余亦为台湾籍也。台湾学生闻系在台湾无中学可读,乃辗转先往日本,然后偷渡上海,转来厦门求学。彼等对中国之观念,不殊于中国学生,盖亦自认为华人也。"②此外,林惠祥在读书期间还翻译了一本社会学英文名著,交付上海泰东书局出版。1926年,他成为厦门大

249

---

① 林霭、苑香兰《只为真修岂为名》,《纪念林惠祥文集》,厦门大学出版社(2001),第39页。

② 林惠祥《自传》,转引自《纪念林惠祥文集》,厦门大学出版社(2001),第53页。

学的第一届毕业生,也是文科的唯一毕业生。

　　大学毕业后,林惠祥留校工作,担任厦大预科的教员。一年后赴马尼拉的菲律宾大学研究院攻读人类学,其导师就是美国知名学者、精通考古学与民族学的拜耶教授。这位美籍人类学家早年毕业于哈佛大学人类学系,通晓体质人类学、民族学、考古学,他出版的《菲律宾与东亚考古及其与太平洋岛民来源的关系》是东南亚考古的权威著作。林惠祥在其门下接受美式人类学即体质、民族(文化)、语言、考古四分支学科合一的教育。拜耶一生形影相吊,痴迷于考古文物收藏,其寓所摆满了史前时代石器、陶片。林惠祥受其影响,也十分嗜好文物标本的收藏。他当年在菲律宾采集的一件半磨制石刀和四件打制细石器,就是其搜集文物的传奇经历的起点,也是厦大人类博物馆可以追溯的起点。

　　在菲律宾大学学习期间,由于没有奖学金,各项费用都要自己承担,林惠祥的生活相当艰苦,有时甚至不得不站立在商店外,以面包、冷水度过一餐。然而他的学习仍十分刻苦,1927年就在《归纳学报》第一期发表了第一篇学术论文:《由民族学社会学所见文化之意义及其内容》。由于他的学习成绩优异,入学前又曾预备一年,院部一年后便准予他毕业并授予人类学硕士学位。

　　1928年林惠祥获得人类学硕士学位后,即回国准备在厦门大学任教。此时,陈嘉庚先生海外经营的实业遇到困难,厦大的办学经费不得不大幅压缩,人类学的发展计划也受到影响。恰在此时,蔡元培先生出任由教育部改称的大学院院长,并着手筹组中央研究院。经由师长毛夷庚的推荐,林惠祥应召赴京面见蔡元培先生。毕生热心于培育、延揽人才的蔡元培先生与林惠祥面谈之后,对这位年轻学者颇为欣赏,便委任他为大学院特约著作员。不久,国立中央研究院正式成立,蔡元培先生出任中研院的第一任院长。中研院社会科学研究所专门设有民族学组,蔡元培兼任组长,他任用林惠祥为该组助理研究员,并派他赴台湾调查高山族(当时称番族)。通过这次调查,林惠祥除采集大量考古学和民族学文物标本外,并著成《台湾番族之原始文化》一书(附图多幅)。后来中研院历史语言研究所由广州迁至北京,史语所设有人类学组,于是,林惠祥又从上海来到北京,担任中

研院史语所研究员。

1929 年,林惠祥的父亲林敏方在台北去世,葬于台北西北面的观音山。"其墓形异于常型。墓之地上部以洋灰及砖筑作四方形,二层,中立一方形尖顶石柱,柱四面皆有字,前为:'晋江林敏方先生之墓',右为蔡元培先生挽语:'典范犹在'"。林惠祥解释说,由于"纪年不愿用日本,然又不得不用中国,故用公元,此我兄弟当时苦心斟酌之办法也。"①林敏方毕生热爱祖国,企盼台湾能够早日挣脱殖民锁链回归祖国。1945 年,当日本战败投降、台湾回归祖国怀抱时,林惠祥满怀喜悦之情写下了一首七言诗,告慰长眠在九泉下的父亲:

> 碧海还珠梦不空,金瓯无缺祚无穷。
> 神州今世谁天下,家祭欣然告我翁。②

从蚶江到鹿港,到福州、厦门,再到马尼拉、上海、北京,从林惠祥的先祖到他的父亲,再到他自己,林惠祥家族走过了一条艰难崎岖的道路,也造就了林惠祥坚韧顽强的性格。2010 年冬天,出生于泉州古城的我,带着对这位同乡的景仰之情,走进了作为林惠祥一生道路起点的泉州蚶江。

251

蚶江镇现归属泉州石狮市管辖。一提到石狮蚶江,很容易就能让人想到古渡头、六胜塔和泼水节,这一张张名片,都为蚶江古镇平添了几分历史的味道。古镇迄今仍保存着滨海传统特有的建筑和民俗风情。蚶江古厝群较多的有前坡、锦江等地。在前坡村,只见红砖红瓦的古厝,门楣窗棂雕刻奇巧,虽经数百年风雨,略失光泽,但古大厝的雄姿依然可见。路边也有个别古大厝,杂草丛生,梁柱也已开始腐烂,看来如不及早加以保护,随时都有坍塌的可能。在锦江村,有一群很特别的古大厝叫风炉厝,虽有局部损坏,但主屋仍然保存得十

---

①　林惠祥《自传》,转引自《纪念林惠祥文集》,厦门大学出版社(2001),第53 页。

②　高溪、吴进通:《昆仑东走脉难穷》,《纪念林惠祥文集》,厦门大学出版社(2001),第 52 页。

分完好。相传晚清时房主纪隆草在古渡口处捡到一袋白银,虽然他家里十分贫穷,却没有把这袋白银扛回家,而是在原地等待多日才找到失主,丢银子的富商对他十分感激,并教他如何做生意,最后纪隆草也成了富甲一方的商人,在村里造了18座古大厝。一位74岁的村民说,这一带古厝都有百年以上的历史,都是老祖宗留下的宝贵财富,政府和村民都有义务和责任,保护和传承好这些物质文化遗产。

古镇似乎总难以让人与"都市"挂钩。但这一切即将改变——蚶江和祥芝两个镇已被列入大泉州980平方公里中心城区范围,蚶江祥芝组团正处在泉州环湾发展核心带上。根据规划,蚶江片区将被建成环湾核心区的新都市,与海湾对岸的泉州台商投资区南北呼应。未来的蚶江片区,实行港口与城市发展并重,并将重点发展对台文化旅游,建成新的城市繁荣带。我感到欣慰,也看到了希望,海峡西岸经济区正在蓬蓬勃勃地兴起!

而在海峡东岸,被称为"繁华犹似小泉州"的鹿港,无论是港口还是市街的结构,都仍保留着泉州的痕迹。穿行于鹿港的大街小巷,颇具闽南特色的建筑透着古老的文化气息。

历史悠久的鹿港小镇,与先民们开发台湾的历史紧密联系在一起。这个与福建泉州隔海相望的港口,是早期开台先民们泊舟登岸的地方。清代流传的谚语"一府二鹿三艋岬",道出了鹿港过去在台湾开发史上的重要地位。这个昔日扼全台经济、文化、军事命脉的清代台湾第二大城,尽管因港口淤积、交通要道改变,繁盛荣景早已步入历史,却也相对成为台湾古迹保留得最完整的城镇。

相传早期的鹿港曾是鹿群聚集之处,加上港阔水深,因而得名。在台湾开发史上,鹿港曾扮演举足轻重的角色。地理上,鹿港地处台湾西部海岸线的中间位置,北倚富足的"谷仓"彰化平原,因而成为清代南北船只货物的重要转运站。当时富裕之后的鹿港人,有精力研读诗书、培育子弟,文开书院曾先后出过6位进士、9位举人,造就出鼎盛一时的文风,而社会物资充裕也带动生活品质的追求,鹿港糕饼的精致来自于此,传统手工业也在这样的背景下愈加精巧。然而,在大肚溪与鹿港溪的长期冲积之下,河港逐渐淤塞,加上日据时代日本

人切断台湾与大陆之间的贸易往来，后来新建的纵贯线铁路也不经过鹿港，这座鼎沸的古镇便逐渐走入了沉寂。今日的鹿港虽早已脱去往昔的繁华风貌，但一处处留有历史痕迹的老宅古楼，却成为最珍贵的历史遗产。

鹿港拥有八景十二胜的隽永景致，包括曲巷冬晴、隘门后车、宜楼掬月、瓮墙斜阳、新宫读碑、意楼春深、楼井雕栏、半井思源、日茂观石等，每处皆有饶富趣味的典故或是颇具特色的建筑形制。

鹿港民俗文物馆是台湾民俗文物收藏最完善的展馆之一，原为昔日鹿港显贵辜显荣的故居。全栋建筑仿文艺复兴时期巴洛克式风格，为本世纪初西化风潮下的精致之作；馆内收藏了多达 6000 件的台湾传统民俗文物，俨然一座丰富的历史宝库。文物馆内包括近 20 间陈列室，展出文物以清中叶至民初的生活器物、家具、书画、宗教礼俗等用品。如清末民初的刺绣服饰、精雅的螺钿家具、古代的乐器，甚至织布机、剃头摊子，不论是富贵人家的居家陈设，或是寻常百姓的生活日用品，皆具历史价值。此外，馆中亦展示鹿港老照片、旧市街模型，并播放鹿港古风等视听影片。透过这些老照片和模型，可看到当年鹿港文化的繁荣与兴旺，以及鹿港与大陆之间千丝万缕的联系。

历史学家将清康熙廿三年台湾设府至道光廿年五口通商，前后一百五十余年称为台湾文化的"鹿港期"。其间鹿港发展出泉郊金长顺、厦郊金振顺、南郊金进期、布郊金振万、敢郊金长兴、油郊金洪福、染郊金合顺和糖郊金永兴等八郊，八郊中尤以泉郊为首。

鹿港靠港口之利而兴起，因港口淤塞而衰落。如今的鹿港已不成为"港"，泥沙淤积使港口出现了沙洲，与祖国大陆的通商亦长期中断。但是，在古镇弯曲的街巷里，在散布于镇上的 120 座寺庙中，仍可看到世代相传，保持至今的大陆古风。沿全镇最繁华的中山路，可领略古镇风貌。自北向南，有天后宫、城隍庙、三山国王庙、半边井、隘门、民俗文物馆、龙山寺、地藏王庙等古迹。

天后宫是台湾 400 多座妈祖庙之首，又名"兴化妈祖宫"，建于1685 年（清康熙二十四年）。建筑宏伟，殿宇壮丽，与台南市的大天后宫、北港的朝天宫、新港的奉天宫并称为"四大妈祖"。每逢农历三

月二十三日妈祖诞辰,全台 70 多座由鹿港天后宫分出香火的妈祖庙神像全副銮驾前来鹿港朝谒祖庙,届时人山人海,盛况非凡。

与都市的繁华相比较,鹿港淳朴的环境、亲近的渔村风貌以及传承下来的艺术文化,成为远在外地工作的鹿港人心中永远淡淡的哀愁和怀念。

有趣的是,从祖父那一辈就在鹿港街上居住的林惠祥教授,成为了中国系统研究台湾高山族文化的第一人。

1929 年 7 月至 9 月,林惠祥受中央研究院委托,化名林石仁,假托为商人,领中国护照,冒着种种危险,只身一人进入日本侵占下的我国宝岛台湾,深入高山族(当时称番族)地区,调查高山族文化及其先民文化遗存,搜集高山族风俗习惯及文物标本,并写出《台湾番族之原始文化》这部成名之作。

时光虽然已经流逝了 80 年,但是,借助于《台湾番族之原始文化》一书的描述,我们仍然可以较详细了解林惠祥当年赴台湾考察高山族社区的行程:

> 1929 年 7 月,林惠祥从厦门东渡台湾,抵基隆,往台北。7 月 25 日从台北市出发,往正南面的泰雅人乌来社调查。当日在乌来社,他"第一次见番屋及番人",看到"男番有直线鲸纹,女番作'乌鸦嘴'",住居和粮仓"屋皆孤立,且皆甚小。植竹木为骨架,编草为盖及壁,状甚简陋。另有一种屋,其下有支柱,屋底与柱之间隔以圆形木板,盖即为谷仓,圆木板所以阻鼠类之侵入也。"返回台北后,他于 8 月 12 日到台北市北面的圆山,考察新石器时代遗址并采集标本,后又到台北市西南面的角板山继续调查泰雅人。

> 接着,林惠祥调查台湾东部的阿美人和卑南人,这是他最主要的调查高山族之行。他于 8 月 23 日启程,从台北出发经苏澳抵花莲,进入阿美人地区,沿台东纵谷南抵台东,调查台东县西北面的卑南的卑南社和邻近的阿美人马兰社。在卑南社,他调查"番屋"、服饰、买卖禁忌以及厌胜仪式等,"由中人之介绍及翻译,询得番情颇详"。在马兰社,他注意到这里的阿美人因与排

湾人、卑南人村社邻近而被其同化。此后，他沿海岸乘舟北上，到新港的阿美人村庄调查，了解到"其地番人汉化已多"。从新港再折回南面至大马武窟，然后由此入山赴哈喇巴宛社，调查阿美人的狩猎生活。他看到，"此社四周皆山，居民约五六十户，以狩猎及农耕为生，状况较外面闭塞"，林惠祥逐户入屋视察。返回大马武窟，看"诸番女排成圆阵，个人之手皆向两旁张开相接"，载歌载舞，还察看了未婚男子夜宿的"公廨内之公共宿舍"及"老番妇打记账之结"。返回台东，往新港一带考察后，往卑南人知本社调查。此毕，即北上花莲，考察泰雅族的北埔、新城、扶西岸和沓奇泥诸番社，旋返花莲，赴苏澳，于 9 月 11 日回到台北。

　　台湾东部之行后，林惠祥于 9 月 14 日启程，从台北经新竹、苗粟、太重，南下彰化县浊水溪畔的二水乡，前往日月潭邵人的水社。"地甚幽僻，林木阴郁，不见人类形影，只闻虫鸟之声。始尚不以为意，渐进乃渐凄惶。谷既尽，即登山坡，一段毕复一段，不知究竟有多少段，腿酸汗流，不敢停息。既达山上，余急摄一下瞰之影，复行，行经三小时，最后果见有大湖在诸山之中"。这诸山之中的大湖即日月潭，脚力尽时山更好，宛如空谷幽鸣的杵乐仿佛在等候着林惠祥，将为他演奏高山族之行的凯旋曲。在日月潭，林惠祥有了意外的收获，他请水社的番人，将购得的重达 200 斤的独木舟运出崇山峻岭。林惠祥调查高山族之行到此结束。①

　　林惠祥不仅调查活生生的高山族文化，而且也调查高山族先民文化的考古遗存。他在完成了泰雅人乌来社之行后，在台北调查新石器时代遗址。他先到台北市西北面的观音山考察，但只采集了二件新石器，后来转至北面的圆山，在圆山西面山坡断层的贝冢堆积层中，他采集了 50 多件新石器遗物，又在民间搜集了 40 余件。

---

　　①　郭志超:《开辟荆榛:台湾番族之原始文化》,《纪念林惠祥文集》,厦门大学出版社(2001),第 193 页。

在这一个多月的行程中,林惠祥历尽艰险,从台北到基隆,从花莲到台东,深入高山族村社调查。除了发现台北圆山石器外,还搜集到反映高山族生活文化特点的文物一百余件。在台东时,他曾向日本警方请求赴红头屿(今兰屿)岛上调查雅美人,日方怀疑他是中国特务,派人跟踪盯梢,并在中途花莲港等候。后来由于他没有立即返回才得以平安无事。

50天之后,林惠祥回到上海,很快就写成《台湾番族之原始文化》一书,由中央研究院于1930年印成专刊。该书分为上、中、下三篇。上篇《番情概要》有九章,依序是总论、各族分述、生活状况、社会组织、馘首及战争、宗教、艺术、语言、智识;中篇《标本图说》,将所搜集的高山族及其先民的器物共264件,分十类,附照片说明;下篇《游踪纪要》,叙述调查、考察高山族社区的历程。全书对番族的名称、种属、体质、历史沿革、理番事业进行了考据,实为台湾高山族原始文化的写照。后来,此书还被日本学者翻译成日文在日本出版。

田野考古遗物的发现需要鹰眼般的敏锐。有一天,林惠祥从台北出发,经桃园、大溪到角板山高山族泰雅人番社调查,在经过大溪的山道间休息时,他在路边的山田里发现了一块如卵大的扁圆形石,中间绕有深沟一道,他一眼看出这正是新石器时代的沉网石。而在东海岸的大马武窟,他也凭自己的慧眼搜集到新石器6件。

田野考古调查工作也时时充满了艰险,尤其是林惠祥常常单枪匹马出外考察,危险和困难更是不可预测。在台湾东部考察时,他冒着危险淌过了齐胸深且湍急的卑南大溪;在台湾中部浊水溪调查时,他深入星散于崇山密林中的高山族村社;为了取得高山族文化标本,他于考察期间购得樟木制作的独木舟一艘,但要将这重达200斤的庞然大物运出高山峻岭却不是一件容易的事。他雇了四位高山族同胞才将这独木舟偷运出山,运输途中在经过一座铁索桥时由于"舟重杠断",还险些失事。

正是这种不畏艰险、奋力以赴、严谨深入的精神,使林惠祥取得了民族、考古研究的许多第一手资料,受到了国内外学者的广泛赞扬。当时不要说大陆,就是台湾当地也还没有专赴高山族地区进行科学调查的考察者。林惠祥台湾之行采集的百来件标本,不仅是研

究说明人类原始文化的活标本，也是研究台湾历史的重要依据。他把在台北圆山发现的新石器时代的贝冢和高山族地区发现的新石器等文物带回大陆，分别收藏于南京博物院和厦门人类博物馆筹备处。尤其是他带回的长约丈余的独木舟，更是十分难得的重要标本。当时上海《申报》还专门为此出版特刊，京沪一带学者风闻后纷纷来院参观，一时为之轰动。林惠祥也由此奠定了他在中国人类学和民族学研究中的地位。

三、情归母校

1931年,是中国历史上悲怆的一年。这一年,"九一八"的枪炮声震撼了整个国家,随着"东三省"的失守,大量难民涌入关内,战争的阴影时时笼罩着北平城。

正在北平中研院工作的林惠祥,出于安全考虑以及在北方生活不惯和对故乡风土的依恋,于是携带家眷从北平(北京)回到了故乡福建,担任厦门大学社会学系副教授,后提升为教授,并担任了系主任。在此期间,他曾兼任中央研究院特约研究员一年,并呈交了《罗罗标本图说》一册,由中央研究院出版。

回母校任职后,林惠祥教授搜集了大量的中外人类学书籍资料,并致力于研究写作。数年之中他先后撰写了《文化人类学》、《神话论》、《世界人种志》和《中国民族史》等书,均由上海商务印书馆刊行。

人类学作为一门专门研究人类体质与文化的学科,于20世纪初在西方形成后传入中国。早在光绪末年,就有学者把美国著名人类学家和民族学家摩尔根的《古代社会》译成汉文介绍给国内读者。1903年著名思想家严复也翻译介绍了一些国外的社会人类学文章。同时林纾、魏易等人也将德国学者哈伯兰著的《民族学》译成中文由北京大学出版。

林惠祥在广泛搜集中外人类学资料的基础上写出了《文化人类学》一书,这是当时国内有关人类学方面的一部重要著作。它从人类学总论、文化人类学略史到物质文化、社会组织、宗教信仰、原始艺术、语言文字等诸方面,对人类学这门学科作了详尽的论述,材料极为丰富。

该书不仅对当时世界上有关人类学方面的各个派别的材料加以广泛引证和综合研究,批驳错谬,博采众长;而且对于研究原始社会组织、婚姻制度等问题,也有不少独创的见解。它确立了我国人类学

的新体系,受到学术界的高度重视。1934 年该书由商务印书馆出版后,被列为"大学丛书"之一,蔡元培还亲自为该书出版题词"博学慎思"予以鼓励。①

　　林惠祥在书中开宗明义地指出:"人类学是用历史的眼光研究人类及其文化之科学;包含人类的起源、种族的区分以及物质生活、社会构造、心灵反应等的原始状况之研究。"在序言中他说:"编写本书的主旨是依最近的趋势,综合社会进化论派、传播论派及批评派的意见,采取各家的长处,融合为一,以构成相对的观念","本书材料是由各书取来编译的,但这些材料常错综掺杂,有时且由编译者参考众说加以修改。此外,还有少数地方是编者的臆说(例如中国的姑舅表婚、兄弟妇婚、原始社会的通性等)也插入其中,每篇之末各附参考书目,以明来源,并当介绍。"②

　　在林惠祥看来,人类学是一部"人类自然史",包括史前时代与有史时代,以及野蛮民族与文明民族之研究,但其重点是史前时代与野蛮民族。历史学与人类学并没有确切明显的界限,只是研究的重点不同。如历史学着重研究某个民族的生活过程,是较为特殊的研究,而人类学则研究全人类的生活过程,是较为普遍的研究;历史学注重时地与个人记载,是较为具体的,人类学只论团体,不论个人,时地也只记大概,是较为抽象的;历史学关注有史时代及民族,人类学则关注史前时代与野蛮民族。总之,他是要用历史的方法去研究人类历史长河中各方面的事实,从中归纳出通则来。

　　林惠祥之所以把研究重点放在原始状况、史前时代与野蛮民族,是因为人类已有 50 万年(现已推前到 200 万年)历史,而有史时代不过 8000 年;有史时代的研究已汗牛充栋,而史前时代的研究相对薄弱。人类学宣称要研究全部人类史,就必须把重点放在史前时代与野蛮民族。同时,人类文化是逐渐发生和累积的,要想探求文化的根源,若不深入史前时代也无法"追根究底"。况且种族的区别在有史

259

　　① 蒋炳钊:《林惠祥对中国人类学的重大贡献》,《纪念林惠祥文集》,厦门大学出版社(2001),第 135 页。
　　② 同上书,135～136 页。

之初就基本确定了,因此要了解种族的起源,也必须求之于史前时代。当然,对史前时代的研究需要兼顾对文明时代的研究,不可切断二者之间的必然联系。其目的是为了"使我们得以推测文化的起源并解释历史上的事实及现代社会状况并开导显存的蛮族"。如他所讲的心灵反应,就包括迷信、巫术、神话、宗教、知识、美的观念等种种方面。

林惠祥认为,人类学研究不仅可以还原人类的历史,即把人类已经淹没的过去行为考证出来,使后来的人能够晓得原来的情状;而且可以发现文化原理,如文化以何种条件发生、按照何种程序发展,为何有不同形态,文化的各种要素如何演进等等。同时,人类学研究也具有应用价值,既可以帮助人们消除种族偏见,也可以用来开化蛮族,帮助蛮族扫除野蛮遗存物,去除其流弊;还可以促使国内民族同化。

几十年后,台湾著名学者李亦园回忆说:"我个人自入台湾大学研习人类学即读林教授的种种著作,其中尤以《文化人类学》、《台湾番族之原始文化》二书最为熟识;少年时代的我即以这位同乡前辈为心目中的偶像,也可以说认为自己是林教授的私淑弟子,虽未见面,却是十分熟识而亲切,影像始终在心中而难磨灭。"①

实际上,除了《文化人类学》、《台湾番族之原始文化》两书外,林惠祥所著《中国民族史》也是当时一部影响广泛并获得诸多好评的著作。这部著作写于 20 世纪 30 年代中期。其时中国正处于内忧外患、社会动荡、变革的时期,知识阶层及各种社会思潮都经历着传统社会转型所带来的冲击与阵痛,"民族——国家"的建构过程成为历史的选择,同时也成为学术思想的出发点和归宿。与这一过程相适应,历史悠久而缺少了解的少数民族被纳入"国家建设"的关照范围,少数民族调查成为一时的学术热潮。林惠祥在《中国民族史》"自序"中明确指出,解决民族问题必须参考民族历史以为根据,研究民族史"为实际政策之参考","为民族主义及大同主义之宣传"。他认为,

---

① 李亦园:《林惠祥的人类学贡献》,《纪念林惠祥文集》,厦门大学出版社(2001),第 113 页。

"民族主义为大同主义之初步,民族史视各民族为平等的单位而一致叙述之,实即于学术上承认各民族之地位,故目的虽不在宣传提倡民族主义,然而实收宣传提倡之效,民族史复于各民族在过去之接触与混合多所阐述,所以各民族已皆互相杂糅,且有日趋同化之势,使各民族扩大眼光,舍去古时部落时代之狭隘的民族观念而趋向于大同之思想"。①

作为中国文化史丛书之一,林惠祥所著《中国民族史》一书不仅提纲契领,条理清晰,而且资料丰富,观点独到,尤其是对古今民族之分类和历史发展之分期颇多创见,是当时中国民族学专著中最完整详尽的一部,对后世的中国民族史研究影响深远。1936 年,这部上下两册、共三十万字的专著由商务印书馆出版。出版后仅四个月就内销了四版,足见其受欢迎之程度。

林惠祥在书中对中国民族史的性质给予了完整明确的界定。他说:"中国民族史为叙述中国各民族古今沿革之历史,详言之即就各族而讨论其种族起源、名称沿革、支派区别、势力涨落、文化变迁,并及各族相互之间接触混合等问题。"这一界定为中国民族史研究构建了一个具有人类学精神的总体框架。

全书共分 18 章,第一、二章为总论,其中第一章中国民族之分类,从横的方面论述中国民族的分类;第二章中国民族之分期,从纵的方面论述中国民族事迹在历史上的分期。第三至六章为汉民族,第七至十八章为各少数民族,包括满、回、蒙、藏、苗等少数民族。书中综合各家观点,对中国各民族的来源和历史发展等进行了分类叙述。尤其是"名称沿革、支派区别、势力涨落"三项内容构成了林惠祥中国民族史的主体。其中"名称沿革"主要是指涉各民族在史籍中记载的名称的变化,通过考据把这些名称的变化辨析、整理、补正并排列成为某一族发展史的完整序列;"支派区别"包括或同族、或异族、或同源异流、或多源同体的变化;"势力涨落"则重在各族发展变化及其与中央集权王朝的关系,或战或和、或兴或衰、或生或灭等。

---

① 黄向春:《林惠祥中国民族史述评》,《纪念林惠祥文集》,厦门大学出版社(2001),第 186 页。

　　该书在广义民族学研究上占有相当重要的地位。它综合此前民族史与民族源流的各家研究,再加上近代民族志的资料而成,糅合历代民族融合涵化的各个系统,而以现代的族群类别承接,代表了一种承先启后的地位,既有历史的轨迹,又有现代族类的观念,可以说开启了当代中国民族系统分类的先声。

　　林惠祥认为,以前各学者的分类、名称有异同,数目不等,系统有别,主要原因在于着眼点不同。着眼于过去,则其对象为历史上的民族;着眼于现在,则其对象为现代民族,结果自然大有差异。为此,他创立了"两重分类法",即以历史上的民族与现代民族各为一种分类,然后将前者连合于后者,两种分类并用而不致相互矛盾。由于历史上各民族混合分歧的结果便成为现代之民族,因此通过这两种分类便可以看出其民族演变的线索。在他编制的"中国民族系统表"中,林惠祥把历史与现代的民族分为两大类,前者以"系"名之,后者以"族"称之,再视"系"至"族"之间演变之迹显著或不显著以及源流关系密切或疏远,而分别以实线或虚线连接起来。这一系统序列完整,分类明确,涵盖周全,源流、亲疏关系一目了然,在所有中国民族史的分类系统中最具有整体性和科学性。①

　　林惠祥关于中国民族史的分期与其分类密切相关。他认为中国诸民族在历史上互相接触、混合,最后有渐趋统一之势,接触与混合的程序以其中之一系为主干,逐次加入其他诸系,逐渐扩大主干的内容。在中国诸民族中,主干为华夏系,其他诸系则渐次与华夏系混合而消灭其自身,或以一部分同化于华夏系而保留其未加入之一部分。因此,中国民族史分期即可以各民族与华夏系接触与混合而至于同化于华夏系为一期,即把中国民族史分为秦以前、汉至南北朝亡、隋至元亡、明至民国四期。这一分期体系独具创意,视角新颖,基本上能够概括中国历史上各民族发展里程的主流。而此前的分期多以朝代的更迭为依据,林惠祥的分期则突出了民族本身在民族史建构中

---

　　① 黄向春:《林惠祥中国民族史述评》,《纪念林惠祥文集》,厦门大学出版社(2001),第186页。

的轴心地位及其自身演进的规律与脉络。①

　　书中关于中国古今民族分类表及民族史分期,不仅被广为转载和引用,而且被学界公认为"林惠祥分类",对当代民族分类的思想产生了重大影响,这无疑是林惠祥教授对中国民族学研究至为重要的贡献。

　　林惠祥在书中还提出了动态的民族观:一是对历史上各民族融合之事实的认定,二是对民族平等、共同进步的追求及趋向大同的思想。林惠祥把民族融合分为名称、文化和血缘三个方面进行辨析,他指出,"历史上诸民族永远互相接触,无论其方式为和平或战争,总之均为接触;有接触即有混合,有混合即有同化,有同化则民族之成分即复杂而不纯粹。"②这种动态的民族观不仅有助于消解狭隘的民族观念,而且能够激发各民族对平等的追求。

　　这是林惠祥继文化人类学之后的又一部力作,在海内外产生了重大影响。日本学者中村、大石还将此书合译为日文,成为日本学界、媒体论及中国民族史研究的常用参考书。林惠祥教授也因此被日本学者称为"中国著名民族研究者"。

　　除了上述三部重要学术著作,从 1931 年到 1934 年,林惠祥教授还参与了商务印书馆推出的"万有文库百科小丛书、新时代史地丛书"的写作,先后出版了《民俗学》(1931)、《世界人种志》(1932)和《神话论》(1934)等三部论著。

　　20 世纪 30 年代初,由于各方面的原因,许多"民俗学家,多从事于搜集和比较的专门研究",而忽视了"对最浅近的民俗学基本知识的介绍"(郑振铎语),在这种情况下,林惠祥及时编著了《民俗学》一书。这是我国第一部民俗学概论性的理论专著,也是王云五主编的"万有文库百科小丛书"之一。从编写角度看,该书以英国民俗学者彭尼的《民俗学概论》为蓝本,"撮译其要点,并以己意略加改变"。全书分绪论(定义与范围、民俗的分类、民俗学的效用、民俗学研究方

263

① 黄向春:《林惠祥中国民族史述评》,《纪念林惠祥文集》,厦门大学出版社(2001),第 186~187 页。

② 林惠祥:《中国民族史》,商务印书馆(1993)影印第 1 版,第 8 页。

法、民俗学历史),信仰(天地植物动物、人类及人工物、灵魂及冥世、神及妖怪、预兆及占卜、魔术、疾病及医药),惯习(社会的及政治的制度、个人生活的仪式、职业、历法及斋节日、竞赛及游戏),故事、歌谣及成语(故事、歌谣、谚语及谜语、习惯的韵语及地方俗语)。全书虽然只有四万字,但写得通俗易懂,受到读者的喜爱。

该书在系统介绍民俗学基本知识的同时,也从民俗学的角度对故事、歌谣、谚语和迷语等民间文艺形式做了一些介绍和论述。因此,该书于 1931 年出版后,不仅满足了一些学者和刚步入民间文艺研究领域的青年人渴望系统学习民俗学理论知识的需要,而且也在一定程度上推动了当时民间文艺研究朝着纵深方向发展。

《世界人种志》是一本向青少年介绍人种知识和世界人种起源的科普读物,也是蔡元培等主编的"新时代史地丛书"之一。全书约十万字,作者在"序言"中指出:"系根据体质区分种族,再就种族叙述文化,目的在介绍通俗的知识,故避免枯燥的专门论调,期于简明有趣,而又不悖科学性质。"[①]全书共有八章,包括绪论(人类种族的起源、人种分类法、区分人种的标准)、大陆蒙古利亚种、海洋蒙古利亚种——马来种、美洲土人、高加索种、非洲尼革罗种、海洋尼革罗种、系统不明人种等。

1933 年出版的《神话论》一书,是王云五主编的"万有文库百科小丛书"之一,也是林惠祥奉献给当时民间文艺研究的一份厚礼。《神话论》虽然字数只有五万多字,但思想清晰、内容丰富,材料遍布全球各大洲和不同的民族、地区。全书分为五章,包括神话的性质及解释、神话的种类、神话的比较研究、各民族神话概论及神话实例。林惠祥认为:"神话是关于宇宙,神灵英雄等的故事","是野蛮人根据自己的知识水平和在生活中遭遇到的许多问题,而自问自答,自题自答的产物",神话学就是研究神话的科学。

在这部著作中,林惠祥综合世界各民族的神话,探索其共同的原理。他采用历史人类学派的观点,对神话的性质、界说、通性及分类等问题作了系统的论述。认为"神话的通性主要在于:第一神话是传

---

① 林惠祥:《世界人种志》序言,商务印书馆(1932)。

承的；第二神话是叙述的；第三神话是实在的，第四神话只有说明性，第五神话具有人格化的特征，第六神话具有野蛮的要素……等等。"书中侧重介绍了神话学研究的两种学派：语言学派和人类学派，林惠祥更多地认同后者。他说："神话固是古代的宗教思想却也是古代的胡猜的科学。神话的基础便是野蛮人的自己的经历。人类求智的希望老早已存于野蛮人的心中"。① 1934年，这本只有几十页但印刷精美的小册子由商务印书馆出版后，广受读者欢迎，甚至让人爱不释手。

该书不仅传播了神话学的基础知识，丰富了我国当时的神话学理论内容，而且也为后来的神话学研究提供了一个理论上的参照系统。此外，该书还以相当的篇幅，分别介绍了大洋洲、非洲、北美洲、南美洲、阿拉伯、波斯、犹太、印度、埃及、巴比伦、希腊、罗马、日耳曼、北欧、中国及日本等洲际、国家和地区的神话，涉及面广泛，实例丰富，为后人了解世界各主要民族的神话概况，提供了重要的参考资料。

在上述三部科普性著作中，林惠祥都根据文化人类学的分科，广泛采用国内外有关学说和资料写成，对介绍和普及人类学各分科知识起了良好的作用。

1934年，为了普及人类学知识，他用所撰《文化人类学》的稿费，在厦门大学西侧的顶澳仔建了一座占地74平方米的二层楼房，二楼住家，一楼则作为人类学标本陈列室。他将自己历年搜集的考古、民族、民俗等文物，连同华侨和其他热心人士捐赠的文物一起陈列，供校内师生及校外各界人士参观。在此基础上，他创办了厦门市人类博物馆筹备处。

1935年，为了增加更多的文物标本，以丰富人类博物馆的陈列品，林惠祥教授于暑假再次赴台湾调查。此次他化名林淡墨，假托为教会中学教员。船一到基隆港，就受到日本水上警察的盘查，一度还将他扣留起来，释放后仍怀疑他是"蓝衣社"特务，派警察一路跟随他直到台北，监视他的调查工作。为了采集独木舟和音乐杵，他再次前

---

① 林惠祥：《神话论》，商务印书馆(1933)，第15页。

往日月潭。由于公路的开辟,日月潭的独木舟已很少见,因此他只买到了音乐杵。

这次台湾之行,行程虽然只有两周时间,但林惠祥的收获仍然不小。他不仅搜集到了刀、枪、弓、箭、衣饰、雕刻及石器数十件,而且也去了台北基隆圆山的"贝冢"(新石器时代遗址),发现了一些具有地方特色的有段石锛和有肩石斧等。他携带着搜集到的这数十件高山族文物返回厦门,引起了各界的关注和重视。这些富有人类学价值的文物标本和资料,后来成为他发表《台湾石器时代遗物的研究》(1955)一文的重要论据。

从1931年到1937年,短短六七年时间,林惠祥以自己刻苦的学习精神和钻研精神,向中国人类学界奉献了《文化人类学》、《中国民族史》两部理论著作和三部通俗著作,为母校、也为自己争得了荣誉。

四、从台北圆山到闽西武平

　　"千金货殖飘然去,只为真修岂为名。"这是林惠祥年轻时赴厦门大学读书途中写下的诗句。在自己一生的研究征途上,林惠祥都始终坚持以"求真"为目标,不断地探索"真知"。一旦发现自己原有的观点有误或不够全面、准确,他都会毫不犹豫地舍旧立新或予以补充、修正。

　　1929 年,林惠祥受中央研究院委托,到台湾考察高山族地区,调查搜集高山族风俗习惯的标本,回国后撰写了《台湾番族之原始文化》一书。当时,他同意日本学者提出的高山族来源"南来说",他说:"番族属马来种即棕色人种。其体质言语风俗与南洋群岛马来人多有相同之点,而番人之传说中亦有南来之语,可以证明之。日本学者多主此说,而由余个人之见闻亦确信其无误。""番族确系由南洋移入,惟其移入时必甚古,因台湾全岛无论山丘平原均有石器时代遗址,可证其移入时尚在石器时代。"[①]

　　林惠祥此次的高山族之行主要在台湾东部的阿美人和卑南人村社。他根据自己的观感写道:"余初见番人之面,仿如重见菲律宾朋友,盖其黄褐色纸面容,突出之眉棱骨,圆而大之马来眼,均与菲律宾人相似,而其言语之声调尤为相似。番语数目字多与菲律宾马来语同,他种字亦多有类似者"。[②] 林惠祥的观感确实一点没错,所误者在于"以偏概全",把台湾东部来源于南洋群岛的部分高山族当成了台湾全岛高山族的来源。

　　值得庆幸的是,就在这次考察期间,林惠祥除了把大部分时间用

---

　　① 林惠祥:《台湾番族之原始文化》,国立中央研究院专刊第 3 号(1930)第 1、4 页。

　　② 同上书,第 2 页。

于调查高山族外,还用十天时间考察了著名的台北圆山新石器时代遗址,先后采集了二百多件石器和陶片标本。

"园山为市北一小山,原系石器时代番族之住地。"圆山文化的代表遗址是圆山贝丘,除圆山上层外,经过发掘的还有大坌坑上层、芝山岩上层。"出土遗物以贝壳、蚌器数量最多。石器多为小型器,主要有带肩石斧、有段石锛、石凿,另外还有锄、铲、网坠、箭头等。陶器质地粗糙,手制,以棕灰为主要颜色。器表通常素面,已发现的纹饰有红色涂彩(平行条纹、点纹),锥刺纹、小圈形印纹和网纹。未见绳纹、篮纹。陶器以陶片为大宗,通过复原辨认的主要器形有罐、碗、壶、钵等。"①

圆山贝丘经碳-14测定,年代为公元前1460—2580年。圆山文化与大坌坑文化、芝山岩文化,其间有地层迭压关系。但是它们之间的文化内涵有较大差别,在大坌坑文化、芝山岩文化里看不出有圆山文化的祖型。② 在圆山西面山坡断层的贝冢堆积层中,林惠祥共采集了50多件新石器遗物,另外又在民间搜集了40余件。正是这些新石器遗物以及此后的考古新发现,使林惠祥纠正了自己的观点,并率先提出了台湾高山族来源的"大陆说"。

1936年,林惠祥在自己撰写的《中国民族史》一书中,在探讨作为高山族来源的马来人与闽粤人的关系时,对高山族来源"大陆说"作出了猜测。他说:"今之闽粤人之体质似颇有类于马来人之处,虽未经测量比较,无充分证据,然其人之中颇有色棕、面短、眼圆、颊骨大、身材矮者,一见即令人觉与中原之人大异,而与马来人相似。故古代越族与马来人不知是否有关系?马来人在古代固亦由大陆南下者。惟其在大陆时不知是否有一部分遗留?今之台湾番族尚有纹身之俗,而其人属马来族,其人之容貌亦颇有与今之闽粤人相类之处。不知是否与古之越族有关系?……不知是否有一部分由越族入海而

---

① 钟礼强:《闽台新石器时代文化特征及其文化关系探源》,《纪念林惠祥文集》,厦门大学出版社(2001),第328页。

② 同上书,第328页。

成。"①由于还缺乏足够的证据,因此林惠祥只是提出自己的猜想。

　　这一猜想的提出,显然得益于林惠祥学术视野的扩展。他已开始从整个中国东南民族史系统的角度来思考台湾高山族的历史,以及从马来人的起源、迁徙来反观中国东南民族史。同时,这一猜想的提出,也得益于大陆东南考古的新发现。1931 年秋林惠祥在厦门发现了常型石锛,而作为台湾新石器时代特征之一的有段石锛正是从常型石锛发展而来的。1932 年英国考古学家在香港南丫岛发现了有段石锛、印纹陶片等新石器时代遗物,也使人们对大陆东南与台湾乃至菲律宾等南洋群岛新石器时代文化具有某种关联产生了联想。②

　　1937 年,福建武平新石器时代遗址的发掘,使林惠祥进一步看到了大陆与台湾新石器时代的渊源关系。

　　武平县地处武夷山脉南端,西界江西,南邻广东,地势高峻,县西南的坪畲村项山上立有一块闽粤赣三省界碑,是一脚踏三省的结合部。1937 年 4 月 26 日,武平县立中学历史教员梁惠溥带学生到城南小径背山远足时,发现了石镞断片一枚。随后几天,他继续到此探索,采集到各种石镞、石斧、石锛和古陶片。

　　梁惠溥 1935 年毕业于厦门大学历史社会学系,是林惠祥的学生。他曾在林惠祥创立的人类学标本陈列室见过史前石器和陶片,对考古很有兴趣,平时也很留意古物的发现。他计划将所获得的标本寄给林惠祥鉴定并邀请林惠祥到武平进行考察、发掘。但由于当时交通极为不便,林惠祥没能及时收到标本。

　　林惠祥得知来自武平的相关消息后十分兴奋,他立即邀历史社会学系的应届毕业生雷光泽同往武平考察。在尚未收到标本的情况下他们便动身了。

　　6 月 8 日,他们由厦门启程,搭船到汕头并由汕头绕道经揭阳、潮阳、丰顺、梅县、蕉岭,于 11 日上午辗转抵达武平。到武平后,林惠祥不顾旅途劳累,当天下午就赶到小径背遗址进行实地调查,随后开

269

---

　　①　林惠祥:《中国民族史》,商务印书馆(1993)影印版,第 116～117 页。
　　②　林明潭:《高山族来源"大陆说"的形成》,《纪念林惠祥文集》,厦门大学出版社(2001),第 203～204 页。

始布坑进行试掘。这次田野调查试掘工作虽然只有 7 天,但加上来回旅途共有 17 天,所有的费用均由林惠祥私人承担。

这次调查,发掘了武平小径背的新石器时代遗址群,共收集陶片近千件,石器 84 件,其中石锛 3 件。这些石器全是地表采集的,陶片则有探坑内所得也有地表采集,以后者为多。经研究确认是新石器时代的遗物,最迟至北方的春秋时代。①

林惠祥在这些石器中看到了非常眼熟的有段石锛,这与他在台北圆山新石器时代遗址发现的有段石锛这种特别类型的新石器极为类似。它使林惠祥第一次窥见包括台湾在内的中国东南新石器时代考古区系文化的内在联系,引发了他对台湾新石器文化和高山族来源问题的进一步思考。

武平小径背考古的意义还在于,这是福建第一次较为正规的早期考古发掘,为认识福建以至东南区史前文化面貌的特殊性提供了第一批翔实、系统的资料。

在武平完成挖掘工作后,林惠祥于 6 月 24 日返回厦门。仅仅十几天后,抗日战争就全面爆发了,日寇在进攻华北的同时,闪击东南沿海城市。可以说,林惠祥当时如果没有及时赶赴武平,这次重要的考古发掘和理论发现将有可能与他失之交臂。

抗战爆发后,随着日军对上海等沿海城市的进犯,厦门也岌岌可危。林惠祥教授担心厦门一旦沦陷,自己精心搜集的文物会遭到洗劫。于是,1937 年秋,他携带大部分文物标本和图书(包括全部石器、4 件可复原成形的陶器和具有代表性的 120 余件陶片),前往香港,家眷也随之同行。

1938 年初,林惠祥携带这些文物和家眷一起前往新加坡,参加在新加坡举行的"远东史前学家第三届大会"。他在会议上宣读了《福建武平县新石器时代遗址》的论文,文中推论中国南方的史前民族文化与南洋有一定的渊源关系,并展出了可资证明的史前遗物,受到与会的美、英、法、荷、澳等国代表的重视。论文成果在会后被收入

---

① 蔡保全《福建史前考古的先驱》,《纪念林惠祥文集》,厦门大学出版社(2001),第 335 页。

该会出版的《论文集》(特刊)。

正是在这篇论文中,林惠祥通过比较研究提出了"武平式"新石器文化的概念。他认为"至于北向则杭州、湖州亦皆有石器陶器,而其物据上文比较,与武平者乃颇相类似,可见系同一系统文化。故由浙江北部以至武平,中经浙南、闽北必皆有石器遗迹,虽未发现然可预推。至于南向则香港也曾发现石器时代遗物,印度支那也有石器遗址,而据上文的比较,武平的曲尺纹陶业见于马来半岛的陶器上,有段石锛见于台湾、南洋各地,武平亦有,由此可见武平的石器时代文化与台湾、香港、南洋群岛颇有关系,其间的广东大陆应有石器时代,而与武平毗连的潮、梅一带似更当有武平式的新石器文化。"①"武平式"的提出,为后来东南区考古理论的形成奠定了基础。

考古新发现扩大了林惠祥研究的视野。1938年,他发表了《马来人与中国东南方人同源说》的论文,对高山族来源"大陆说"作了初步论证。他认为,马来人与古代中国东南方人即古越人同源的根据,在文化习俗上有:断发、纹身、黑齿、短须、跣足、拜蛇、巢居、胶着语等;在史前遗物体现出相似的证据有:有段石锛、有肩石斧、石箭镞、陶器纹饰等。②

从马来人与中国东南方人同源的论证中,林惠祥进一步论证了台湾高山族与大陆东南古越人同源。他说:"越族者或即为留居大陆之古代马来人即所谓原马来人。"这同时也含指越族所居的大陆东南是马来人的起源地,作为马来人一个分支的台湾高山族自然也是来源于古越族。③

此后,1955年,在《台湾石器时代遗物研究》一文中,林惠祥对台湾新石器时代文化进行了全面的总结,对高山族来源"大陆说"进行了更充分的证明。

271

---

　　① 林惠祥:《福建武平县的新石器时代遗址》,《厦门大学学报》1956年第4期。

　　② 林惠祥:《马来人与中国东南方人同源说》,《星洲半月刊》(1938)。

　　③ 林明潭:《高山族来源"大陆说"的形成》,《纪念林惠祥文集》,厦门大学出版社(2001),第205页。

五、丹青和泪醒斯民

"彩笔有情哀国土,丹青和泪醒斯民。"这是抗日战争中林惠祥赠给前来新加坡办义展的著名国画家徐悲鸿先生的诗,也是他自己在抗战中"宁穷不屈"的真实写照。

1937 年秋天,随着日寇向我东南沿海的进逼,东南一线城市已处于战火包围之中。为了使人类学标本室的文物免遭敌手,林惠祥将近十年精心搜集的大量文物图书装箱带往香港。

在香港逗留的数月中,虽然时时面临着战火的威胁,他却仍然痴迷于考古工作。从当地出版的一本杂志上,他了解到香港南丫岛发现了新石器时代遗址。根据这一线索,他雇船前往位于港岛东南海域的南丫岛踏勘,并采集了少量新石器和陶片。此后,在港岛东北部山地一个名叫"大谭"的地方,首次发现了新石器时代的石斧残段。后来他根据这两次调查写下了《香港新石器时代遗物发现追记》(《厦门大学学报》1959 年第 1 期))。

当时,他主要是为了保护文物而暂时来到香港,尚无赴南洋避难的打算。在港期间,他得知新加坡莱佛士博物馆即将主办"远东史前学家第三届大会",林惠祥以前曾与该馆交换过史前石器,因此也受到邀请与会。他在新加坡的大学同学陈育崧还特地请李俊承、林金殿两位侨商提供资助,为林惠祥购买船票,让他如期前来参加会议。

1938 年 1 月,林惠祥来到新加坡参加了"远东史前学家第三届大会",他是唯一参加会议的中国史前学家代表。他在会上宣读了《福建武平县新石器时代遗址》的论文,受到了与会代表的广泛关注。

此时,刚改为国立不久的厦门大学已内迁闽西山城长汀。于是,林惠祥在参加会议后便在新加坡居住了下来。她一边在南洋女子中学任教,一边继续撰写南洋民族研究的文章。不到一年时间,就先后发表了《马来人与中国东南方人同源说》、《南洋人种的起源》、《马来

半岛最古的土著塞芒人》、《马来半岛的马来人》、《古代的新加坡》、《南洋高架屋起源略考》等一系列文章。与此同时，他还担任了《星洲》半月刊编辑，发表了一些宣传抗战的短文。

祖国大地烽火连天，山河破碎。林惠祥身在异乡，彻夜难眠，他写下三组古诗，发表于《星洲半月刊》和《钟灵月刊》。这些诗以丰富的感情、才思洋溢的笔调抒发了作者爱国爱乡的情怀。为纪念七七事变，他曾写下六首《七七纪念感赋》：

> 晓月卢沟战血腥，援师十万笑奔霆。
> 五洲拭目浑泪讶，"狮子于今竟已醒"。
>
> 黄埔滩边霹雳号，吴淞口外战云高。
> 市尘未有坚诚守，为向"皇军"战几遭？
>
> 横扫幺麽若迅霆，奇功震出说平型。
> 剧怜当日行军苦，万众梯山足未停！
>
> 漫道残军破竹随，台儿庄下遇雄师。
> 伤心最是从军记："今日支那有健儿"。①

林惠祥看到抗日力量壮大而又能及时应战，犹如狮子般觉醒，心中无限欣慰。平型关、台儿庄战役捷报传到海外，作者以时事入诗，直叙抗战节节胜利，吟咏出民族希望的心声。

1939年，林惠祥陪同菲律宾华侨李俊承到印度等地游历，同时作考古和民族调查。从恒河流域到尼泊尔边境，历时两个多月，途经恒河流域，登贡鹫山，至尼泊尔边境之古舍卫国，以及仰光等地，获得了大量有关印度的考古文物和民族标本。返回新加坡后，他发表了《印度古迹研究》一文。

---

① 蔡铁民：《哲思凝聚的爱国诗篇》，《纪念林惠祥文集》，厦门大学出版社（2001），第49页。

　　同年冬天,林惠祥应聘担任马来亚槟榔屿钟灵中学校长。该校有学生一千多人,是南洋著名的华校。他认真办理校务,到任的第一个月,就发动全校师生积极参与捐资筹赈活动,支援祖国的抗日战争。他自己带头捐出月薪,还向好友徐悲鸿索画以作为"寒衣捐"的奖品。他曾写过一首七绝诗赠给早期厦大的同学陈育崧,表达自己对抗战必胜的坚强决心:

　　　　国破家倾名利空,飘零尚未叹途穷;
　　　　王师北定中原日,眼福犹能胜放翁。①

　　避难南洋时,林惠祥年仅三十七八,却已是著名学者,他所结交的朋友中颇多名人。当时南洋富商陈延谦修建芷园,常汇集文化界名流,雅集于园,即兴唱诗抒怀。林惠祥在 1938 年重阳节曾赋诗云:

　　　　佳节重阳客里过,归途何处奈风波。
　　　　情牵老菊家园瘁,目断哀鸿故国多。
　　　　填海未穷精卫石,回天伫看鲁阳戈。
　　　　飘零幸遇群贤末,暂释牢愁且放歌。②

　　他的挚友徐悲鸿当即称赞第五、六两句为警句,并亲笔书写赠给他留念,可见两人爱国抗日之心的共鸣。这两句诗的含义是,日寇侵华来势汹汹,中华儿女浴血奋战,坚强不屈,既有像精卫鸟那样的战士,也有像鲁阳公那样有气魄和能力的将帅,他们终将战胜日寇。早在上世纪 30 年代初,林惠祥和徐悲鸿就已结识。林惠祥十分钦佩徐悲鸿的为人品行和艺术造诣。徐悲鸿到星洲举办筹赈画展时,林惠祥便为他担负起文字宣传的工作,并写下了《赠徐悲鸿先生》一诗:

---

　　① 蔡铁民:《哲思凝聚的爱国诗篇》,《纪念林惠祥文集》,厦门大学出版社(2001),第 48 页。
　　② 蔡乃成:《林惠祥和徐悲鸿、陈延谦的一段佳话》,《纪念林惠祥文集》,厦门大学出版社(2001),第 25 页。

名下如君信如真,惭无好句为敷陈。

传神不赖毫添额,写实偏能意出尘。

彩笔有情哀国土,丹青和泪醒斯民。

天南岛树苍苍里,争看田横五百人。①

　　这首诗抒发了作者对徐悲鸿的敬慕之情,夸赞徐悲鸿的画作写实而不失豪放、浪漫,具有"和泪醒斯民"的作用。如徐悲鸿创作于1928—1930年的代表作之一《田横五百人》,选取了田横与五百壮士告别的场面作画的基调,寓意深刻,借古代勇士歌颂威武不能屈的精神,激励中国人民的斗争意志。②

　　在钟灵中学任职的三个学期中,由于校务繁忙,林惠祥一直未能前往马来亚北部吉打州考古。而在新加坡参观著名的莱佛士博物馆时,他就曾发现不少石器出自吉打州。1941年3月,因不屑阿谀奉承而遭到解聘的林惠祥虽然十分郁闷,却使他抑制很久的考古欲望得到了释放。3月下旬,他来到吉打州考察原已发现的2处新石器时代遗址,并且新发现了一处史前洞穴遗址,并采集了一百多件新、旧石器。返回新加坡后,他发表了《旧石器时代洞穴遗址》一文。

　　1942年2月,新加坡沦陷后,日本侵略军将市民集中起来进行甄别,发现抗日组织成员或可疑者便立即关押、集中枪毙。林惠祥既是台籍,又是日籍,且熟谙日语,只要他说明身份便可免遭危险。但他却不屑为之,既不承认日据台湾籍,也不透露自己懂日文,宁愿与华侨华人共命运。

　　日寇侵占南洋后,林惠祥由于抱着强烈的民族自尊心,不愿意到日据机构做事,多次陷于失业境地,生活极为艰苦。有一位熟人知道

①　林逸岚、陈玲玲:《从林惠祥手记谈徐悲鸿所赠字画》,《纪念林惠祥文集》,厦门大学出版社(2001)第80页。

②　田横是战国时齐国的旧王族,在秦末农民起义中,自立为王,后为韩信所败,率部五百人凄居海岛。刘邦建汉后,派人招降,田横赴洛阳,路上拔剑自刎。五百壮士闻田横已死,全部殉节自杀。

他懂日语,要介绍他去日本人组织的"华侨协会"任日文秘书和翻译,或到日本人办的《昭南日报》社任职,他都予以拒绝。并表示只为华侨华人代写营业文件或被拘押申辩书,不为人赴官署及访日人。新加坡日据军政部调查室研究员须山卓、昭南博物馆(原莱佛士博物馆)馆长田中馆秀、大农场主佐藤都曾慕名邀请他去工作,他一概充耳不闻或坚辞不就。日据当局兴办兴亚学院,一位日本教官到他住处拜访,要请他去任教,他同样给予拒绝。由于担心再被纠缠,他索性把家搬迁到地处偏僻乡下的后港。他的这些举动引起了日本特务机关的怀疑,特高科还派了两个华人侦探对他发出"既懂得日文又不出来做事即为反日"的警告。

后港距市区约十公里,林惠祥在这里搭寮垦荒务农,栽种了粮食(树薯、番薯)、蔬菜(空心菜、番茄等)、水果(菠萝),甚至当起了地摊小贩,将收购的废旧工具整修后出售。尽管避居后港的生活十分艰苦,甚至经常使得他饥肠辘辘,但他仍千方百计地保存自己从厦门带出来的文物图书。其时,有外国学者要用高价收购他所藏的文物图书,他始终予以拒绝,不为金钱所利诱。有一次,日本宪兵突然搜查他的住宅,他家里正好收藏有一箱古代的武器(内有日本刀枪),若被查出,必然会有生命危险。在搜查中,他面对强暴,毫无惧色,安然端坐在箱子上面,结果没有被查出,侥幸逃脱了劫难。

1945 年 8 月 15 日,中国人民历时八年的抗日战争终于取得了胜利,日本宣布无条件投降。避居新加坡郊外乡野务农的林惠祥虽然直到 9 月才闻此喜讯,却是心潮翻腾,诗情逐浪。他写道:

> 华夏生灵日照空,昆仑东走脉难穷。
> 自将青史从头写,见义也应似老翁。①

他在诗后注曰:割台时抗日不成之台湾先贤丘逢甲先生有句云:"昆仑山势走中华,赴海南如落地鸦,盖言台湾为中国昆仑山余脉所

---

① 高溪、吴进通:《昆仑东走脉难穷》,《纪念林惠祥文集》,厦门大学出版社(2001),第 52 页。

成，余第二句故云。……中国民族精神方如日之升，且余曾著《中国民族史》，熟知割台史实，固不输于亲经其事之老翁也。"①

林惠祥的女儿林华明回忆全家在抗战期间的经历时说："我的生母就死在这种颠沛流离之中，贫病交加，无药医治而病死。我上面一个哥哥也因贫病而夭折。为了避免日本人的纠缠和迫害，父亲就逃至偏僻的乡下，隐姓埋名，以种植为生。父亲拿锄头种木薯，连火柴都买不起，靠敲石起火，那时的苦，现在的人是无法想象的。父亲就这样艰苦熬煎，不肯屈服。1945 年日寇投降时，父亲说，若再拖半年，恐怕这条命就熬不过去了。父亲宁为玉碎不为瓦全，为了做一个堂堂正正的中国人而付出惨重代价，终生不悔。"②

抗战胜利后，爱国侨领陈嘉庚先生自爪哇返回新加坡。从 1945 年秋至 1947 年夏，林惠祥就在新加坡参加陈嘉庚主持的有关南洋华侨筹赈会活动资料的整理编辑工作，协助整理出版刊物，并参加了陈嘉庚所著《南侨回忆录》、《大战与南侨》等书的编辑出版工作。此外，他还编译了《菲律宾民族志》、《婆罗洲民族志》、《苏门答腊民族志》等三部书稿及为一家出版公司编辑了《南洋年鉴》。

直到 1947 年夏，林惠祥收到厦门大学的聘书，他才带领全家返回厦门，随身携带的尽是文物图书。在生活极端困苦的情况下，他都没有动过向外国学者高价出卖手中文物的念头。甚至在日本宪兵对他搜身时，他都毫不畏惧，以生命做掩护，终于把武平的石器、陶片连同其他文物图书完好保存下来，于抗战胜利后的 1947 年运回厦门。而当时没有带到南洋的其余 800 来件陶片，战后则下落不明。看来他带走是有远见的。

从 1937 年秋到 1947 年秋，林惠祥在南洋经历了十年的漂泊岁月，这十年光阴占去了他毕生工作时间的三分之一，虽然历尽艰辛，他却依然矢志不改。

---

① 高溪、吴进通：《昆仑东走脉难穷》，《纪念林惠祥文集》，厦门大学出版社（2001），第 52 页。

② 林华明：《永远的怀念》，《纪念林惠祥文集》，厦门大学出版社（2001），第 21 页。

六、"南林北裴"

五老峰头夕照红,登临犹忆郑成功。

金戈铁马归何处,惟有荒丘满眼中。

这是上世纪 20 年代初林惠祥在厦门大学读书时写下的诗作《登五老峰》。[①] 此时,台湾仍在日本占领中,登上五老峰的林惠祥望着眼前宽阔的大海,望着山下荒丘满眼的演武场,更加缅怀"国姓爷"收复台湾的壮举。30 年后,这位当年的"穷学生"已经成了中国著名的人类学家,台湾也已收回祖国。但是,两岸仍处于分裂中,地处台湾海峡西岸的厦门成了海防最前线。

1955 年,当一位年轻的学子从福建惠安偏僻的小山村考入厦门大学历史系就读时,老同学就告诉他,在中国考古人类学界有两位著名专家,北方是裴文中,南方是林惠祥。[②] 在上世纪四五十年代,中国考古人类学界流传着所谓"南林北裴"的说法。其时,南方的林惠祥为厦门大学历史系主任,北方的裴文中为中国科学院古脊椎动物研究室研究员。[1] 此外,学界还曾有"南杨北吴"的说法,"南杨"指中山大学研究生院院长杨成志,"北吴"指燕京大学人类学教授吴文藻。

1947 年夏天,林惠祥回到祖国,并回到自己的母校厦门大学任教,担任厦大历史系教授,并兼任厦门海疆资料馆馆长。任教期间,林惠祥因积极支持进步学生运动,反对内战,并在他主持工作的历史系举办的人类学标本展览会中,传播进步刊物,掩护进步学生活动,

---

① 蔡铁民:《哲思凝聚的爱国诗篇》,《纪念林惠祥文集》,厦门大学出版社(2001),第 49 页。

② 黄天柱:《缅怀林惠祥老师》,《纪念林惠祥文集》,厦门大学出版社(2001),第 18 页。

受到了国民党特务的注意。1949 年 10 月 15 日，厦门国民党当局在溃败撤退前夕，将林惠祥拘捕入狱。幸好两天之后，厦门就获得了解放，林惠祥也才得以幸免于难。①

　　新中国成立后，林惠祥担任厦门大学历史系教授兼系主任及南洋研究所副所长，并被选为厦门市人民代表和厦门市侨联副主席。他以满腔的热情参加社会主义建设。1951 年，他将搜集的人类学珍贵文物、图书捐献给厦门大学。同时，积极倡导、主持建立我国第一个人类博物馆——厦门大学人类博物馆，并担任馆长。1955 年林惠祥当选为福建省政协委员。1957 年 9 月加入了中国共产党。

　　建国之后，林惠祥先后开设的课程有《社会发展史》、《人类学通论》、《中国民族史》、《亚洲各国史》、《南洋史》、《考古学通论》等 20 多门。1956 年，他还接受国家高教部委托，培养考古学副博士研究生，成为解放后厦门大学第一位文科副博士生导师。

　　他的授课深入浅出，很受学生欢迎。当时考古学没有正式教材，林惠祥教授便动手编著了《考古学通论》讲义。他把考古学归纳为古迹和古物二大类，并分析说明考古学发掘技术与研究方法，内容简练，分类明晰，独树一帜，得到国内外学者的重视。这种分类法与国内外按年代的分类法不同，厦大人类博物馆考古部分的陈列系统，就采用了他这部著作的分类法。

　　任教期间，他还经常到福建各地进行考古调查，先后发现龙岩、惠安、永春、闽侯、长汀等地的新石器时代遗址。除了撰写各地遗址研究论文外，他还从宏观角度，撰写了关于"中国东南区新石器文化"的多篇重要考古论文，引起国内外学者的重视。

　　1955 年，林惠祥在掌握更多考古资料的基础上，发表了关于《台湾新石器时代遗物的研究》的学术论文，系统比较了大陆东南与台湾共有的有段石锛、有肩石斧、印纹陶、彩陶等特征鲜明的文物，指出："台湾的新石器文化是由大陆东南部传过去"；"台湾新石器时代人类应是由大陆东南漂去"；"我国台湾在新石器时代便有一支人类由大陆的沿海地方漂流过去，带了新石器的文化即磨制石器和印纹陶、彩

----

①　庄重、涂鹃：《天亮之前》，第 59 页。

陶、黑陶等技术进入台湾,这种从大陆过去的新石器时代人,便成为后来的高山族的一支主要来源。"①

在这些论文中,他开创性地通过一种典型考古文物,首次复原了我国大陆东南史前文化,通过台湾向东南亚、西南太平洋群岛传播的海上通道,不仅最早发现考古学上的"东南区"文化,为后来东南区考古理论的形成奠定了基础,而且对闽台关系的历史、考古研究起了极大的指导作用。

1956年,他到北京参加全国考古工作会议,被选入主席团,并在会上宣读了《福建长汀河田区新石器时代遗址的调查》的论文,提出了有段石锛发展三阶段的论点。他认为有段石锛和印纹陶都是构成我国东南区新石器时代的文化特征之一。有段石锛在福建发现最多,其发展经历了低、中、高级三个阶段。低级阶段(即初级型)数量最多,高级阶段(即高级型)数量少,说明它是本地发生,而不是外地传播来的。福建的有段石锛和台湾、菲律宾的甚至太平洋海岛的有段石锛有相类似之处。福建有段石锛低级、中级多而高级少,台湾的高级较多,菲律宾和太平洋诸岛几乎都是高级的。他还认为:有段石锛是出自亚洲大陆,后传至台湾、菲律宾、玻利尼里亚的,这就说明了中国东南区新石器时代文化和东南亚地区有一定的关系。由于林惠祥教授三十多年的努力,奠定了我国东南区尤其是福建南部新石器时代文化研究的基础。据此,林惠祥教授再次证明了以前他所提出的"有段石锛及印纹陶是构成我国东南区海洋系文化系统"的主张是有一定理由的。林惠祥不愧为闽台关系考古研究的奠基者和中国东南区考古理论的创立者。②

建国后,林惠祥注重运用唯物史观分析民族历史问题,积极追求民族史研究的现实效用,强调台湾汉人和高山族人都是中华民族大家庭的成员,以学术研究为维护祖国统一服务。1954年林惠祥写了

---

① 林明潭:《高山族来源"大陆说"的形成》,《纪念林惠祥文集》,厦门大学出版社(2001),第207~208页。

② 叶文程:《林惠祥对考古学的卓越贡献》,《纪念林惠祥文集》,厦门大学出版社(2001),第297~298页。

《台湾自古是中国的领土》一书,"主旨是从学术上列举事实,说明台湾与祖国的久远而密切的关系"。其中一个重要内容就是"从民族的关系言之,说明台湾人未改变民族特征,并提出高山族在远古文化上及人种上和祖国的关系",该书的现实意义特别鲜明。但林惠祥并没有因为追求民族史学的现实功用而忽视其科学性,他深知民族史论著的学术生命力归根到底要建立在科学立论的基础上。在《台湾自古是中国的领土》中,林惠祥反复强调:"我们的理论是有事实作根据作证明的","这篇长文便是要详细列举事实,以说明我们的根据。这些事实都是千真万确的,都有来源和证据,所以这篇文字便是一种信史。"①

　　林惠祥教授不但是一个著作等身、研究成果丰硕的人类学家,而且还是一位勤于教学的师长。他所教过的学生遍布国内外,其中不少人已成为各方面的教授、专家,可谓"桃李满天下"。

　　作为中国考古人类学界的两位大师级人物,"南林"(林惠祥)和"北裴"(裴文中)有许多相同或相似之处:

　　第一,他们都出生于清贫的家庭。裴文中出生于河北丰南胥各庄镇一个清贫的教师家庭,从青少年时代起就刻苦读书,追求进步。比裴文中大三岁的林惠祥则出生于福建晋江蚶江一个家道衰落的商人之家,父亲虽惨淡经营仍无法盈利,林惠祥在青年会中学只读了一个学期便不得不退学在家自修。生活的艰难更激起了他们奋发的斗志。

　　第二,他们在正式上大学之前,都读过大学预科,后来又都从预科转入大学本科学习。由于中学的底子比较差,裴文中于 1921 年先考入北京大学预科,在预科读了两年之后,才于 1923 年转入北大本科地质系就读,1927 年毕业于北京大学地质学系。林惠祥在菲律宾亲戚家开办的米厂任书记时,得知厦门大学读书可免学费、膳费,便于 1921 年赶回国内报考。由于误过考期,补考成绩不理想,便只能做旁听生,也未获免费待遇。一学期后转为特别生,第一学年结束后

281

---

　　① 林惠祥:《台湾自古是中国的领土》(通俗讲稿),其摘要发表于《厦门日报》(1954 年)。

数学补考及格才转为正式生,进入厦大本科社会学系就读。薄弱的基础和艰苦的学习环境同样没能阻挡住他们成才的志向和努力。

第三,他们从大学毕业后都有在重要研究机构工作的经历。裴文中大学毕业后到北京地质调查所工作。1928 年参加了北京周口店遗址的发掘工作,翌年就成为遗址发掘现场的负责人。1929 年 12 月 2 日他在周口店发掘出北京猿人第一个头盖骨,后又主持山顶洞人遗址的发掘,获得大量极其有价值的山顶洞人化石及其文化遗物。林惠祥从学校毕业后不久,也来到中央研究院民族学组担任助理研究员、研究员。1929 年他受中央研究院委托赴台湾进行高山族社区调查,获得了大量的第一手资料和珍贵的文物,并写出了成名作《台湾番族之原始文化》,成为我国全面系统调查研究高山族的第一人。他们在事业上的第一步成功与他们所服务的重要研究机构无疑有着密切的关系。

第四,他们都曾赴海外留学,并师从名师。裴文中 1935 年赴法国留学,在巴黎大学学习史前考古学,师从著名史前考古学家步日耶教授。1937 年获巴黎大学自然科学博士学位,并成为法国地质学会会员。回国后继续在实业部地质调查所新生代研究室从事古人类文化和第四纪生物地层学研究工作,先后任该所技士、技正。并在北京大学、燕京大学和北京师范大学讲授史前考古学。林惠祥则于 1927 年赴菲律宾大学研究院人类学系就读,师从美国导师、著名人类学家拜耶教授,仅学习一年就获得了硕士学位。与裴文中、林惠祥同时代的学者也大多有西方留学的经历,他们把西方科学带回中国,又在探索和创新中成为中国科学某一领域的奠基者。

第五,他们在抗日战争期间始终都保持着高尚的民族气节。为了北京人头盖骨,裴文中曾多次受到日本军方的威胁。1941 年,"珍珠港事件"后三四天,日本军官就找上门来询问北京人头盖骨的下落,裴文中拒不合作。不久之后,日本宪兵没收了他的居住证,不许他出城。1944 年他被日本军队逮捕审讯和监禁,以追问中国猿人头盖骨化石的下落,但他依然拒绝合作。1942 年裴文中失业半年后接到了北师大的聘书,但战乱中的微薄收入依然无法让他维持生计。从 1943 年开始,一家人便靠典当过日子,连国外学者送的钢琴也当

了出去。这位名教授不得不兼做小买卖,并干一些给人接送电话、送药的杂活,以维持生活。1945 年日本投降那一天,同事到他家报告喜讯,他却在德胜门早市卖东西。

而在日寇侵占南洋后,林惠祥同样抱着民族自尊心,不愿意到日据机构做事。即使陷于失业境地,生活极为艰苦,但对去日本人组织的"华侨协会"任日文秘书和翻译,或到日本人办的《昭南日报》社任职,他都予以拒绝,后来索性把家搬迁到地处偏僻的后港。他的举动引起了日本特务机关的怀疑,并对他发出"既懂得日文又不出来做事即为反日"的警告。林惠祥在乡下垦荒务农,栽种粮食、蔬菜、水果,甚至当起了地摊小贩。尽管生活十分艰苦,裴文中、林惠祥始终保持民族大义,不为日本人的金钱名利所利诱。

第六,他们都担任过博物馆馆长。建国后裴文中曾于 1950—1953 年任文化部社会文化事业管理局博物馆处处长,二十多年后,他于 1979 年任北京自然博物馆馆长。而林惠祥早在上世纪 30 年代就建立了厦门市人类博物馆筹建处,五十年代又创办了我国第一个人类学博物馆——厦门大学人类博物馆,并亲自出任馆长。

283

第七,他们都十分重视田野调查。裴文中在数十年科学生涯中,足迹几乎遍及全国,领导并参与了许多大型的古人类遗址的调查与发掘。如 1955—1957 年广西山洞的调查,发现了巨猿的确切产地和层位,为华南建立了第一个早更新世洞穴堆积标准剖面。50 年代山西襄汾县丁村旧石器地点群的发掘和研究,改变了对红色土层时代的部分看法,为华北建立起了晚更新世早期的标准剖面。坚实的野外工作,精心的室内研究,使他对第四系与第三系界线问题、第四纪哺乳动物区系、体形变化规律、中国旧石器文化特征和多样性,以及原始社会理论等方面都有独到见解,取得卓越成就。

而林惠祥毕生从事人类学研究,他所取得的成就,无不得益于亲身的实践、田野的调查和掌握第一手资料。他每到一处,都要抓住机会进行一番考古、民族或民俗调查,大多都留下了研究成果。在国内是这样,在国外更是如此。在 1929 年与 1935 年两次赴台湾圆山遗址考察中,他发现了有段石锛与印纹陶,最早提出了"台湾的有段石锛是从福建传过来的,早在新石器时代海峡两岸的文化就是一体"的

观点。1937年他参与了武平小径背山新石器时代遗址群的发掘，1941年又发现了马来西亚吉打旧石器时代的遗址。解放后，林惠祥还陆续发现了龙岩、惠安、永春、福州、长汀等市、县的新石器时代遗址。他通过田野调查和采集遗物，写出了一份份专题报告。

第八，他们都是出色的科普宣传作家。裴文中的科普著作《周口店洞穴层采掘记》、《中国石器时代》等，对于进行爱国主义、辩证唯物主义与历史唯物主义宣传教育工作，效果十分显著，影响极为深远。而林惠祥同样运用人类学知识，写出了《神话学》、《世界人种志》、《民俗学》等科普读物，他还从算命这种神秘文化的内部，深入分析算命邪说，提倡破除迷信。

总之，无论是"南林"还是"北裴"，都是中国考古人类学界最杰出的学者之一。如果说他们之间有什么不同的话，则主要表现在以下两个方面：

第一，他们研究的领域和侧重点不同。裴文中重在旧石器时代，对中国旧石器时代的文化体系和年代分期作了开创性的、深入的综合研究。1937年在美国费城举行的早期人类国际学术研讨会上，裴文中宣读了"中国旧石器时代文化"的论文，把中国猿人文化、河套文化和山顶洞文化列为早、中、晚三个阶段，奠定了中国旧石器文化的分期基础，并指出它不同于欧洲的旧石器文化。这是中国学者首次发表的全面总结，引起了学术界的广泛重视，在中国旧石器时代的研究上具有划时代的意义。裴文中还把研究领域扩大到中石器和新石器时代，其中中石器时代是他首先提出的研究课题。他撰写的《中国史前时期的研究》一书，为中国旧石器时代考古的发展做出了贡献。

而林惠祥的研究重点则集中在新石器时代，他对中国东南亚及台湾、南洋新石器时代遗物的考察、研究，为中国新石器时代南方考古的发展作出了贡献。他的研究领域还涉及文化人类学和中国民族史的许多方面，并都有开创性的成果。

第二，他们所处的区位和影响不同。裴文中身居首都北京，影响力更大。在1929年裴文中发现第一个北京人头盖骨之前，学术界还没有对人类是否经历"猿人"时代形成定论。这枚北京人头盖骨出土之后，此前几年在世界其他地区发现的相似化石才被确定为人类化

石，从而平息了学术界的一场重要争端，揭开了古人类研究的新纪元。1954 年裴文中任中国科学院古脊椎动物研究室研究员；1955 年当选为中国科学院生物地学部首批学部委员；1963 年任中国科学院古脊椎动物与古人类研究所古人类研究室主任。1930 年中国科学社授予他金质奖章。他主持的"中国猿人石器研究"获中国科学技术进步二等奖；周口店发掘与研究中"中国猿人第一块头盖骨发现"获国家科学金奖。

　　而林惠祥身居东南海滨，影响主要在中国南方及东南亚地区。他两次冒着生命危险进入台湾高山族村社开展民族调查，成为我国第一个研究高山族的学者。他立足微观，放眼宏观，最早论证了台湾史前文化的源头在大陆东南的观点，并提出了中国东南区考古文化区系性的科学理论。他还将自己含辛茹苦收藏的私人博物馆藏品捐献给国家，创建了我国第一座人类学博物馆。

　　尽管考古发现本身存在着很多机缘巧合的成分，但人们仍然把裴文中、林惠祥的"幸运"更多地归结于他们"不畏艰险、身先士卒"的品格和性情。正是这种优秀的品格和性情，奠定了他们成为一代"大师"的基础。

285

注：

　　[1]裴文中(1904—1982)，河北丰南人。中国科学院古脊椎动物与古人类研究所研究员。中国史前考古学、古人类学重要创始人，杰出的科普作家、古生物学家。1927 年毕业于北京大学地质系。1937 年获法国巴黎大学博士学位。1929 年起主持并参与了周口店的发掘和研究，当年 12 月 2 日在周口店发掘出北京猿人的第一个头盖骨，轰动了中外学术界，成为中国古人类学发展史上重要的里程碑。1931 年起，进一步确认石器、用火灰烬等的存在，为周口店作为古人类遗址提供了考古学重要依据。他还主持了山顶洞人遗址的发掘，获得大量极有价值的山顶洞人化石及其文化遗物。1937 年提出中国猿人文化、河套文化和山顶洞文化分别代表旧石器文化的三个阶级，奠定了中国旧石器文化的分期基础。1949 年后，积极开展旧石器时代考古学的研究，并把研究领域扩大到中石器和新石器时代，为中国旧石器时代考古学的发展做出了重大贡献。

七、福州昙石山文化遗址

在福建省省会福州的西郊,距市区约 20 公里处,有一个著名的历史文化遗址,它就是昙石山文化遗址。这个文化遗址是我国东南沿海地区最具代表性的新石器时代文化遗址之一,距今已有五六千年历史,堪与河南仰韶文化、浙江河姆渡文化相媲美。昙石山文化遗址自 1954 年发现至今,先后经过了九次考古发掘。林惠祥教授作为福建省最知名的考古专家,应国家文物局邀请参加了第一次考古发掘。

昙石山新石器时代遗址位于闽江下游北岸闽侯县荆溪镇昙石村,是 1954 年 1 月间农民修筑闽江防洪堤时发现的。3 月中旬,华东文物工作队派人前往调查。当时,适值国家文物局局长、福建籍作家郑振铎在福建视察。4 月 3 日,他批准了试掘昙石山的报告,并明确表示福建的文物工作要请厦大参加,"有些发掘大家一起挖"。①

林惠祥教授得知福州昙石山发现新石器时代遗址及即将开展试掘的消息后,非常高兴。这位中国史前文化的顶级专家,早在上世纪 20 年代末就曾冒着危险只身渡海赴台,在台北圆山进行新石器时代遗址考察。如今在自己的家门口发现了这么一座成规模的珍贵遗址,他能不高兴吗?

从 4 月 8 日到 16 日,林惠祥教授在昙石山工作了 9 天。这期间,他除了盯着探沟里的地层和出土外,还四出调查,几乎走遍浯浦山、鲤鱼山、白头山、河山、前山等七座山头,采集各种文物标本;他还在甘蔗镇、恒心乡访问老人和熟悉历史传说的人,获得种种口头材料。另外,他还收购了几件出土的陶器和石器。

---

① 宋伯胤:《从昙石山到顶澳仔》,《纪念林惠祥文集》,厦门大学出版社(2001),第 348 页。

当时，考古工作队对他"不蹲坑"、"到处跑"还要"买文物"的行为颇为不解，甚至还有些误解。林惠祥教授告诉年轻的考古队员说，你们的重点是挖地下的文物，是要挖开一层一层的地层，揭开一层就是一页历史。而我"却是着眼于地理空间，想探寻原始居民的公共生活环境，换句话说，我是把研究重点放在昙石山居民的生产和生活上的。"①考古队员对他说的这段话的含义，以及他把"考古学和民族学的方法结合在一起来研究昙石山"的做法似懂非懂。直到试掘工作结束，考古工作队编写了《闽侯昙石山新石器时代遗址发掘报告》，林惠祥也撰写了《福建闽侯甘蔗恒心联乡新石器时代遗址考察报告》，考古队员们将两份报告进行比较阅读后，对林惠祥在昙石山所说的一席话才有了较深的理解。林惠祥在报告中写道：

> 昙石山的居民便住在这个孤岛上度他们的原始生活，他们应是合群而居，其人口不能超过附近一带的天然产物所能养活的人数。大约少则二三十人，多则一百余人。
>
> 他们的生产工具便是新石器，即磨光的石器。石器之中，多有石锛，石锛是用来砍割植物根茎、果实以及鱼贝、小鸟兽的，这里多蛤类，可以用锛以撬开蛤壳。有段石锛由加一个弯柄装成小锄状用以砍斫。石镞可以装在细竹竿上，用弓发射出去，以猎取鸟兽或鱼类。他们除拾取贝类之外，还能用网以捞鱼。
>
> 他们是水边的居民，他们应已有独木舟，可以过水到四面的陆地。他们的食物采自江滨的周围陆地，不是只限于昙石山。昙石山不过是住所而已。他们所以要来昙石山居住，是因为这里便于采集水产，又四面有水，比较安全，可免大野兽和敌人的攻袭。
>
> 住在昙石山的应是一个氏族，应有氏族长。附近遗址如连鱼山，山前山等处也都应有一个氏族。这些附近的氏族应有联系而合成一个部落。因为他们如无关系，是不能住得如此相逼

_287_

---

① 宋伯胤：《从昙石山到顶澳仔》，《纪念林惠祥文集》，厦门大学出版社(2001)，第350页。

近的。①

　　参与考古的宋伯胤回忆说:与林惠祥的考察报告相对照,考古工作队的报告在内容上显然缺乏对上百个作为社会成员的昙石山居民的研究,特别是没有把他们的食和住作为考察的重点。而饮食和居住恰恰是人类生存的第一需要,二者反映着人类文化发展的层次过程。正因如此,同是一样的陶器,我们注重的是它的形式、颜色、质料、制法、表皮处理、装饰以及它和海丰、香港、良渚、老和山等地出土文物的形似。对它的用途、对它和昙石山居民的关系,则是严重忽略了,论述很少。② 但林先生则不然,他明确指出:"这里的陶器很多,说明食物已不少,而且其食物是需要用陶器来盛贮和烹煮的"。例如"可以系上绳子"用以盛水和食物的陶壶,特地安上三足或四足可以"在底下烧煮物"的大型陶器等等即是。③

　　在林惠祥和一代代考古队员的共同努力下,昙石山文化遗址自1954年发现以来,先后经过8次考古发掘,发掘出大量石刀、石斧、石镰、骨器、陶器、兽骨,还有烧陶的窑基、取暖的火塘、房屋的残基和墓穴等,所获得的2000多件文物证明该遗址具有丰富的文化内涵,其中的新石器时代文化部分,被考古学界确认为"昙石山文化",是中国东南沿海最早被认定的考古文化之一,也是福建省第一个被确认的考古学文化。

　　昙石山文化遗址是中国东南地区最典型的新石器文化遗存之一,在8次考古发掘中,发掘面积达2000多平方米,几乎都是由当时人们丢弃的蛤蜊壳、贝壳、螺壳堆积起来的,有的地方厚达3米左右,所以又称"贝丘遗址"。这是它与仰韶、河姆渡遗址不同的地方。贝

288

---

　　① 林惠祥:《福建闽侯甘蔗恒心联乡新石器时代遗址考察报告》,转引自《纪念林惠祥文集》,厦门大学出版社(2001),第350页。

　　② 宋伯胤:《从昙石山到顶澳仔》,《纪念林惠祥文集》,厦门大学出版社(2001),第351页。

　　③ 林惠祥:《福建闽侯甘蔗恒心联乡新石器时代遗址考察报告》,转引自《纪念林惠祥文集》,厦门大学出版社(2001),第351页。

丘堆积物中除有少量的淡水蚬、蚌外，以经常性食物海蛎为主。这些遗物与其它出土文物，证实了 5000 年前昙石山曾是闽江口与海洋的交汇地。由此推算，海浸时代的海岸线与今天的海岸线相比较，大海向东南方向撤退了八十余公里。昙石山遗址具有鲜明的海洋文化特征，但目前仍有三分之二尚未挖掘，待全部建成后，其规模将超过半坡遗址、河姆渡遗址。

昙石山这座距今五、六千年、高出江面 20 米的长形山岗，积淀着福建省迄今为止年代最久远的古人类文化。"福建文明从这里开始……"，此话一点都不夸张。以闽江中下游为中心连接闽台两省的昙石山文化，是福建古文化的摇篮和先秦闽族的发源地，是东南沿海原始社会人类劳动生息的缩影。它的出现，惊现了不为人知的先秦闽族文化，将福建文明史由原来的 3000 年向远古大大推进了一步。2001 年 6 月 22 日，国务院将昙石山文化遗址列为第五批国家文物保护单位。2004 年，江泽民同志为"昙石山文化遗址"题字。

占地 42.5 亩的昙石山遗址博物馆位于福州城西 24 公里处的闽侯县甘蔗镇，是福建省第一座大型考古遗址博物馆。前七次考古发掘取出文物之后都回填，而在第八次考古发掘之后，将 30 余座墓葬与两条壕沟等遗存完整保留，建起了昙石山遗址博物馆现场，并直接展示给观众，真实生动地反映出原始社会晚期闽人先祖生产、生活和墓葬的状况。

博物馆内展出 1954 年以来昙石山遗址八次考古发掘的珍贵文物和图片资料。其中黄土文化展览厅展现奴隶社会先秦闽族精美的仿铜印纹陶器和丰富多彩的历史文化；考古遗址厅把第八次考古发掘中的 30 余座墓葬、陶窑和壕沟等考古遗迹和文物按原貌展出，让观众有亲临考古现场之感。

昙石山文化遗址有六样堪称"中华之最"的宝贝：一是中华第一灯，在 125 号墓葬中，陶灯放在墓主人头顶，类似北京十三陵定陵中的"长明灯"，四五千年前的昙石山人就懂得使用如此精美的陶灯，堪称"中华第一灯"。二是昙石山人颧骨，137 号墓主人为 25 岁左右的年轻女性，其中左侧颧骨分为上下两部分，下方颧骨块被称为"日本人骨"，现在日本人大部分有这块颧骨。由此似乎表明，日本文化不

仅受到中国文化的影响,连日本人种也有可能要追溯到昙石山人。三是中国最早的上釉技术,在遗址殉狗坑旁的夯土祭祀台上,出土了一件原始瓷罐和四件原始瓷器。这些原始瓷器距今3000多年,都施有青绿色釉,是中国最早的上釉技术。四是提线陶簋,在131号夫妻合葬墓中出土了11件陶簋,其中一件陶簋口沿造型为全国罕见。五是竖立坑中的殉葬男奴,在奴隶陪葬坑中,殉葬的男奴竖立坑中,粗壮的大腿骨和脚趾清晰可辨,显然是活埋时挣扎所致,反映了3000年前奴隶殉葬的残酷。六是18件陶釜(相当于现代的砂锅)。在131号夫妇合葬墓底下,发现了大小陶釜18件,这在全国新石器时代墓葬中绝无仅有,以此追溯沿江靠海的福州人有爱喝汤的饮食习惯。

2008年6月14日,昙石山遗址博物馆新馆落成,大批具有鲜明地域性海洋文化特色的文化遗迹和遗物,吸引了众多市民前来一睹昙石山文化的真颜。包括数千年前福建先民使用过的石器、经复原后的昙石山人头部塑像、与台湾岛古代文化十分接近的拔牙习俗等等……

在博物馆的第一展厅中,通过场景复原的方式,人们可以直观地感受到"独木凿舟激流篇,扇贝磨蛎劳动卷。烧窑筑壕留青史,陶罐成行设汤宴"这些四五千年前先秦闽人的生活情境。而在第二展厅中,人们则跟随着出土的石器、陶器,一同掀开沉睡数千年的昙石山人神秘的面纱,探索闽台文化之间悠久深远的联系。由于福建地处台湾海峡西岸,与台湾一水之隔,昙石山遗址与台湾的史前遗址有着极大的相似。因此,昙石山遗址也是闽台两岸同胞血脉相连关系的奠基者和见证者。

据昙石山遗址博物馆馆长林恭务介绍,在同一时间段内两岸史前文化的内涵中,都具备众多可进行对比研究的素材。如在生产工具中的石斧、凹石、陶器流行圜底器和圈足器,尤其在陶器的装饰技艺上,都有以几何图案为主的彩陶,其他指印、刻划、戳点及贝印等纹饰也多有相似之处等,这表明当时闽台两地的居民已经有了密切的往来和联系,对海峡两岸史前文化的交流有着深远的意义。

如今,昙石山文化遗址已成为福州乃至福建的一张名片。因为它人们不会数典忘祖;因为它,人们常怀感恩之心,感恩我们的先民,也感恩发掘这个遗址的人类学家和考古队员们……

八、林惠祥与陈嘉庚

　　在厦门港峰巢山麓，有一座巍峨壮丽、洁白庄重的民族风格建筑，它就是著名的厦门华侨博物院。在新建的牌楼式大门上，镶嵌着廖承志先生题写的匾额。这座被著名的英籍女作家韩素音誉为"世界上独一无二的华侨历史博物馆"，就是由陈嘉庚先生带头捐款倡办，并在林惠祥教授的热心支持下创办起来的。

厦门华侨博物院

　　林惠祥是厦门大学的第一届毕业生，受陈嘉庚先生的教育与熏陶，对陈嘉庚先生捐资办学、教育兴国的精神十分敬仰。抗战期间林惠祥举家逃到南洋避难，与逃到印尼避难的陈嘉庚先生同为"难友"。日本投降后，林惠祥曾协助陈嘉庚先生整理《南侨回忆录》等著作。当时他就住在怡和轩俱乐部里，为陈嘉庚做了大量文字工作。而陈嘉庚对林惠祥也疼爱有加,常邀其共进早餐,还馈赠衣帽、鞋袜给他。1947 年,林惠祥准备从新加坡回母校厦门大学任教,陈嘉庚非常支持,并赠送了 2000 元大洋给林惠祥作为路费。8 月 3 日临别之时,林惠祥希望陈嘉庚先生题字留念,嘉庚先生慨然应允,亲笔手书《述志诗》相赠。诗云:

> 领导南洋捐抗敌,会场鼓励必骂贼;
> 报章频传海内外,敌人恨我最努力。
> 和平傀偏甫萌芽,首予劝诫勿昧惑;
> 卖国求荣甘遗臭,电提参政攻叛逆。
> 强敌南侵星马陷,一家四散畏虏逼;
> 爪哇避匿已两年,潜踪难守长秘密。
> 何时不幸被俘虏,抵死无颜谄事敌;
> 回检平生公与私,尚无罪迹污清白。
> 冥冥吉凶如有定,付之天命惧奚益。①

　　《述志诗》是陈嘉庚先生 1944 年避难爪哇之时,在"胜利未达,敌寇未败,潜踪匿迹,安危未卜"的情境中所作的一首诗,它寄托了嘉庚先生的理想、志趣,忧国忧民的情怀和期盼抗日胜利的心情。

　　陈嘉庚先生不仅手书《述志诗》相赠,而且将《南侨回忆录弁言》中的一段话题赠给林惠祥。他写道:"对于轻金钱,重义务,诚信果毅,嫉恶好善,爱乡爱国诸点,尤所服膺向往,而自愧未能达其万一,深愿与国人共勉之也。陈嘉庚书于星洲怡和轩"。② 林惠祥去世后,他的妻子黄瑞霞和女儿林华明将陈嘉庚亲笔题赠给林惠祥的《述志诗》原件无偿地捐赠出来,又一次印证了这段被尘封的往事。

　　林惠祥回国后在厦门大学担任历史系教授,并在新中国成立后,

---

　　①　高溪、林雪云:《漂泊的南洋岁月》,《纪念林惠祥文集》,厦门大学出版社(2001),第 58 页。
　　②　陈嘉庚:《南侨回忆录》,新加坡南洋印刷社(1946),第 357 页。《陈嘉庚先生手书述志诗相赠》,《厦门日报》2006 年 3 月 28 日。

将自己大半生收藏的珍贵文物、图书捐献给厦大设立人类博物馆。而嘉庚先生在新中国成立时也回到了祖国,并担任全国政协常委、中央人民政府委员和华侨事务委员会委员。上世纪 50 年代,陈嘉庚在筹建厦门大学建南大礼堂等建筑群时,每周都有一天要从集美赶到厦大。他经常在看完工地之后,手拄拐杖,步行到人类博物馆,坐在朝南的办公室里,与馆长林惠祥商量如何发展博物馆事业。

陈嘉庚与林惠祥

当时刚刚留校担任林惠祥教授助手的陈国强对此记忆犹深,他在回忆文章中写道:

> 陈嘉庚先生对林惠祥 1934 年创办厦门市人类博物馆筹备处、1951 年献给国家的义举十分赞赏。林惠祥一边感谢陈嘉庚的鼓励,一边向他提出,能否为厦大人类博物馆建一馆舍,使博物馆能更适合陈列,保护文物,并传之永久。陈嘉庚先生回答说,我捐给厦门大学兴建的房子,都由厦门大学统一安排,不便指定专门给哪个单位。陈嘉庚接着说,办人类博物馆很好,很重要,我赞同你办人类博物馆的主张。办博物馆是教育民众的一个好办法、好途径,通过实物的展览,可以使民众提高文化和知识。他随即提出:我拟办一个华侨博物馆,设在厦门,地皮申请

市政府拨给蜂巢山的西边,紧接厦门大学,请你帮助订个计划。要办成国内有代表性的,因为厦门是通商的港口,有的华侨只回到厦门及附近,不能到北京等地。我希望你能支持我帮助我,以办理人类博物馆的经验创办一家全国性的华侨博物馆,既代表全国研究华侨的学术水平,又可让归国华侨参观接受教育。人类博物馆也可纳入这个计划中。①

在几次商谈中,林惠祥教授提出了仿效北京故宫博物院的办法,创办华侨博物院的计划。这个计划经过讨论,得到陈嘉庚先生的赞同,即在华侨博物院内设五个博物馆,包括资源馆(矿石、地质)、动植物馆、人类博物馆、华侨和南洋馆、社会主义建设馆。其中,人类博物馆即将厦大人类博物馆并入,动植物馆也并入厦大生物系标本室。后来,福建省委不仅批准了建院计划,还批准林惠祥教授兼任华侨博物院院长。

陈嘉庚先生对办华侨博物院十分重视。他虽然年事已高,仍不辞辛劳,亲自过问具体事宜。1956 年 9 月 20 日,他亲自撰写了《倡办华侨博物院缘起》。1957 年—1959 年 4 月,在陈嘉庚先生指导下,博物院主楼基建、文物征集、陈列筹备等工作全面展开。其间他还亲自到北京、天津等地,为博物院搜集、补充古文物和动植物标本及文物字画。

厦门华侨博物院是一个以华侨历史为主题的综合性博物馆,当时为中国唯一的侨办博物馆。占地 5 万平方米,其中主楼建筑面积达 4000 多平方米,是一座用优质、洁白的花岗岩石砌成的宫殿式大楼。1958 年底建成后,经过近半年的筹备与布展,于 1959 年 5 月正式对外开放。在 5 月 14 日举行的博物院揭幕式上,华侨博物院倡办人陈嘉庚先生亲自剪彩、致词、并陪同与会者参观了各层展厅。同年 5 月,陈嘉庚设立华侨博物院行政委员会,亲任主任,并聘请尤扬祖、肖枫、张楚琨、颜西岳为副主任。他主持第一次行政委员会会议,讨

---

① 陈国强:《陈嘉庚和林惠祥创办华侨博物院》,《纪念林惠祥文集》,厦门大学出版社(2001),第 69 页。

论决定博物院的经济、管理、文物征集及陈列事宜,并聘任陈永定为秘书,主持院务工作。博物院的创办,体现了陈嘉庚先生以博物的展示,增广群众科学、文化知识、发挥社会教育作用的指导思想。可惜的是,在博物馆开馆后两年多,陈嘉庚先生就于1961年8月12日不幸病逝于北京。

1965年9月—1978年7月,博物院遭遇十年"文革"而不得不闭馆。直到1978年8月,在国务院侨办和厦门市政府的关心、重视下,才开始着手筹备复馆工作。集美校委会从陈嘉庚先生遗款中拨付专款作为博物院复馆费用。1981年2月,厦门博物院得以重新开放,全国人大常委会副委员长廖承志抱病为博物院题写了院名。据统计,博物院共收藏有历代的铜器、陶瓷器、雕刻和书画藏品5000多件;有关华侨史的实物、图片、资料5000余件,兽类、鸟类、水产、岩石和矿物标本近3000件;还收藏有日本、欧美各国的铜器、陶瓷器、日本书画、工艺品及东南亚等国的文物、图片2000余件。

整个展馆的陈列面积达2600平方米,分3个陈列馆。其中:

"华侨历史馆"通过千余件陈列品展出了华侨的产生和发展概况;解放前华侨的悲惨遭遇;华侨和侨居国人民的友谊;华侨对祖国的贡献;华侨社会的过去和现在;侨务政策的回顾等。该馆还陈列了华侨、归侨赠送的富有各侨居国风俗特点的生活用品、饰物、宗教艺术品、古典乐器和工艺品等200余件。侨史展览共有五个部分:

第一部分:走向世界。首先展示世界地图。图上圈圈点点的地名,表示华侨从流寓到定居的地点,他们的落地开拓之处。大厅中一艘艘仿制古代帆船模型,也揭示了华侨先祖漂洋过海谋生的辛苦历程,见证了契约华工的悲惨命运。两侧展橱的图片、资料告诉人们,华侨走向世界的艰苦性和斗争的历程。

第二部分:创业海外。展出的仿制木屋和铁皮屋,揭示了华侨先辈投身蛮荒,开发土地,采矿筑路的艰难历程。17—19世纪,不论是东南亚城镇的形成,或横贯美洲大铁路的通车,无不渗透着华侨的智慧和血汗。在近代,华侨推广橡胶的种植和加工,使橡胶业一跃成为马来亚的经济支柱,这是华侨历尽艰辛而创下的业绩。

在展厅中,还有仿制南洋旧民俗街,它是世界各地唐人街的缩

影。在街道上有腊像的人力车夫及人力车实物,主要表示早期华人、华侨创业海外的艰辛历程。还有华侨赠送的旧日常生活用品及许多烈士照片和纪念碑,向人们诉说无数华侨在居住国历次反侵略、反迫害、争独立的斗争中,在保卫自己人格的尊严中前仆后继、浴血奋战的英雄气概和壮举。

第三部分:融合当地。华侨是中外文化交流的使者。一方面,华侨保持自我,办华文学校、开华文报馆、保留祖国语言文字、传统礼俗和伦理道德,使中华文化在异国他乡得以延续和发展;另一方面,华侨学习和吸收当地文化、西方文化的养分,它们之间相互影响、渗透和补益。华侨逐渐与当地居民融为一体,共同创建美好的生活。

第四部分:落地生根。第二次世界大战后,华侨面临政治认同的选择。绝大多数华侨加入了当地国籍,效忠各自的国家。他们不再以三把刀(剪刀、剃刀和菜刀)卖苦力、当小贩等作为谋生的主要手段,而是提高文化水平、经营中小型或大型企业,攀登科学技术高峰,并取得了显著成果,显示出华人华侨。作为所在国民族大家庭的一员富于进取的精神。

第五部分:源远流长。华侨虽然已选择了不同的国籍,生活在不同的国家,但他们对祖国十分关切。他们的祖、父辈曾经为中国的革命和建设做出了无私的奉献,为故乡造福,为乡梓兴学校,建医院,办各种公益事业,表现了他们爱国爱乡的热情。华侨永不忘怀祖国,也永不忘怀自己是炎黄子孙。橱窗中有许多是华侨送的东南亚各国文物和工艺品,如泰国佛像、柬埔寨浮雕、印尼古乐器等,富于异国情调。

"自然博物馆"陈列各种兽类、鸟类、水产等标本近 2000 件。其中有华侨寄赠的南洋等地的兽类、鸟类标本,如澳洲葵花鹦鹉、犀鸟、泰国貘、印度尼西亚极乐鸟、懒猴、猩猩、新加坡虎、马来西亚大鳄鱼(长达 4 米)等标本。自然馆是华侨博物院创办时陈嘉庚先生亲自确定的社会教育功能之一,展品 600 多件,包括兽纲、鸟纲、爬行纲的动物,其中有不少珍品,如新加坡虎、貘、蜂猴、鹈鹕、鲸、金钱豹、黄嘴白鹭等。

"祖国历史文物馆"的陈列品近 2000 件,有历代出土和传世的文

物和艺术品,大部分是陈嘉庚生前在全国各地征集的。陈列内容分铜器、陶瓷器、书画和雕刻 4 个部分。该院还与有关单位联合举办了《新疆出土古尸展览》、《内蒙古民族民俗文物展览》、《洛阳唐三彩展览》、《中国古代农业科学技术成就展览》等专题展览。

　　1982 年 9 月,著名英籍女作家韩素音来到厦门博物院参观。她认为,这是世界上唯一展出华侨历史的博物院,它使人们了解了什么是华侨,并建议要更多地组织学生和各界人士来参观,要和世界各地研究华侨史的学者进行学术交流,请他们来参观、座谈,不断充实内容。参观回国后她还专门寄赠了自己的著作《My HOuse Has TwO DOOrs》给博物院。

　　自从上世纪 70 年代末来到厦大读书,每次坐车进城时我都要路过这座巍峨壮观的博物馆,路过这座华侨历史的"圣殿"。无论是远远地望着它,还是无数次地接近它,我都始终对它充满了敬意,因为它的一砖一瓦和每一件文物、展品都承载着无数海外华侨艰辛创业的血汗和泪水!

九、观人文以化天下

　　徐悲鸿与林惠祥，一位是中国现代杰出的绘画大师，一位是中国著名的人类学家、民族学家和考古学家。1939 年，两人相识于抗日战争的烽火中。其时，林惠祥为免于文物惨遭敌手而避难新加坡；而徐悲鸿到新加坡举办筹赈画展，支持国内抗战。林惠祥积极撰文予以宣传，两人由此结下了深厚的友谊。

　　1953 年春厦门大学人类博物馆正式开馆，徐悲鸿不仅为博物馆题写了馆名，而且寄赠了《白雄鸡图》和"观乎人文以化成天下"的条幅；开馆后数月内又寄赠了《八十七神仙卷》及齐白石的《五蟹图》供博物馆收藏。几个月后，徐悲鸿便因病与世长辞，这些墨宝成了厦大人类博物馆极为珍贵的藏品。

　　迄今，在厦大人类博物馆的会议室里，仍然挂着这块由徐悲鸿书赠林惠祥的牌匾："观乎人文以化成天下"。它不仅道出了林惠祥对人类学这门学科的独到见解，而且也是徐悲鸿和林惠祥共同献身文化事业、以艺术和学术"化成天下"的真实写照。

　　对人类学情有独钟的林惠祥始终把人类学当做一门"经世致用之学"，其中一个重要作用就是"扫除文明民族中的野蛮遗存物"。在他看来："现代的文明社会中还有很多野蛮的原素，我们应当继续努力，把它们逐渐消除，而这种工作也是人类学家所应担任的。扫除的方法，便是把这些遗存物剔了出来，宣布它们的流弊，解释它们的起源并搜罗蛮族中与它们相类似的风俗来比较说明；使那些执迷的人发现它们所珍重护持的宝贝，不过和野蛮人的一样，他们如要自居为文明人，便不得不把这些遗存物废弃了。"①

　　林惠祥认为，人类学研究不是为了"猎奇"，而是为了探寻隐含在

---

　　①　林惠祥:《文化人类学》，商务印书馆(1996)，第 20 页。

著名人类学家、考古学家林惠祥

文化"杂事"中的意义，加以正确说明，达到移风易俗、改变观念、改良社会的目标。换言之，要"化成天下"，首先要"观乎人文"。人类学家一方面要"观乎人文"，眼观四面，耳听八方，通过实地观察、了解，掌握第一手资料，厘清各种民风民俗的来龙去脉及功效，实现对文化的深入理解；另一方面，要实现"统治民族对于所属民族的治理方法的改进"，[①]他认为"密切的接近与正确的了解能够生出同情，而同情便能生出好统治。"[②]这种观念使他十分重视人类学乡土教育，并以身作则，身体力行。在他对于惠东人文"长住娘家"习俗的代表性研究过程之中，这种理念和精神得到了集中的体现。

与厦门同属闽南地区的惠安县，其东部沿海有六个乡，包括辋川、小岞、山霞、净峰、东岭、涂寨及崇武部分乡村，其婚俗、服饰与闽

①　蓝达居：《重视乡土教育的人类学家》，《纪念林惠祥文集》，厦门大学出版社（2001），第 107 页。

②　《林惠祥人类学论著》，福建人民出版社（1981），第 32 页。

南其他地区大不相同,长期盛行"长住娘家"的婚俗及奇特的妇女服饰,被人们戏称为"封建头、民主肚"。

虽然早在上世纪 20 年代,原厦大历史系教授叶国庆就曾撰文论及惠东长住娘家习俗的起源问题,并认为它"当是古代母系社会制下的遗留……是母系制下婚俗转到父系制度下的一种过渡表现",是"闽土著遗俗的一种",但并未受到更多的注意而引起学术反响。[①] 1951 年,林惠祥被派到惠安参加"土改"运动和宣传、推行新婚姻法的工作。在乡村走访时,他从许多男女村民口中听到不少关于当地盛行"长住娘家"习俗的介绍,人类学者的职业敏感使他意识到这种习俗值得认真关注和对待。他在文章中写道:

> 惠安县一部分地方有长住娘家风俗。长住娘家风俗便是妇女结婚后三天即回娘家长住,有逢年过节及农忙之时到夫家一二天,必须怀孕生产方到夫家长住。即使夫妻感情不坏的也不能亲密,和丈夫亲密的反被娘家的女伴讥笑。住娘家的时间自二三年以至于十年二十年以上,妇女因悲观厌世,自杀或集体自杀的很多。解放后这种风俗有了改变,但尚未完全绝迹。[②]

经过认真研究,林惠祥发现,这种习俗是原始社会末期由母系制度到父系制度的过渡期所发生的,目的在于延缓那种变革,以延长母系制度的寿命。父系制度确立以后,这种风俗已基本归于消灭,只有少数地方由于特殊原因,还残存遗留至今。其功能"因时移世换,已经失掉了原来的意义,且受封建社会的影响,也改变了内容和性质,以致这种残存的古俗变成不合时代而且对妇女不但无益而且有

---

① 叶国庆:《滇黔粤的苗瑶壮俗与闽俗之比较》,《厦大周刊》第 9 卷第 3 期。

② 林惠祥:《论长住娘家风俗的起源及母系制到父系制的过渡》,《厦门大学学报》1962 年第 4 期。

害。"①

在了解这种有害习俗的起源及其危害性之后,林惠祥以一个人类学者和《新婚姻法》宣传者的双重身份和严肃的责任感,提出了自己的建议,以便开导民众和根本改革这种不良风俗。他回忆说:

> 我发现这种风俗的起源可以用民俗学来说明,并可将这种说明宣传开去,以帮助行政上消灭这种不合理的风俗,使许多妇女和男人们解除这种痛苦,获得人生幸福。我便对土改队长刘淑明(女)同志说我愿意对乡村女干部们作一次讲话。她很赞同,便召集女干部听我讲。我由人类婚姻家族发展史上来说明这种风俗是由母系氏族社会到父系氏族社会的过渡期所发生的风俗,再加以后来的封建社会的影响,因而使它长期残留下来,并改变和恶化了原来内容,我指出这种风俗在现在社会已绝无意义,其残留不过由于习惯而已,应当在思想上要有新的觉悟,并在实际中实行改革,便可消灭这种不合理的风俗了。她们听了都很赞同,并告我更多的事实。②

由此看以看出,林惠祥采取的是以乡村农家作课堂,当众宣讲,摆事实,讲道理,辩明习俗原委,剖析利害关系,提高文化程度较低的村民们的认识,最终达到自觉移风易俗的做法。

回到学校以后,他根据调查采访和搜集的实物资料,撰写了《论长住娘家风俗的起源及母系制到父系制的过渡》的长文,进一步分析了这种风俗存在的经济原因。他说:"惠安的长住娘家风俗的妇女是天足的,并且比男子更会劳动,男子在家,女人反到外面种田。这种妇女如脱离母家,母家当然十分惋惜,而希望多留她们几年。由于这种原因,周围的妇女都早已脱离母家长住夫家,这些天足的妇女却还

---

①　蓝达居:《重视乡土教育的人类学家》,《纪念林惠祥文集》,厦门大学出版社(2001)第 108 页。

②　林惠祥:《论长住娘家风俗的起源及母系制到父系制的过渡》,《厦门大学学报》1962 年第 4 期。

停留在母家"。① 另外,进入封建社会以后,夫权太大,妇女受虐待而害怕不敢到夫家居住,也延长了长住娘家的风俗。因此,使得长住娘家风俗得以遗留和延续千年。

林惠祥一贯主张,人类学研究必须为社会进步服务,为人民大众服务。换句话说,就是要努力使人类学的研究成果走出学术圈子,走向社会。在他看来,将田野调查收集的文物资料办成人类博物馆,就可以使人们更加直观地了解人类及其文化的起源、进化,了解人类文化的多样性,从而尊重和珍视不同的文化;并由人类及其文化的沧桑变化得到参悟,从而理性地审视现在和前瞻未来。他认为,博物馆的展示是人类学与社会大众密切联系的一个最直接的连接点。

因此,他锲而不舍地创办了厦门大学人类学博物馆。1953 年建馆后,他不仅继续用自己的工资为馆里购置文物,而且经常中午都没有回家,在馆里连续工作。有时他嫌用餐麻烦,就请人家捎来两个馒头对付,以致他的孩子们说,"博物馆成了爸爸的家"。他平常的生活非常俭朴,为了节约公家开支,他出差宁愿不坐软卧而只坐硬卧;住旅馆也不选择住大旅社而选择住小客店,经常是三四个人挤在一间,他也毫不在意。他平常喜欢听金莲升的南管,但为了节省点钱以便替博物馆买收藏品,他便常常舍不得买票。为了发挥自己的人类学专长,用知识为大众服务,他先后两次组织编写了精详的《人类博物馆说明书》,并亲自当博物馆的讲解员,还撰写了《为什么要保护文物》、《台湾自古是中国的领土》等通俗读物,向参观者和读者作介绍和宣传。

林惠祥认为,人类学理论具有多方面的作用,不仅可以帮助人们扫除野蛮遗存,而且可以还原人类历史、发现文化原理,可以消除种族歧见和开化蛮族,可以促使国内民族同化。

为了把人类学理论应用于实际,他走遍了福建的山山水水,从厦门到福州,从泉州到龙岩,从漳州到长汀,不辞辛劳,不知疲倦,利用一切可能的机会进行田野调查和考古。1951 年夏天,他冒着酷暑,

---

① 林惠祥:《论长住娘家风俗的起源及母系制到父系制的过渡》,《厦门大学学报》1962 年第 4 期。

到龙岩县进行考古调查,发现了县城南边的登高山和天马山的两处新石器时代遗址,共采集石器23件、陶片272件。1955年冬天,他获知长汀县河田区发现3件石镞后,立即赶去进行了21天的考察,共获石器1310件、陶壶1件、陶印18件、陶纺轮7件和陶片1605件。

上世纪50年代他三到厦门厦港片区,开展史前文化考古和渔民社会调查,并发现了台湾高山族原始独木舟的故事,至今仍在厦港老一辈渔民中流传。

早在上世纪20年代末,林惠祥就曾多次在厦门本岛从事史前文化遗迹的田野作业和考古工作,成为厦门岛上新石器时代文物的最早发现者。1931年,他在地处厦港的蜂巢山斜坡上发现一件新石器时代的石锛:长5.5厘米,宽3.2厘米,厚1厘米;1932年又在南普陀东面的斜坡上发现一件刃部残缺的石锛:长7.6厘米,宽4.2厘米,厚1.7厘米;1952年还在厦大建南大礼堂建设中,在斜坡基石开挖的土石堆中采集了三件陶片;1953年又在该礼堂附近发现一件石斧:长9.8厘米,宽5.7厘米,厚2厘米,正面作椭圆形。这些发现,进一步充实了他对我国东南地区古闽越族新石器时代文化特点的论断,从而也证实了厦港蜂巢山海岸线一带是厦门岛上三千余年前人类史前文化活动的一个发祥地。

303

1950年,林惠祥应厦门市民政部门的邀请,带领助手和学生,深入厦港作社会调查。针对解放初期社会上对厦港渔民(疍民)一部分来自"民"和清朝初期曾把渔民列为"族"的种种说法,他和助手、学生们经过专题调研,梳理清楚了厦港渔民的由来和主要民族成分的构成。林惠祥与他的助手陈国强共同撰写了《厦门港渔民的调查》报告,指出"民"系泛指移居之民与旧社会漂泊不定的流浪者,并非民族成分。厦港渔民多数属汉族,但也有少数姓郭、骆、丁的渔民属回族;少数姓钟的渔民属畲族。对当时处于海防最前沿的渔民,起了稳定民心和社会秩序的作用,为后来恢复和发展渔业生产做出了很大的贡献。

通过社会调查,林惠祥教授和厦港一些老渔民交上了朋友。他住在同文路,上下班都骑着自行车经过厦港,有时遇到熟人就下车边

走边谈;有时他还利用休息日到厦港一带穿街走巷,开展民间采风工作,并收集到一批"渔民"服饰,准备在厦大人类博物馆展出。1952年,有一天,他经过中埔头时,看到一位渔民家门口有一艘似曾相识的独木舟,经过详细了解,得知是这位渔民在台湾海峡渔场捕鱼时特地"拖"回来的。他非常仔细地对独木舟进行了考察和鉴定,断定与他亲临台湾高山族地区考古时所发现的原始独木舟几乎一模一样,对于研究台湾高山族的历史文化以及海峡两岸民间交往很有价值。在他的耐心动员下,这位渔民爽快地把这艘独木舟运到厦大人类博物馆,成为馆里独具特色的一件实物展品。林惠祥与这位渔民的交往以及彼此的真挚友谊,也被人们传为佳话。①

　　1956年,林惠祥把自己家惟一的不动产、曾被他作为人类学标本陈列室的一栋二层楼房无偿地捐赠给厦门大学。同年10月,他发现自己患有高血压病症,但仍带病坚持工作,白天到人类博物馆上班,晚上继续撰写书稿或论文。在他临终前的最后四个月里,他奇迹般地写完了两篇颇有分量的学术论文。直到逝世前的那天晚上,他还在赶写《中国东南区新石器文化特征之一:有段石锛》的英文摘要。

　　1958年2月13日凌晨,林惠祥因突发脑溢血不幸病逝,年仅58岁。在他58年的生涯里,有25年是在厦门大学度过的。他一生留下专著十八种,论文和译文七八十篇,他为人类学的研究和推广,无怨无悔地奔波了一生、奋斗了一生!

　　在林惠祥的言传身教下,厦大第二代人类学研究团队迅速成长了起来,从陈国强到叶文程、蒋炳钊等都已成为著名的人类学教授。……尤其是这个团队的学术带头人陈国强,从1951年起便师从林惠祥进行人类学研究。他和导师一样,差不多年年都要到田野调查,每次历时约一个月。即使在下放宁化期间,他也十分留意调查当地的特异婚俗。跟他一起做过调查的研究生说:"在田野,艰苦对他来说,好像是兴奋剂似的。"有一次,从崇安县城去城村汉城遗址,要走20多里地,天气十分炎热。午饭后,跟随他的学生疲惫地入睡了,醒来后却看见年近花甲的陈老师一直在做采访。还有一次,他带研究生到闽东畲族

----
① 　陈复授:《林惠祥教授三到厦港》,厦门网(2009年3月6日)。

地区调查，当地交通条件很差，师生所乘的三轮摩托车失控翻车，车子离深涧只有半步之遥。

每到一个地方，陈国强首先做的是两件事：购买县志和看别人的族谱。为了收集县志，他不惜高价买来，作为珍贵史料保留。然而，他买书时不怕贵，却舍不得"打的"；他的家也简朴得令人难以置信，一台旧式吊扇几乎陪伴了他大半生。扎实的田野调查使他在高山族历史与文化研究、文化人类学社区调查研究、闽台民俗、百越民族史等诸多领域都有很深的造诣，成为国内首屈一指的高山族研究专家。

在人类学的发展上，林惠祥早在上世纪 50 年代就积极倡议在厦门大学成立人类学系和人类学研究所。由于当时国内人类学正处于分科发展阶段，他的倡议没能被采纳。50 年代后，人类学被视为资产阶级学说受到冲击。"文革"结束后，很多人对人类学的重建仍处于观望、徘徊状态，陈国强却站出来大声呼吁组建人类学科。陈国强的学生、厦大人类学系主任郭志超说："当时要在厦大组建中国人类学学科太难了，但他做成了，了不起的是，他把中国人类学学会留在了厦大。"正是在陈国强的努力下，"首届全国人类学学术讨论会"得以在厦大召开，同时在厦大组建了中国人类学学会。在陈国强、叶文程、蒋炳钊等导师的精心栽培下，厦大第三代人类学研究团队也逐渐成长了起来，从郭志超到石亦龙等一批人类学者，如今都已活跃在中国人类学论坛上。郭志超说，陈老师在倡导厦大人类学的恢复和学科建设以及中国人类学的重建方面做出了突出贡献。1973 年，他在历史系创建考古学专业，1978 年主持人类博物馆的恢复展出，1984年创建厦大人类学研究所和人类学系，分别招收研究生和本科生，使厦大成为我国人类学研究的重镇。在这期间，陈国强先后担任厦门大学人类博物馆馆长、历史系副主任、人类学系主任、研究生院副院长，还被推选为中国人类学学会会长，福建省民俗学会会长。他曾多次赴香港、台湾讲学，是 1949 年以后大陆首批访问台湾的社会科学家代表团成员之一，也是解放后在台湾调查高山族社会历史与文化

305

的第一位大陆学者。①

　　作为曾经亲炙林惠祥先生教诲的一名学生,陈国强说:"我在编选和整理他留给我们的丰富的人类学遗产时,不能不回忆起当年协助他进行科研、教学和筹办人类学博物馆时的幕幕情景。他那和蔼可亲、诲人不倦的音容笑貌,还历历如在目前。编选《林惠祥人类学论著》,这首先是繁荣学术的需要,但对我个人来说,亦是对先师永久的怀念。"

　　和先师一样,陈国强临终前把自己一辈子积累的一万多册图书无偿捐给了学校。他生前说:"我留下它们不是为了给自己用,而是留给厦大,留给人类学的研究者。"万卷书香留后人,这就是这位著名人类学家的品格。2004 年 7 月 31 日凌晨,陈国强静静地走了,享年75 岁。同为著名人类学家的郭志超教授用"魂归田野"来寄托他对老师陈国强的敬意和哀思。

---

　　①　陈国强(1931～2004),1947 年考入厦门大学历史系,1951 年毕业留校担任林惠祥教授的助手,开始从事人类学、民族学的教学研究工作。一生著述丰富,先后出版《中国人类学》、《人类学论丛》、《高山族史研究》、《台湾少数民族》、《高山族民俗》、《闽台惠东人》等专著 10 本,合著 5 本,主编、合编 40 本,发表论文 260 多篇。获首届教育部人文社会科学优秀成果专著类二等奖等许多奖项。

十、厦大:林惠祥之墓

在美丽的芙蓉园里,有一处厦大学子向往的地方,这就是被称为"情人谷"的厦大水库。环湖四周的茂密植被,幽静迷人的湖边栈道,水波潋滟的旖旎风光,吸引了许多男女学生在此约会、漫步,绵绵絮语,情深意长……然而,鲜为人知的是,就在这水库边的南山坡上,长眠着一位著名的学者,一位与厦大的历史一样久远的师长,他就是蜚声中外的人类学家林惠祥教授。

十几年前,厦大水库边曾是草木繁盛的"蛮荒之地",供给全校师生用水的厦大水厂就建在这水库边上。在一次环校登山活动中,我和家人想去水厂参观,沿着那又粗又长、涂着柏油的供水干管往山上的石阶一级一级攀登上去,结果水厂没有参观成,却在相思林掩映的荒山上发现了一块墓地。墓地上有两块墓碑,其中一块墓碑上用遒劲的书法题写着:"林惠祥同志之墓"。

由于当时对林惠祥的事迹几乎一无所知,只是从墓碑上的墓主"头衔"中知道他生前是"厦门大学人类博物馆馆馆长、厦门大学南洋研究所副所长、厦门大学人类学教授";只是在心里隐约觉得,能把墓地设在校园里,应当都是了不起的人物,可为什么墓地这么荒凉?平常似乎也没听到学校的宣传介绍。若干年后,一位来到厦大的游客在游记中描写了和我一样的偶遇经历。他写道:

漫无目的地在校园里信步游走。见山,便拾级而上。以为可以很快爬到最高点再下来,没想到那山真的深得可以!走了许多与探险一般无二的空无人烟的山间小路,路过刻着"云楼"二字和一些碑文的清代巨石,清晨的露水打湿又染绿裤脚,晶莹的蛛网挂在发梢,登梯爬高时刮破手臂,满头大汗气喘吁吁,却始终没有走到山路尽头。

位于厦大水库南山的林惠祥之墓

丛林中,发现一些曾经生活于厦大的老先生的墓地。怀着敬意为一个曾经是厦大人类博物馆馆长的林惠祥老先生扫了下墓,然后继续前行。其实,在这空无一人的清晨山间穿行墓地,还真是有点让人害怕。但仍壮着胆子往前走,这路定然已经许久未有人烟,有大树断枝横在中间,只得曲折绕行。道路越来越荒凉,离山顶却依旧相去甚远。

2010年冬天,我再次来到了厦大水库边,去拜谒我国著名人类学家林惠祥先生的墓地。凭着十几年前的记忆,我竟然没有在山中迷路,并且很快就找到了墓地。墓地所在的山上,已然高出了凌云楼许多,整个厦大俨然就在绿树掩映的脚下,举目远眺,可见苍茫的大海和海上的船只点点。若是天气晴朗,定然美不胜收。

虽然荒草依然萋萋,但我知道,这位长眠在山中的学者,对于厦门大学至少作出了三大贡献:

第一,他开拓了厦大人类学研究的新领域,并创办了厦门大学人类博物馆。作为一门比较年轻的世界性学科,人类学包括体质人类学和文化人类学两个分支。文化人类学是研究人类文化的起源和发展的学科,内容包括人类的文化发展和民族形成、各民族的文化特征

和社会习俗的演变等等。广义的人类学还包括考古学、民族学、民族志和民俗学、博物馆学等学科。

　　林惠祥从 1931 年开始在厦大任教，并先后担任厦大历史社会学系副教授、教授、系主任，他把人类学研究引入厦大，并在本科学生中开始开设人类学课程。1934 年，他编撰出版了我国第一部《文化人类学》专著，成为国内通行甚广的大学教科书，从而确定了他作为中国人类学奠基者、开拓者的地位。1936 年，他的另一部重要著作《中国民族史》(上、下册)问世，不仅开当代中国民族系统分类之先河，而且确立了厦门大学作为中国人类学南方传播中心的地位。

　　林惠祥的人类学和民族史研究具有鲜明的人类学历史学派特色。他将历史学和民族学有机地结合起来，融历时性和共时性于一体，文献与考古资料、田野调查资料相互印证，再结合人类学的理论进行分析。这种历史的研究方法，与美国历史学派人类学家的主张十分接近。林惠祥曾在菲律宾大学师从美国历史学派考古人类学家拜耶(H. O. Beyer)教授，专攻中国和东南亚的史前考古和民族学，因此更多地受到美国历史学派的影响。林惠祥与杨成志、罗香林、江应樑、岑家梧等学者一道，较多地运用历史学派的理论主张，从事南方少数民族历史文化的全貌性研究，为形成中国人类学的"南派"特色做出了重要贡献。

309

　　在林惠祥的带领下，厦大考古人类学的教学与研究蓬勃地开展了起来。1956 年厦门大学首次招收副博士研究生，当时全校理科只有化学系卢嘉锡教授招四名，文科只有林惠祥教授招两名考古副博士研究生。为了推动人类学教学与研究的开展，林惠祥将自己一生辛勤搜罗和收藏的珍贵文物、图书数千号(每号一件至数十件不等)全部捐献给厦门大学，并于 1953 年设立了厦门大学人类博物馆。

　　其实，创办博物馆只是林惠祥为发展人类学计划的第一步，他在一份建议书中曾提到，将来待条件成熟了，可以在博物馆的基础上再办人类学研究所、人类学系，建立起系、所、馆的完整体系。1981 年厦大开始培养民族史研究生，1982 年开始培养人类学研究生。1984年，厦门大学在人类博物馆的基础上，正式设立了人类学系和人类学研究所，并增设当时大陆惟一的人类学本科专业，实现了林惠祥先生的遗愿。

林惠祥教授曾明确指出:"人类博物馆是专门博物馆,即专门搜集陈列有关人类及其文化发展的文物的博物馆,在时间上是自有史以前以至于现代,在地域上是世界性的。陈列的目的是要说明人类本身的起源演变及其生活文化的发展途径,以供我们现代人借鉴,为创造未来的幸福世界参考。"①他的这一段说明,无疑是对人类学研究的重要性和意义的充分肯定,也是他把自己的毕生精力贡献给人类学的目的所在。

1957 年,时任中共广东省委第一书记陶铸在参观后题词:"厦门大学博物馆是我所看到大学博物馆中最好的一个。"②给予厦大人类博物馆以极高的评价。

第二,林惠祥是厦门大学研究台湾的第一人。

作为大陆学者中最早到台湾调查高山族社区的学者,林惠祥率先对台湾史前文化源头在中国大陆东南地区作出了论证,最早科学地论证了台湾与大陆史前族群、文化的渊源关系,

林惠祥教授是我国系统研究台湾高山族文化的第一人。1929年和 1935 年,他两次冒险只身深入到日本占据下的台湾实地调查高山族文化,同时调查著名的台北圆山贝丘遗址。两次所采集的 200多件石器和陶片标本,后来成为大陆博物馆中惟一的台湾新石器时代考古珍藏。他将圆山的考古资料与高山族的民族志合编成著名的《台湾番族之原始文化》一书,以铁的事实论证了"台湾番族(高山族)是中华民族的一个组成部分,台湾是中国的领土"。此书迄今仍是台湾史前考古与高山族研究上最重要的文献之一。

林惠祥教授不仅是大陆学者实践台湾田野考古的第一人,而且在从事高山族历史文化全貌研究方面也做出了开创性的贡献。台湾著名学者李亦园教授说:"《台湾番族之原始文化》可以说是中国科学家研究台湾高山族的肇始,象征台湾光复后大批中国学者在台湾研

310

---

① 林惠祥:《厦门大学人类博物馆陈列品说明书》,第 363 页。
② 陈国强:《我的老师》,《纪念林惠祥文集》,厦门大学出版社(2001),第11 页。

究南岛系民族文化的前驱。"①林惠祥的一些科学论断至今还具有权威性。如 1955 年他在《台湾石器时代遗物的研究》中指出:台湾的新石器时代文化虽有一点地方特征,但从大体上看,却是属于祖国大陆东南一带系统。② 这一科学论断已为此后的闽台史前考古资料所证明,迄今研究闽台关系的历史、考古学者在这方面仍没有超出林惠祥当年的范围。

林惠祥结合实地调查材料,对汉文历史文献关于台湾高山族的记载进行分析考订,首次将台湾和大陆的历史关系追溯到三国时期,认为:三国时沈莹《临海水土志》所称"夷",隋时所称"流求",宋元时所称"琉求",明代所称"东番",都是汉文文献对台湾原住民的不同称呼。这些见解后来得到学术界大多数人的公认。

林惠祥首次提出并论证高山族主源于祖国大陆说。在《台湾自古是中国的领土》等论著中,他提出台湾新石器时代的土著人很大一部分是从大陆迁入的古越人的一支,后来台湾学者大多同意此看法。而在《台湾石器时代遗物的研究》中,林惠祥提出:台湾新石器时代人和大陆东南沿海人的关系极为密切,台湾新石器时代人就是由大陆东南沿海渡海过去的。③ 后来台湾各地和大陆东南沿海一带陆续出土的大量古代遗物,也证实了这一点,为林惠祥的论断提供了有力的佐证。

厦门大学台湾研究院陈孔立教授撰文认为,现在厦门大学研究台湾有了很大的发展,除了台湾研究院之外,其他院系也有不少教授参与这项研究,而本校研究台湾的先驱者则是林惠祥教授。陈孔立特别指出,《台湾番族之原始文化》和后期的一些研究,有一个鲜明的特点,就是既讲两岸的共同性,又讲台湾的特殊性。林惠祥的研究结果有力地说明了"台湾新石器人类应是由大陆东南部迁去的","台湾新石器文化属于祖国大陆东南一带系统";同时,也强调台湾有其自

311

---

① 李亦园:《林惠祥的人类学贡献》,《纪念林惠祥文集》,厦门大学出版社(2001),第 118 页。

② 林惠祥:《台湾石器时代遗物的研究》,《厦门大学学报》1955 年第 4 期。

③ 同上。

身的"地方特征"。①

第三,林惠祥身体力行,在厦大文科率先确立了"面向海洋、面向东南亚"的学术视野。

作为中国距离海洋最近的大学之一,海的精神和文化对厦大的影响是深刻而且长远的。厦大自创办以来,就一直注重"海"这一地缘和区位优势,并把这种区域优势转化为自己的办学优势,海洋的烙印深深打在了厦门大学的学科建设和发展上。

以理科而言,厦大是我国海洋学科的发源地这一,其从事海洋科学研究的历史可以追溯到上世纪 20 年代初。从那时起,厦大就开始了海洋生物的研究,厦大美籍专家 Light 教授 1923 年在美国《Science》杂志上发表文章介绍厦门同安刘五店海区产的文昌鱼;厦大生物学家还发现了"嘉庚水母"等海洋生物新种;我国最早的一批研究海洋的学者也多是厦大毕业生,其中包括著名鱼类学家伍献文院士、著名藻类学家曾呈奎院士等。

以文科而言,"面向海洋"主要体现为面向海峡对岸的台湾和面向东南亚。而林惠祥不仅在厦大而且在我国学者中,最早系统地调查研究高山族的历史文化,最早科学地论证台湾与大陆史前族群和文化的渊源关系,在台湾民族史研究领域取得了一系列创新性成果。

同时,他也是厦大最早研究东南亚的学者。他最早探讨了南洋史前考古和南洋民族史志,其开拓性成果包括:通过文化习俗、考古遗存的比较分析,确立了古代中国东南土著与马来人的同源关系;论证了中国东南是原马来人的一个产生地,由此他构筑了中国东南和东南亚地区古代文化区域性的科学理论。

在林惠祥设计的厦大人类博物馆的陈列主题结构中,台湾和南洋各民族占有相当大的比重,因为他认为"研究和了解这两处的民族是本省尤其是本校馆的重要任务",因此也是陈列布展的重点和用力之处。正如林惠祥所说:"南洋已经成为华侨的第二故乡,而闽南人

① 陈孔立:《科学阐明台湾历史和两岸关系》,第 6～7 页。

到南洋的占华侨的半数，因此，认识南洋，研究南洋，显得更为迫切。"①

　　林惠祥当年所带的一位副博士研究生也指出："从林师一生的研究看，他比较多是立足于我国东南区与东南亚研究。解放后，他仍倡导这方面的研究，因而它的这个研究方向也深深影响着我们。林师逝世后，我们也大都沿着这个方向发展。立足于本地区，也就是我们现在提倡的人类学本土化。……林师当时虽然没有提出'本土化'这个词，但他所说的意思是一样的，就是要我们立足本地区，面向海洋，利用地域性有利条件，努力工作，做出了成绩，特点也就显现出来。"②

　　"海"这一独特的区位优势为厦大与台湾进行文化、教育、学术交流抢得了先机。新世纪以来，厦大创新思维，加强对台交流与合作，着力打造对台交流与合作的前沿重镇和重要平台，已日益成为"涉台决策研究的思想库"、"两岸文化交流的连心桥"和"两岸教育合作的先行区"。厦大与台湾大学、成功大学等 20 多所台湾高校已签订了交流合作协议，每年约有 300 多名台湾学生在厦大求学。同时，每年也有 40 多名厦大本科生到台湾大学、政治大学、中山大学、东吴大学、东海大学及东华大学等高校的相关专业参加交换生项目。可以说，今天厦大文科形成了"侨、台、特、海"的四大区位特色，林惠祥有"拓荒"之功。

　　在林惠祥一生短暂的 58 年生涯中，有 25 年是在厦门大学度过的。他的一生致力于人类学考古研究，在文化人类学、考古学、民族史、民俗学等领域均卓有建树。他对于人类学的研究甚至到了痴迷的地步。1981 年，福建人民出版社出版了《林惠祥人类学论著》一书，不仅集中而富有代表性地反映了林惠祥的主要学术成就，而且也可以使人们通过这本书，了解这位把毕生精力献给人类学研究的学者艰难求索的奋斗历程。

313

---

　　①　宋伯胤：《林惠祥与人类博物馆》，《纪念林惠祥文集》，厦门大学出版社（2001），368～369 页。
　　②　蒋炳钊：《林惠祥对中国人类学的重大贡献》，第 146 页。

　　2001 年，是我国人类学的先驱和奠基者、素有"南林北裴"称誉的一代宗师林惠祥教授诞辰一百周年。人们分别在厦门、石狮等地以不同形式悼念他。"事业永垂，誉满杏坛崇硕望；精神不朽，风高马帐称完人。"这正是人们对这位一代人类学泰斗的深切怀念与崇高评价。厦大人类学研究所所长郭志超教授动情地说："一代人类学泰斗陨落了，但导师'观乎人文以化成天下'的思想，依然在照耀着、指引着、激励着我们！"①

---

　　①　郭志超：《观乎人文以化成天下》，《厦门日报》1998 年 7 月 26 日。

附 录

"三林"(林文庆、林语堂、林惠祥) 生平大事记

1869 年

10 月 18 日,林文庆出生于新加坡(一说马来西亚槟城)。

1879 年

林文庆 11 岁,入读莱佛士学院。

1887 年

林文庆 19 岁,获得英女皇奖学金,赴英国爱丁堡大学医学院留学。

1892 年

林文庆 24 岁,自英国爱丁堡大学医学院毕业,获医学内科荣誉学士和外科硕士学位。

1893 年

林文庆 25 岁,自英国返回新加坡,自己开业行医。

1894 年

林文庆 26 岁,开办九思堂西药房。发起并领导长达十余年的新马地区孔教复兴运动。

1895 年

10 月 10 日,林语堂出生于福建漳州平和坂仔村。

林文庆就任海峡殖民地(新加坡)立法会华籍议员,时年 27 岁。

1896 年

12 月 29 日,林文庆与中国民主革命先驱黄乃裳的长女黄端琼结婚,时年 28 岁。组织"华人好学会"并担任主席;与陈齐贤合作开辟马来亚第一家华人橡胶种植园。

1897 年

林文庆与宋旺相合作创办《海峡华人杂志》,获颁"太平局绅"荣衔。

1899 年

林文庆 31 岁,参与著名的"星洲上书"。创办《日新报》,并与朋友合作创办新加坡第一所华人女子学校。

1900 年

林文庆发起成立"海峡英籍华人公会"。

1901 年

6 月 1 日,林惠祥在泉州蚶江莲埭村出生。

林文庆在伦敦出版英文著作《中国内部之危机》。

1905 年

12 月 21 日,林文庆原配夫人黄端琼因肺结核病去世,年仅 32 岁。林文庆将九思堂西药房的股份转让给殷雪村医生,结束医务经营。

林语堂 11 岁,到厦门鼓浪屿教会小学读书。

1906 年

林文庆 38 岁,在孙中山先生鼓励下加入同盟会新加坡分会;参与创办新加坡中华总商会,并任董事。

1908 年

林文庆兼任新加坡爱德华七世医学院讲师,义务讲授药物学等课程。

林语堂 14 岁,入厦门鼓浪屿寻源书院读书。

1908 年

林文庆 40 岁,续娶好友殷雪村的妹妹殷碧霞为妻。

1911 年

林文庆 43 岁,赴北京担任清政府内务部医务顾问及北京西医院监督;由他口述、许经邦笔录的《普通卫生讲义》由新加坡中华商会印行。

林语堂 17 岁,毕业于厦门寻源书院,并入上海圣约翰大学预备学校学习。

林惠祥 11 岁,入福州东瀛学堂(日语学校)读书。

1912 年

林文庆 44 岁,应孙中山邀请,出任南京临时政府内务部卫生司司长,同时兼任孙中山机要秘书和保健医生;与李俊承、林秉祥等合资创办新加坡华商银行。

1914 年

林文庆所著《民国必要:孔教大纲》由上海中华书局出版。

1916 年

林语堂 22 岁,以优异成绩毕业于上海圣约翰大学语言专业,获文学士学位,并由校方推荐到北京清华学校中等科任英文教员,兼授圣经课。

林惠祥 16 岁,从福州东瀛学堂毕业,不久入福州青年会中学就读。

1917 年

林文庆与林秉祥合资创办新加坡和丰银行。

林惠祥 17 岁,从福州青年会中学退学,在家自修。

1918 年

林文庆被英皇授予"不列颠帝国最高卓越勋章";担任爱德华医学院董事。

1919 年

林文庆 51 岁,获香港大学荣誉法学博士学位;与黄仲涵、黄亦住等合组华侨银行,并担任主席。

林语堂 25 岁,8 月 19 日在厦门与廖翠凤结婚;婚后携妻赴美国留学,就读于哈佛大学比较文学研究所。

林惠祥 19 岁,随父亲往台湾,在台北为某商行记账。

1920 年

林文庆与朋友合资创办新加坡华侨保险有限公司,并担任董事。

林语堂 26 岁,赴法国小镇乐魁索为中国劳工服务。

林惠祥 20 岁,由台湾返回泉州,随后赴菲律宾,在马尼拉一位亲戚家开办的米厂任书记,工余坚持学习。

1921 年

林文庆出任厦门大学校长,时年 53 岁。

林语堂 27 岁,赴德国耶拿大学读书。

林惠祥 21 岁,以同等学力报考厦门大学,因考期已过,补考后被录为旁听生,一学期后转为预科特别生。

1922 年

林语堂 28 岁,获哈佛大学文学硕士学位。转赴德国莱比锡大学攻读博士学位。

林惠祥 22 岁,正式被录取为厦门大学文学院社会学系本科生。

1923 年

林语堂 29 岁,春天以论文《古代中国语音学》通过博士论文答辩,获莱比锡大学语言学博士学位;夏天返回中国,担任北京大学英文教授兼北京师范大学英文讲师。

1924 年

林文庆 56 岁。6 月,厦门大学暴发第一次学潮,林文庆首当其冲。林语堂 30 岁,5～6 月间先后在北京《晨报》副刊发表《征译散文并提倡幽默》和《幽默杂谈》,引起极大反响。11 月,《语丝》创刊,林语堂是长期撰稿人之一。

1925 年

林语堂 31 岁,在《语丝》(57 期)发表《插论语丝的文体——稳健,骂人,及费尔泼赖》,后来鲁迅在《莽原》(1926 年第 1 期)发表《论"费尔泼赖"应该缓行》,与林语堂展开批评讨论,并主张要"痛打落水狗"。

1926 年

林文庆 58 岁。开办厦门大学国学研究院,并兼任院长。爱德华医学院授予其名誉院士。

林语堂 32 岁。1 月出任北京女子师范大学教务长兼英文系主任;4 月到林可胜大夫家避难;9 月出任厦门大学文科主任、英文系教授兼国学院总秘书。推荐鲁迅等一批北京文化界知名学者到厦大任教。

林惠祥 26 岁,以优异成绩毕业于厦门大学社会学系,并留校担

任预科教员。

1927 年

林文庆 59 岁。1 月鲁迅离开厦大，引发厦大第二次学潮，林文庆左右为难。

林语堂 33 岁。3 月离开厦大，赴武汉任国民政府外交部秘书；9 月到上海，任中央研究院英文主编兼国际出版品交换处处长。

林惠祥 27 岁，赴菲律宾大学研究院人类学系攻读硕士课程，师从著名美籍人类学家拜耶。

1928 年

林语堂 34 岁，在《奔流》（第 1 卷第 6 期）发表独幕喜剧《子见南子》，该剧由山东省立第二师范学校演出后引起轩然大波。兼任上海东吴大学法学院英文教授。主编《开明英文读本》三册，由上海开明书店出版，供初中学生使用，出版不久即风行全国。第一部散文集《翦拂集》由上海北新书局出版。

林惠祥 28 岁，获菲律宾大学人类学硕士学位。

1929 年

林文庆英译《离骚》在上海出版，印度诗人泰戈尔为之作序。

林惠祥 29 岁，由菲律宾回国后到中央研究院民族组工作，任助理研究员。受中央研究院蔡元培院长委托，赴台湾高山族社区进行实地调查，搜集高山族风俗习惯和文物标本；同时考察了台北圆山贝冢遗址，收集各种文物标本 100 多件，返回大陆后在上海举办了调查成果展览会。

1930 年

林文庆 62 岁，被推举为厦门中山医院董事长。

林惠祥 30 岁，所著《台湾番族之原始文化》由中央研究院以专刊形式出版。该书是他的成名作。

1931 年

林文庆所著《中国文化要义》出版，应邀兼任上海英文《民族周刊》总编辑。

林语堂《现代新闻散文选》由上海商务印书馆出版。

林惠祥 31 岁，于秋天返回母校厦门大学任历史社会学系教授，

后兼系主任。在厦门蜂巢山发现新石器时代遗址。所著《民俗学》由商务印书馆出版。

1932 年

林文庆 64 岁,出任厦门中山医院院长。

林语堂 38 岁,参与创办《论语》半月刊并担任主编,提倡"以自我为中心,以闲适为格调"的小品文,成为论语派主要人物。

与蔡元培等发起组织中国民权保障同盟,并担任临时执委会成员和宣传主任。

林惠祥 32 岁,所著《世界人种志》由商务印书馆出版。

1933 年

林语堂《语言学论丛》由上海开明书店出版。

1934 年

林语堂 40 岁,创办《人间世》并担任主编。在《论语》(第 33 期、35 期)发表《论幽默》一文,与鲁迅展开论战。所著《大荒集》(散文、剧本、评论集)和《我的话、行素集》(散文、随笔集)分别由上海生活书店和上海时代图书公司出版。

林惠祥 34 岁,所著《文化人类学》由上海商务印书馆出版,并被列为"大学丛书"之一,该书确立了我国人类学研究的体系。同年所著《神话论》也由商务印书馆出版。同年,在厦大附近的顶澳仔创立了人类学标本陈列室,供校内师生作教学研究参考并对外开放参观。后在此基础上设立厦门人类博物馆筹备处。

1935 年

林语堂 41 岁,创办《宇宙风》并担任主编。用英文写作的《吾国与吾民》一书在美国出版,大受好评,四个月内连印七版,并登上畅销书排行榜。该书成为林语堂在西方文坛上的成名作与代表作。译著《老残游记》由上海商务印书馆出版。

林惠祥 35 岁,于暑假第二次赴台湾高山族地区调查,共搜集了数十件高山族文物。

1936 年

林语堂 42 岁,于 8 月 19 日赴美国。所著《我的话·披荆集》(散文、随笔集)由上海时代图书公司出版;《中国新闻舆论史》由上海别

发洋行印行。

　　林惠祥 36 岁,所著《中国民族史》由商务印书馆出版,该书对中国民族来源、分类系统颇多创见。和郑德坤、庄为玑等人赴泉州考古,在中山公园发掘了四座唐墓。

1937 年

　　7 月,厦门大学由私立改为国立,林文庆辞去厦门大学校长返回新加坡,时年 69 岁。

　　林语堂 43 岁,英文著作《生活的艺术》在美国出版(The Importance of Living,Reynal & Hitchcoca,Inc.,A John Day Book)

　　林惠祥 37 岁,主持发掘了武平新石器时代遗址。于秋天携带自己珍藏的大部分文物图书和家眷前往香港,以免这些文物图书落入日寇之手。考察香港南丫岛新石器时代遗址,采集到少量蛟龙纹陶片。

1938 年

　　林语堂携家眷离美,经英国、意大利,旅居法国。开始撰写长篇小说《京华烟云》。英文著作《孔子的智慧》在美国出版(The Wisdom of Confucius,Random House,The Modern Library)

　　林惠祥 38 岁,赴新加坡参加"远东史前学家第三届大会",并在会上宣读了《福建武平新石器时代遗址》的论文,推论中国南方史前民族及文化与南洋有渊源关系。返港后在港岛东北部山地踏勘时在大潭首次发现了新石器。同年赴新加坡,在南洋女子中学任教。并在新加坡《星洲半月刊》发表了《马来人与中国东南方人同源说》一文。

1939 年

　　林语堂 45 岁,他用英文写作的第一部长篇小说《京华烟云》在美国出版(Moment in Peking,A John)。译著《浮生六记》由上海西风社出版。

　　林惠祥 39 岁,陪同侨商李俊承到印度等地考察游览,并发表《印度古迹研究》一文。冬天出任马来亚槟城钟灵中学校长。

1940 年

　　林语堂于 5 月至 8 月回中国。林语堂的英文小说《京华烟云》由

张振玉翻译成中文在国内出版;所著英文小说《风声鹤唳》在美国出版(Leaf in the Storm, A John Day Book Company)。

1941 年

《语堂文存》(第一册)由上海林氏出版社初版。

林惠祥 41 岁,3 月赴马来亚北部吉打州考古,发现了一处史前洞穴遗址。

1942 年

林文庆 74 岁,被迫出面组织"华侨协会"并担任会长。

林语堂英文著作《中国与印度的智慧》在美国出版。

1943 年

林语堂于秋天回中国。英文著作《啼笑皆非》(时评)在美国出版(Between Tears & Laughter, A John Day Book Company)

1944 年

林语堂于春天返回美国。英文著作《枕戈待旦》在美国出版(The Vigil of Nation, A John Day Book Company)。

1945 年

林惠祥 35 岁,自秋天起参与陈嘉庚先生主持的有关南洋华侨筹赈会活动资料的整理编辑工作,并参加陈嘉庚《南侨回忆录》一书的编辑出版工作。

1946 年

林惠祥 36 岁,编译《苏门答腊民族志》、《婆罗洲民族志》、《菲律宾民族志》等三部书稿。

1947 年

林语堂赴法国,由国民政府推荐出任联合国教科文组织艺术文学组组长。英文传记《苏东坡评传》、英文小说《唐人街》在美国出版(The Gay Genius: The Life and Times of Su Tungpo, Chinatown Family, A John Day Book Company)

林惠祥 37 岁,于秋天重返母校厦门大学任历史系教授。

1948 年

林语堂英文著作《老子的智慧》在美国出版(The Wisdom of Laotse, Random House)

1949 年

林惠祥 39 岁,10 月 15 日,在厦门解放前夕,被国民党警备司令部以"匪嫌"抓捕入狱,两天后厦门解放而自动获释。

1950 年

林语堂由法返美。英文著作《美国的智慧》在美国出版(On the Wisdom of America,A John Day Book Company)

1951 年

林惠祥 51 岁,将大半生搜集的珍贵文物图书捐献给厦门大学,并建议设立厦门大学人类博物馆。

1952 年

林语堂在美国创办《天风》月刊,自任社长。

1953 年

林语堂的英文小说《朱门》在美国出版(The Vermilion Gate,A John Day Book Company)

厦门大学人类博物馆成立,林惠祥任馆长。

1954 年

林语堂 60 岁,赴新加坡筹建南洋大学,任校长。

1955 年

林惠祥 55 岁,到长汀河田进行考古发掘,后发表《福建长汀县河田区新石器时代遗址》一文。同年还发表《台湾石器时代遗物的研究》一文。

1956 年

林惠祥 56 岁,2 月赴北京参加全国考古工作会议,在会上宣读了《福建长汀河田区新石器时代遗址调查报告》,并在《厦门大学学报》(1956 年第 4 期)发表《福建武平县新石器时代遗址》一文。同年他把自己家里唯一的不动产——位于顶澳仔的一幢二层楼房捐献给厦门大学。

1957 年

林文庆于 1 月 1 日在新加坡病逝,享年 88 岁。

林语堂英文传记《武则天传》在美国出版(Lady Wu,World Publishing Company)

　　林惠祥在《厦门大学学报》第 1 期发表《论长住娘家风俗的起源及母系制到父系制的过渡》一文。

1958 年

　　2 月 13 日,林惠祥因突发脑溢血在厦门去世,年仅 58 岁。遗作《中国东南区新石器文化特征之一:有段石锛》在《考古学报》(1958 年第三期)发表。

1959 年

　　林语堂英文著作《中国的生活》(The Chinese Way of Life,World Publishing Company)和《信仰之旅》(From Pagan to Christianity,World Publishing Company)在美国出版。

1960 年

　　林语堂英文著作《帝国京华:中国在七个世纪里的景观》在美国出版(Imperial Peking:Seven Centuries of China,Crown Publishers)

1961 年

　　林语堂英文小说《红牡丹》在美国出版(The Red Peony,World Publishing Company)

1962 年

1963 年

　　林语堂自传体英文小说《赖柏英》在美国出版(Juniper Loa,World Publishing Company)。

1964 年

　　英文著作《逃向自由城》在美国出版(The Flight of Innocents,G. P. Putnam's Sons)

1965 年

　　林语堂所著杂文集《无所不谈一集》由台北文星书局出版。

1966 年

　　林语堂回台湾定居。所著杂文集《平心论高鄂》由文星书局出版。

1967 年

　　林语堂受聘为香港中文大学研究教授,主持《当代汉英词典》的编撰工作。所著杂文集《无所不谈二集》由台北文星书局出版。英文著作《中国画论》在美国出版。

1969 年

　　林语堂担任国际笔会台湾分会会长。

1971 年

　　林语堂长女林如斯在台北自绝身亡。

1972 年

　　林语堂主编的《当代汉英词典》由香港中文大学出版。

1974 年

　　林语堂所著杂文集《无所不谈合集》由台北开明出版社出版。

1975 年

　　林语堂被推举为国际笔会副会长。在胡适、罗家伦去世后,他成为台湾文学界的代表人物。同年被列为诺贝尔文学奖的候选人之一。

1976 年

　　3 月 26 日,林语堂在香港病逝,享年 82 岁。4 月移葬于台北。

后　记

日移疏影来还去，芙蓉湖水绿如染。

2011年春节假期的最后一天，我在键盘上敲完了这部书稿的最后一个字，心里不觉松了一口气。入秋以来，许多个夜晚，我沉浸在林文庆、林语堂和林惠祥的岁月里，和他们一起"生活"、一起思考、一起欢乐一起忧，一起经历他们人生当中的种种成功与失败、兴衰与荣辱……写作过程中，我仿佛走过了厦大90年漫长的历史岁月，不仅对三位先生的不平凡经历有了更为真切的了解，而且对厦门大学有了更加深刻的认知。

厦门大学是美丽的。当年鲁迅一到厦大，就迫不及待地告诉许广平："这里依山临海，风景佳绝"。今天，当你漫步在绿树婆娑的芙蓉湖畔，感受槟榔树下晨读的诗意，或者走进山风徐徐的"情人谷"，领略"读书恋爱两不误"的惬意，或者登上五老峰巅看喷薄的东海日出，或者站在白城海滨听不息的涛声拍岸，你一定会情不自禁地赞叹：厦大，太美了！在诗人海子的梦想中，"面朝大海，春暖花开"便是一生最大的幸福。而在厦大，在这座五老峰下、东海之滨的东南名学府，所有的房子都"面朝大海"，每一个季节都"春暖花开"！

厦门大学是富有的。她不仅拥有被毛泽东誉为"华侨旗帜、民族光辉"的校主陈嘉庚，可以为厦大"倾家兴学"、捐出巨资400万；而且拥有被孙中山先生视为"密友"的校长林文庆，可以为厦大含辛茹苦、默默奉献16年！她不仅拥有被毛泽东称为"伟大的文学家、思想家和革命家"的鲁迅，可以在革命年代里教我们如何去战斗，如何解剖自己，如何认识国民的"劣根性"和痛打"落水狗"；她还拥有曾多次获得诺贝尔文学奖提名的国际文化大师林语堂，可以在和平年代里教我们如何去生活，如何幽默与宽容，如何欣赏自然、珍惜生命，使人生过得更有意义。她不仅拥有化学系毕业的"理科翘楚"卢嘉锡，能够从一名普通的大学助教成长为中国最高科学殿堂的"掌门人"和国家

的领导人;她还拥有历史社会学系毕业的"文科奇才"林惠祥,能够为
厦大开拓出人类学、民族学、考古学以及台湾研究、南洋研究等一个
个新的研究方向。

　　我为厦门大学的美丽和富有而欢欣、而自豪。但是,除了美丽和
富有,厦门大学还应当是包容的。包容不同的学术思想、学术流派,
包容不同风格、特点和个性的学者,包容不同"出身"、不同学历的行
家里手,包容不同阶层学子的兴趣、爱好和发展方向,包容具有不同
理念、有过分歧和矛盾甚至有过争吵的历史人物……"海纳百川,有
容乃大;壁立千仞,无欲则刚。"位于山海之间的厦门大学,不但要有
山的厚重,山的刚毅;而且要有海的广博,海的包容。

　　在厦大的历史中,林文庆曾经被"湮没",林语堂曾经被"遗忘",
林惠祥也曾经被"淡忘"。无疑,他们都不同程度地受了"委屈"。但
是,在几十年政治风云的变幻中,曾受过"委屈"的又岂止是他们三人
呢? 建校之初,邓萃英校长走了,但他在北京高师校长、河南大学校
长和河南省教育厅长任上,为中国教育的发展付出了辛勤的努力,后
来又为台湾义务教育做出了突出的贡献;教务主任郑贞文、总务主任
何公敢走了,后来一位成了民国时期的福建省教育厅长,一位成了民
国时期的福建省财政厅长和新中国时期的福建省司法厅长。在第一
次学潮中,教育科主任欧元怀走了,后来他参与创办了大夏大学,先
后担任大夏大学校长和贵州省教育厅长。大夏大学培养了郭大力,
郭大力与王亚南合作翻译了《资本论》,后来王亚南与郭大力又一起
成了厦大著名的进步教授。在第二次学潮中,理科主任刘树杞走了,
后来他参与创办了武汉大学,先后担任武汉大学筹备委员会主任、代
理校长、湖北省教育厅长和北京大学理学院院长。多少年后,武大
"还"给了厦大一个易中天! 这历史中的是非、恩怨、机缘、巧合,乃至
"千秋功过",谁人曾与评说? 偌大的校园里,又有多少学生知道他们
曾经为厦大付出的心血和他们一生的贡献呢?

　　90 年的岁月静静地流淌,它氤氲着这座美丽的滨海校园,造化
着所有在这里生活过的人们。在林文庆慧眼所识的"千里马"虞愚笔
下,这座与千年古刹南普陀比邻而居的高等学府,应是"广厦岛连沧
海阔,大心量比五峰高。"或许这也是母校应当更加包容、更加"兼收

并蓄"的注解吧!

　　在本书写作过程中,严春宝的《一生真伪有谁知:大学校长林文庆》、林太乙的《林语堂传》、董大中的《鲁迅与林语堂》等三部著作以及汪毅夫、郭志超主编的《纪念林惠祥文集》、厦门大学校史编委会编写的《厦门大学校史》和《厦大校史资料》,为本书提供了许多原始素材;海内外新闻媒体和学术机构的新闻工作者和研究人员撰写的相关新闻报道和学术论文,也给了我许多启发、思考和帮助。如果说,这部书稿还有值得翻阅之处,功劳理所应当归于他们;而书稿中的不当甚至错误之处,则应属于自己。由于成书较为仓促,书稿中仍有许多不成熟或不准确之处,也望读者给予批评及谅解!

　　在本书出版过程中,厦门大学出版社的领导和编辑给予了许多支持和帮助。陈福郎总编辑为本书撰写了序言,宋文艳编审担任了本书责任编辑,在此一并表示诚挚的谢意!

　　又一个春天将要到来了,厦门大学将在这个春天迎来她的90周年校庆。正如一位作家所说,如果把五老峰看作是厦大的脊梁,那么芙蓉湖就如同厦大的眼睛,一湖碧波,让厦大这个百年学府灵动而又鲜活。而这一湖碧波的灵性,不正是林文庆、林语堂、林惠祥等一代代的厦大人所塑造的吗?

　　谨以此书献给三位杰出的厦大人,献给母校90周年诞辰!

林　坚

2011 年 2 月 22 日于厦大海滨东区

图书在版编目(CIP)数据

芙蓉湖畔忆"三林"：林文庆、林语堂、林惠祥的厦大岁月/林坚编
著. —厦门：厦门大学出版社，2011.3
ISBN 978-7-5615-3797-8

Ⅰ.①芙… Ⅱ.①林… Ⅲ.①林文庆(1869—1957)-生平事迹②林
语堂(1895—1976)-生平事迹③林惠祥(1901—1958)-生平事迹
Ⅳ.①K825.46

中国版本图书馆 CIP 数据核字(2011)第 035749 号

厦门大学出版社出版发行

(地址：厦门市软件园二期望海路 39 号 邮编：361008)

http://www.xmupress.com

xmup @ public. xm. fj. cn

沙县方圆印刷有限公司印刷

2011 年 3 月第 1 版 2011 年 3 月第 1 次印刷

开本：889×1240 1/32 印张：10.5 插页：2

字数：301 千字 印数：1～2000 册

定价：23.00 元

本书如有印装质量问题请直接寄承印厂调换